बडामहाराजाधिराज श्री ५ पृथ्वीनारायण शाहको

दिव्य उपदेश

सम्पादक

बाबुराम आचार्य

योगी नरहरिनाथ

FP

FP

फाइनप्रिन्ट

फाइनप्रिन्ट प्रा. लि.

कर्पोरेट तथा सम्पादकीय कार्यालय

विशाल बस्ती 'क', विशालनगर, काठमाडौं

पोस्ट बक्स : १९०४१

फोन : +९७७-१-४५४३२६३, ४५२१६४१

इमेल : fineprintbooks@fineprint.com.np

वेबसाइट : www.fineprint.com.np

फाइनप्रिन्टद्वारा प्रथम पटक प्रकाशित, भाद्र २०७५

ISBN: 978-9937-790-01-7

DIVYA UPADESH BY BABURAM ACHARYA

विषयसूची

परिष्कारकर्ताको भनाइ

गोरखा राज्यका सुयोग्य राजा श्री ५ पृथ्वीनारायण शाहले आफ्नो दूरदृष्टि लगाएर ठूलो कष्ट एवम् परिश्रमका साथ वर्तमान नेपाल अधिराज्यको एकीकरण कार्यको शुभारम्भ गराइदिएका थिए । यस कामका निमित्त यिनले आफ्नो पसिना मात्र पर्याप्त मात्रामा बगाएका थिएनन्, आफ्ना हितचिन्तक अनेकौं प्रियजनलाई पनि असमयमै गुमाएका थिए । यस अभियानलाई सफल पार्नमा यिनका भाइ, भारदार, सैनिक, कर्मचारी तथा देशका सर्वसाधारण नागरिकले पनि आआफ्ना तर्फबाट सक्दो सहयोग उपलब्ध गराएका थिए । यसैको परिणाम हो– अहिलेको हाम्रो यो सुन्दर, स्वाभिमान तथा शान्त मातृभूमि नेपाल ।

राजा पृथ्वीनारायण शाहले प्रारम्भ गराएको नेपाल अधिराज्यको एकीकरणको अभियान प्रारम्भमा त आफ्ना राज्यक्षेत्रहरूलाई विस्तारित गर्ने र यसलाई एउटा शक्तिशाली राष्ट्रका रूपमा उपस्थापित गराउने आकाङ्क्षाअनुसार नै सुरू भएको हुँदो हो । तर ठीक यसै समयमा सात समुद्रपारका 'इस्ट इन्डिया कम्पनी'का अङ्ग्रेज व्यापारीहरू भारतभूमिमा आफ्ना प्रभाव क्षेत्रहरू विस्तार गर्दै यत्रतत्र फैलिरहेका थिए । यसै क्रममा उनीहरू वर्तमान नेपाल अधिराज्यका तराई क्षेत्रहरूलाई पार गरी सिन्धुलीगढीमाथि नै आक्रमण गर्न भनी आइपुगेका थिए । वर्तमान नेपाल

अधिराज्यका केही तराई क्षेत्रहरूमाथि उनीहरूले करिब एक वर्षसम्म त बलपूर्वक नै कब्जा जमाइसकेका थिए ।

दूरदर्शी राजा पृथ्वीनारायण शाहले आफ्नै विवेकअनुसार साम, दाम, दण्ड, भेद नीतिहरूको समुचित प्रयोग गरी करिबकरिब अङ्ग्रेजहरूको नियन्त्रणमा पुगिसकेका वर्तमान नेपाल अधिराज्यका तराई क्षेत्रहरूलाई आफ्नो नियन्त्रणमा ल्याएका थिए । यथार्थमा भन्ने हो भने यसै समयदेखि यिनको विजय अभियान नेपाल अधिराज्यको एकीकरण अभियानका रूपमा परिणत हुन आएको थियो । हुन पनि हो, राजा पृथ्वीनारायण शाहले समयमै यस क्षेत्रमा रहेका ससाना सबै पहाडी राज्यहरूलाई एकीकरण गरी एउटा शक्तिशाली एवम् सार्वभौमसत्तासम्पन्न स्वतन्त्र अधिराज्य बनाउने अभियानको प्रारम्भ नगरिदिएका भए यस क्षेत्रमा रहेका सबै ससाना राज्यहरू उसै बेला अङ्ग्रेजी साम्राज्यको आश्रयमा पुगिसकेका हुन्थे र अहिलेका हामी सम्पूर्ण नेपाली नागरिक अहिले जस्तै स्वतन्त्र तथा सार्वभौमसत्तासम्पन्न राष्ट्रका स्वाभिमानी नागरिक भएर रहन पाउने थिएनौं, यसमा कुनै पनि सन्देह छैन ।

यस क्षेत्रमा स्थापित ससाना राज्यहरूलाई एकीकरण गरी नेपाल अधिराज्यलाई एउटा शक्तिशाली एवम् स्वतन्त्र राष्ट्रका रूपमा स्थापित गराउने क्रममा राजा पृथ्वीनारायण शाहले केकस्ता नीति तथा कार्यक्रमहरू अपनाएका थिए ? र यिनका केकस्ता योजना रहेका थिए ? यी सबै नीति, कार्यक्रम तथा योजनाहरू यिनले आफ्नो यस उपदेशमा सूत्रबद्ध रूपमा आफ्ना अनुयायीहरूलाई बताएर गएका छन् । आफ्नो जीवनकालमा यिनले गरेका सम्पूर्ण कामकारबाही यिनका यिनै उपदेशहरूमा उल्लेख भएका विवरणसँग मेल खाइरहेका पाइन्छन् ।

राजा पृथ्वीनारायण शाहले आफ्ना नीति तथा कार्यक्रमहरू धेरथोर मात्रामा आफ्ना भाइ तथा छोराहरूलाई पहिले पनि सुनाएका हुँदा हुन् । तर यिनको जीनवकालको अन्तिम समयतिर यिनका भाइहरू यिनीदेखि प्रायः असन्तुष्ट थिए । छोरा युवराज प्रतापसिंह शाह पूजापाठ, न्यासध्यान तथा आमोदप्रमोदमा मस्त रहेका र कान्छा छोरा राजकुमार बहादुर शाह

भने किशोर अवस्थामै रहेकाले आफ्नो जीवनकालको अन्तिम समयतिर यिनी आफ्ना भाइ तथा छोराहरूदेखि केही खिन्न रहेका पाइन्छन् । यसैले आफूले अपनाएका नीति तथा कार्यक्रम आफ्ना अनुयायीहरूलाई सुनाएर जान पाएमा उनीहरूले उनका सन्तानहरूलाई सुनाइदेलान्, उनले तथा उनका सन्तानहरूले पनि आफ्ना सन्तानहरूलाई राम्रोसँग सम्झाइबुझाइ गरिदेलान् र पछि आफ्ना छोरानातिले यिनै नीतिनियमको अनुसरण गर्दै आफूले आर्जन गरेको यस मुलुकलाई लामो समयसम्म उपभोग गर्दै रहन पाउलान् भन्ने आकाङ्क्षा राखी आफ्नो जीवनकालको अन्तिम समयतिर आफ्ना भाइभारदारका अगाडि यिनले यी उपदेशहरू दिएको पाइन्छ ।

गोरखा राज्यदेखि पश्चिमतर्फ रहेका चौबीसे राज्यहरूतर्फ एकीकरण अभियानलाई अगाडि बढाउने उद्देश्यअनुसार राजा पृथ्वीनारायण शाह आफ्नो जीवनकालको अन्तिम समयतिर आवश्यक व्यवस्थाहरू मिलाउन भनी वि.सं. १८३१ को पौष महिना लाग्दा वा नलाग्दा नै राजधानी काठमाडौं सहरबाट आफ्नो अन्तरिम राजधानी नुवाकोटतर्फ लागेका पाइन्छन् । यतिन्जेलसम्ममा पूर्वमा पल्लो किराँतसम्मका पहाडी भूभागहरूका साथै गण्डकी नदीदेखि कन्काई नदीसम्मका तराई क्षेत्रहरू पनि नवस्थापित नेपाल अधिराज्यभित्र समाहित भइसकेका थिए । पश्चिमतर्फ भने एक पाइला पनि अगाडि बढ्न सकिएको थिएन । यसैले अब पश्चिमतर्फ पनि अघि बढ्ने उद्देश्यअनुसार राजा पृथ्वीनारायण शाहले त्यस क्षेत्रमा रहेका चौबीसे राज्यहरूका विरूद्धमा साम, दाम, दण्ड, भेद नीतिहरूको निरन्तर प्रयोग गरिरहेका थिए । यसै अवस्थामा पौष महिनाको तेस्रो हप्तातिर यिनी त्यहाँ अप्रत्याशित रूपमा बिरामी परेका थिए र रोगले यिनलाई दिनप्रतिदिन चाप्दै ल्याइरहेको थियो ।

वर्षौंदेखिको लगातारको कठोर परिश्रम, घामपानी, भोकप्यास तथा दौडधुपले गर्दा उमेर कच्चै भए पनि आधिव्याधिले गर्दा हाडछालाले बनेको यिनको भौतिक शरीर यिनताकसम्ममा निकै नै जर्जर बनिरहेको थियो । उमेरको हिसाबले त यिनी भर्खरै मात्र आफ्नो जीवनकालको ५२औं वर्षलाई

पार गरेका थिए । रोगग्रस्त भएपछि नजिकमा उपलब्ध रहेका कुशल वैद्यहरूलाई बोलाई त्यहीँ नै सम्भव भएसम्म यिनका औषधि उपचारहरू पनि गरिए । तर रोग भने निको हुन सकेन । यसै स्थितिमा आफ्नो जीवनकालको अन्तिम अवस्था आउन लागेको छनक पाई यिनले त्यति नै बेला आफ्ना आसपासमा रहेका भाइभारदारलाई आफ्नो सामुमा बोलाई आफ्ना यी उपदेश दिएको झलक पाइन्छ । यसै उपदेशका क्रममा यिनले "दहचोकमा रहेको प्रस्तावित राजधानीबाट सुखसयलका निमित्त मात्र तीन सहर (नेपाल)मा जाउँला" भनी भनेकाले काठमाडौं उपत्यकाभन्दा बाहिर रहेर नै यिनले यी उपदेश दिएको स्पष्ट रूपमै देखिन आएको छ ।

यी उपदेशमा उल्लेख भएका भावना तथा विचार राजा पृथ्वीनारायण शाहका आफ्नै निजी भावना तथ विचार हुन्, यसमा कुनै सन्देह छैन । तर उपदेशका रूपमा रहेको यस लेखोटमा रहेका अपरिष्कृत नेपाली भाषाले भने त्यति बेलाको शिष्ट समाजमा प्रचलनमा रहेको परिष्कृत नेपाली भाषाको प्रतिनिधित्व गरिरहेको छैन । राजा पृथ्वीनारायण शाहले आफ्ना यी उपदेश निश्चय नै मौखिक रूपमा अभिव्यक्त गरेर गएका थिए । आफ्नो वक्तव्यका क्रममा यिनले यसबाहेक अन्य थप कुरा पनि बोलेर गएका हुँदा हुन् । तर त्यति बेला त्यहाँ उपस्थित रहेका भाइभारदारमध्ये रूचि भएका र यस उपदेशको मर्मलाई ग्रहण गर्न सक्ने योग्यता भएका दुईचार जना भारदारहरूले मात्र त्यति नै बेला आफूले सम्झेका, बुझेका तथा आफूलाई घत लागेका केही कुरालाई आफैंले, आफ्नै शैलीमा टिपोट गरेर राखेका र उक्त टिपोटलाई पछि कुनै व्यक्तिले प्रस्तुत उपदेशका रूपमा लिपिबद्ध गरिदिएको झलक पाइन्छ ।

यस उपदेशमा राजा पृथ्वीनारायण शाहले आफ्ना जेजति भाव तथा विचारहरू व्यक्त गरेर गएका छन्, यी भाव तथा विचारहरूबाट यिनमा रहेको राष्ट्रवाद प्रखर रूपमा अभिव्यक्त हुन आएको पाइन्छ । साथै यिनले यी उपदेशहरूद्वारा नेपालका भावी प्रशासकहरूका निमित्त जुन किसिमका मार्गदर्शनहरू गराएका गएका छन्, ती पनि सधैं नै नित्य नूतन उपयोगी तथा व्यावहारिक पनि रहेका छन् । यी उपदेशहरू आज पनि उत्तिकै सान्दर्भिक रहेका छन् ।

सरदार शिवरामसिंह बस्नेत राजा पृथ्वीनारायण शाहका अत्यन्त नै विश्वासपात्र भारदारका रूपमा उपस्थित हुन आइपुगेका थिए । एकीकरण अभियानको प्रारम्भमा नै कान्तिपुर राज्यको साँगाचोकमा भएको लडाइँमा वि.सं. १८०२ को माघ महिनामा यिनले वीरगति प्राप्त गरेका थिए । यिनका माहिला छोरा केहरसिंह बस्नेत पनि यिनी जस्तै जल्दाबल्दा राष्ट्रवादी सैनिक अफिसर थिए । यसैले यिनको विवाह राजा पृथ्वीनारायण शाहले आफैँले मागी काजी कालु पाँडेकी छोरी किशोरी चित्रावतीका साथ गराइदिएको उल्लेख यसै उपदेशमा गर्वका साथ गरिएको छ । पछि यिनी गोरखाली सेनाका 'बख्सी' अर्थात् सेनापति भएका थिए । यिनले पनि चौबीसे राजाहरूसँग वि.सं. १८२८ को पौष ५ गतेमा सतहुँ राज्यमा भएको लडाइँमा वीरगति प्राप्त गरेका थिए । शिवरामसिंह बस्नेतका अर्का छोरा 'बख्सी' अभिमानसिंह बस्नेत भने नेपाल अधिराज्यको एकीकरण अभियानका क्रममा यति बेला पूर्वी नेपालका तराई क्षेत्रहरूमा त्यहाँका प्रमुख सैनिक प्रशासकका रूपमा कार्यरत रहेका थिए । यसैले राजा पृथ्वीनारायण शाहको अन्तिम समयमा सम्भवतः बस्नेत परिवारका कुनै समर्थ व्यक्ति पनि यिनका साथमा थिएनन् ।

राजा पृथ्वीनारायण शाहप्रति अनुगृहीत रहँदै आइरहेका बस्नेत परिवारका भारदारहरूलाई यिनका अन्तिम उपदेशहरूप्रति मोह हुनु स्वाभाविक हुन आएको थियो । यसैअनुसार त्यति बेला लिपिबद्ध गरेर कुनै भारदारहरूको सङ्ग्रहमा राखिएको लेखोटबाट सारेर यस उपदेशलाई बख्सी अभिमानसिंह बस्नेतले श्रद्धापूर्वक घरमा ल्याई सुरक्षित रूपमा राखेको झलक पाइन्छ । अभिमानसिंह बस्नेतको जीवनकालसम्म त यस उपदेशले येनकेन केही प्रश्रय पाइरहेको थियो । तर पछिपछि भने यस उपदेशका मर्म तथा भावनाहरूलाई पहिचान गर्ने सक्षम व्यक्तिहरू देशमा भेटिन छाडेका थिए । राजा पृथ्वीनारायण शाहका नीति तथा नियमहरूको विपरीत बख्सी अभिमानसिंह बस्नेत स्वयम्ले पनि आफ्नो सुखसयलका निमित्त 'मानमन्दिर' जस्तो भव्य भवन बनाइदिएका थिए । यसैले नै यिनको जीवनकालपछि त यो उपदेश पूर्णतया उपेक्षित भएर बुइँगलको एउटा कुनामा त्यत्तिकै मिल्किरहेको थियो । यिनको घरमा रहेको यसै प्रतिबाट

सारिएको यस उपदेशको अर्को एउटा प्रति यिनैको घरमा लेखापढी काम गर्ने कर्मचारी वंशधर 'मुखिया' भक्तबहादुरकहाँ पुगेको रहेछ । सौभाग्यले आज हामीले यसलाई यस रूपमा पढ्न पाइरहेका छौं ।

यता मेरा पूज्य पिता इतिहासज्ञ शिरोमणि बाबुराम आचार्य वि.सं. १९७६ देखि नै नेपाल अधिराज्यको इतिहास तथा पुरातत्त्वहरूको अध्ययन तथा अनुसन्धानहरूप्रति एकाग्रभावले लाग्न थालिसक्नुभएको थियो । त्यसपछि उहाँले काठमाडौं उपत्यकाभित्र रहेका प्राचीन शिलालेख, ताम्रपत्र, ताडपत्र तथा यहाँ उपलब्ध रहेका अन्य पुराना ऐतिहासिक कागजपत्रहरूलाई पनि अथक रूपमा निरन्तर छानबिन गर्न थाल्नुभएको थियो । त्यति बेला नेपालमा राणाहरूको एकतन्त्रीय शासन व्यवस्था आफ्ना अनुदारताको चरम चुलीमा पुगिरहेको थियो । त्यति बेलाको उराठलाग्दो वातावरणमा पनि मेरा पिताजी नेपालको इतिहास तथा पुरातत्त्वसम्बन्धी अध्ययन तथा अनुसन्धानतर्फ प्रवृत्त हुनु पनि अचम्मलाग्दो घटना हुन आएको थियो । त्यति बेला नेपालमा कार्यरत रहेका शक्तिशाली राणा प्रशासकहरू नेपाल अधिराज्यको इतिहास तथा पुरातत्त्वहरूको खोजी गर्ने कामलाई शङ्कापूर्ण दृष्टिले हेर्ने गर्थे ।

राणाहरू शोध तथा अनुसन्धानका कामहरूलाई यसरी शङ्कापूर्ण दृष्टिले नहेरून् पनि किन ? शाहवंशीय राजाहरूबाट नै उनीहरूले नेपाल अधिराज्यका प्रशासकीय अधिकारहरू बलपूर्वक नै खोसेर लिएका थिए । यसैले आफूहरूले गरेका दुस्साहसका रहस्यहरू उद्घाटित होलान् र आफ्नो देशका सचेत नागरिकहरूको तर्फबाट भएको आलोचनाको सामना गर्नुपर्ला भन्ने भय तथा त्रास पनि उनीहरूमा सदैव रहिरहेको हुन्थ्यो । यसले गर्दा त्यति बेला नेपालमा रहेर नेपाल अधिराज्यको इतिहास तथा पुरातत्त्वसम्बन्धी लेखरचना तयार गर्ने वा प्रकाशित गर्ने कुनै गुञ्जायस नै थिएन । न त नेपालका कुनै विद्यालय तथा महाविद्यालयहरूमा नेपालको इतिहासको पठनपाठन नै हुने गर्थ्यो, न त नेपालका कुनै विद्यालय तथा महाविद्यालयहरूमा नेपालको इतिहासको पठनपाठन इतिहासप्रति रूचि राख्ने व्यक्तिहरू नै थिए । विद्यालय त्यति बेला नेपालमा नगण्य मात्रामा मात्र रहेका थिए । यस विकट परिस्थितिमा पनि मेरा पिताजी निःस्वार्थ

भावले स्वान्तःसुखायले नै इतिहास तथा पुरातत्त्वहरूको अध्ययन तथा अनुसन्धानतर्फ लागिरहनुभएको थियो । यस किसिमका साधनाहरूबाट न कुनै व्यक्तिगत लाभ मिल्ने सम्भावना थियो, न त यश, अर्थ वा कीर्तिहरू प्राप्त हुने कुनै सम्भावना थियो । तैपनि उहाँ यस किसिमको साधनामा अध्यवसायपूर्वक नै लागिरहनुभएको थियो ।

मेरा पिताजीको दृष्टिमा पर्नुभन्दा अगाडि प्रस्तुत 'उपदेश' पुरानो नेपाली कागजमा लेखिएको एउटा काम नलाग्ने थोत्रो किताबका रूपमा बुइँगलको एउटा कुनामा यत्तिकै मिल्काइरहेको हुनाले मक्किरहेको थियो । यसको ऐतिहासिक महत्त्वको पहिचान सर्वप्रथम मेरा पिताजीले नै गर्नुभएको हो । सरदार शिवरामसिंह बस्नेतका वंशधर स्व. बखतमानसिंह बस्नेतज्यूले नै यो कृति उहाँलाई प्रसङ्गवश गराइदिनुभएको थियो । तर यस उपदेशको वास्तविक महत्त्वलाई उद्घाटित गर्नु त्यति बेलाको नेपाल अधिराज्यको राजनीतिक वातावरणमा सम्भव भइरहेको थिएन । जुन 'शाह' राजवंशको हातबाट उनीहरूले शासनसूत्र बलपूर्वक नै खोसेर लिएका थिए । त्यसै राजवंशका गौरवका रूपमा उपस्थित भएका राजा पृथ्वीनारायण शाह जस्ता ओजस्वी व्यक्तित्वका गुणगानहरूलाई गाएको सुन्न त्यति बेलाका नेपालका राणा प्रशासकहरू किन पो चाहन्थे ?

यस उपदेशको ऐतिहासिक महत्त्वलाई उद्घाटित गर्न मेरा पिताजी अत्यन्त नै व्यग्र भइरहनुभएको थियो । राजा पृथ्वीनारायण शाह जस्ता युगपुरूष व्यक्तिको समुचित परिचय सर्वसाधारण नेपाली नागरिकहरूलाई गराउन उहाँ छटपटाइरहनुभएको थियो । यसै स्थितिमा दार्जिलिङबाट त्यति बेलाका त्यहाँका प्रसिद्ध साहित्यकार सूर्यविक्रम ज्ञवालीज्यू, राजा पृथ्वीनारायण शाह तथा यहाँका अन्य ऐतिहासिक विभूतिहरूका जीवन चरित्रहरूको खोजीका क्रममा काठमाडौंमा आइपुग्नुभएको र यति बेला उहाँको मेरा पिताजीसँग सर्वप्रथम सम्पर्क स्थापित भएको पाइन्छ । यो वि.सं. १९८९ को मध्यतिरको कुरा हो ।

त्यति बेला नेपालको इतिहास तथा पुरातत्त्वको अध्ययन तथा अनुसन्धानका निमित्त पनि विचित्रकै वातावरण रहेको थियो । नेपालमा इतिहास तथा पुरातत्त्व विषयक अध्ययन सामग्रीहरू प्रशस्त मात्रामा

पाइन्थे । तर यस्ता सामग्रीहरूलाई प्रयोग गरी नेपालको इतिहास तथा पुरातत्त्वसम्बन्धी लेखरचना लेख्ने तथा प्रकाशित गर्न पाउने स्वतन्त्रता भने यहाँ नेपाली नागरिकहरूलाई कत्ति पनि उपलब्ध थिएन । नेपालभन्दा बाहिर प्रवासमा लेखन तथा प्रकाशनका निमित्त पर्याप्त मात्रामा स्वतन्त्रता थियो । तर नेपाल अधिराज्यको इतिहास तथा पुरातत्त्वसम्बन्धी अध्ययन तथा अनुसन्धान गर्न मौलिक सामग्रीहरू भने त्यहाँ दुर्लभ थिए ।

आफूले खोजेर पत्ता लगाइएका र सङ्ग्रह गरेर राखेका ऐतिहासिक सामग्रीहरूलाई सदुपयोग गर्न नपाएर उकुसमुकुस भई छटपटाइरहनुभएका मेरा पिताजीका निमित्त ज्ञवालीज्यू एक जना समर्थ जिज्ञासुका रूपमा उपस्थित हुन आइपुग्नुभएको थियो । यसैले मेरा पिताजीले नेपालसम्बन्धी आफूले जानेबुझेका तथा सुनेका कुराहरू र आफूले सङ्ग्रह गरेर राखेका ऐतिहासिक सामग्रीहरू पनि ज्ञवालीज्यूले पछि प्रकाशित गराउनुभएका, मेरा पिताजीबाट उहाँका नाममा वि.सं. १९८९ देखि १९९२ सम्मका विभिन्न मितिहरूमा लेखिएका अनेकौं पत्रहरूबाट सहजै थाहा पाउन सकिन्छ *(हेर्नुहोस्– "बाबुराम आचार्य र उहाँका कृति", पृ. ६७-१०६, 'नेपाल एसियाली अध्ययन संस्थान', वि.सं. २०२९)* । यसै क्रममा २९ अप्रिल इ.सं. १९३६ तदनुसार वि.सं. १९९३ वैशाख १७ गतेमा मेरा पिताजीद्वारा उहाँको नाममा लेखिएको अर्को एउटा महत्त्वपूर्ण पत्रलाई पनि उहाँले पछि 'पुरातत्त्व विभाग'को मुखपत्र *'प्राचीन नेपाल'*को अङ्क २१ (कात्तिक, वि.सं. २०२९)मा प्रकाशित गराउनुभएको छ । यस पत्रमा पिताजीले उहाँलाई लेख्नुभएको छ :

"............. यस पत्रका साथ चार ओटा पुराना लेखहरू (पनि तपाईंकहाँ) पठाएको छु । (यी पत्रहरू) नेपाली भाषाको विषयमा अध्ययन गर्ने व्यक्तिहरूलाई काम लाग्नेछन् । (राजकुमार) बहादुर शाहको तस्बिर (अहिलेसम्म) यहाँ पाइएको छैन । यिनको रहेको हस्ताक्षरको (एउटा) पत्र भने यसै (पत्रका) साथ संलग्न रहेको छ । नजरबन्द रहेको अवस्थामा पनि यिनको धैर्य यस पत्रबाट प्रकट हुन्छ । यी पत्रहरू (तपाईंले) 'नेपाली साहित्य सम्मेलन'मा राखिदिने बन्दोबस्त गरिदिनुहोला ।

(यी पत्रहरू) कदाचित् त्यहाँ राख्ने राम्रो प्रबन्ध नभए तपाईंसँग नै रहिरहे पनि हुन्छ । पछि फिर्ता मागौंला । 'सम्मेलन' सार्वजनिक संस्था भएकाले त्यहाँ सुरक्षित रहेमा (पछि) तपाईंहामी सबैलाई काम लाग्ने, तपाई वा मसँग रहेमा हाम्रो शेषपछि नष्ट भएर जाने भएकाले (पछि) हाम्रा उत्तराधिकारीहरूलाई पनि काम लागोस् भन्ने मेरो विचार रहेको छ ।

यी पत्रहरू 'नेपाली साहित्य सम्मेलन'का पत्रिका वा (त्यहाँबाट छापिने) नेपाली भाषाका अन्य (कुनै) पत्रिकामा छापिदिए पनि हुन्छ । तर छापिएका ती पत्रपत्रिकाहरू तीनचार वर्षसम्म (यहाँ) नेपालमा आउँदैनन् भने मात्र (त्यसमा छापियून्) । अन्यथा व्यर्थमा (यहाँ) खलबल मात्र हुने हुन्छ । ती पत्रहरू 'सम्मेलन' (को सङ्ग्रह)मा राख्दा पनि तपाईंकै नाममा राख्नुभए हुन्छ । त्यहाँ मैले दिएको भन्ने चर्चा नहुनुमा नै वेश छ । (अन्यथा यहाँ मलाई व्यर्थमा समस्या पर्न आउने हुन्छ) ।"

तपाईंको :

बाबुराम आचार्य

मेरा पिताजीको उपर्युक्त पत्रबाट नेपालको तात्कालिक अनुदार राजनीतिक परिस्थिति, उहाँमा रहेको ज्ञानको विरेचन गर्ने उकुसमुकुसका साथै उहाँको उदात्तभाव तथा सत्यतथ्यप्रतिको उहाँको अगाध निष्ठा पनि सहज रूपमा नै प्रकट हुन आएको छ ।

उपर्युक्त अवधिको बीचमा ज्ञवालीज्यूले आफूले लेख्दै गरेको *'पृथ्वीनारायण शाह'* शीर्षक कृतिका पाण्डुलिपिहरू दार्जिलिङबाट निरन्तर रूपमा मेरा पिताजीकहाँ पठाइरहनुभएको थियो । यस्ता पाण्डुलिपिहरूमाथि आवश्यक समीक्षाहरू गरी तिनलाई मेरा पिताजीले यथासमयमै उहाँलाई फिर्ता पठाइरहनुभएको थियो । यति मात्र होइन, आफूले उद्घाटित गरेका तथ्यहरूको पुष्टिका निमित्त आवश्यक पर्ने ऐतिहासिक सामग्रीका प्रतिलिपिहरू पनि उहाँलाई क्रमिक रूपमा उपलब्ध गराइरहनुभएको थियो । यसरी नै उहाँको *'पृथ्वीनारायण शाह'* शीर्षक कृति परिष्कृत भएर वि.सं. १९९२ मा 'नेपाली साहित्य सम्मेलन' दार्जिलिङबाट पहिलो संस्करणका रूपमा प्रकाशित भएको पाइन्छ । *(हेर्नुहोस्– 'बाबुराम आचार्य र उहाँका*

कृति'मा सङ्गृहीत मेरा पिताजीबाट ज्ञवालीज्यूको नाममा लेखिएका उपर्युक्त पत्रोत्तरहरू) ।

आफ्नो उपर्युक्त कृतिको पहिलो संस्करणको भूमिकामा ज्ञवालीज्यूले मेरा पिताजीप्रति कृतज्ञता प्रकट गर्दै लेख्नुभएको छ– "नेपालको इतिहासका अद्वितीय ज्ञाता मित्रवर खरदार बाबुराम आचार्यले त मलाई यस काम (पुस्तक लेखन)मा यति सहायता गर्नुभयो कि भनिसाध्य नै छैन । यो पुस्तक लेख्दा उपयोग गरिएका सामग्रीहरूमध्ये मैले उहाँबाट पाएका अनेकौं सामग्रीको उल्लेख यस पुस्तकको अन्त्यमा 'परिशिष्ट (ख)'का रूपमा गरेको छु ।" तर उक्त कृतिको दोस्रो संस्करण प्रकाशित हुँदासम्ममा भने उहाँका निमित्त यी सबै कुराहरू महत्त्वहीन भइसकेका थिए । दोस्रो संस्करणमा यी कुनै न कुनै कुराहरू उल्लेख भएका छैनन् ।

यिनै पत्रोत्तरहरूका क्रममा पिताजीले यस उपदेशको पनि पटकपटक चर्चा गर्नुभएको छ । वि.सं. १९९१ चैत्र २४ गतेमा लेख्नुभएको आफ्नो एउटा पत्रमा मेरा पिताजीले अन्य कुराहरूका साथै "पृथ्वीको वक्तृत्वको नक्कल उतार्न लगाई तीनचार दिनमा पठाइदिनेछु" भनी उहाँलाई पत्र लेख्नुभएको पाइन्छ । यसको दुई महिनाजति पछि १२ जुन इ.सं. १९३५ तदनुसार वि.सं. १९९२ जेठ ३० गतेका मितिमा लेखिएको अर्को एउटा पत्रमा पिताजीले फेरि पनि लेख्नुभएको पाइन्छ– "तपाईंका पत्रहरू यथा समयमा नै यहाँ आइपुगिरहेका छन् । पृथ्वीनारायण शाहको व्याख्यानलाई सारिदिने (उपयुक्त) मानिस पाउनका निमित्त ढिला भएकाले पठाउन अलि ढिला भयो, यसमा क्षमा गर्नुहोला । साथैमा पृथ्वीनारायण शाहको एउटा पत्रको नक्कल पनि पठाएको छु ।" (हेर्नुहोस्– बाबुराम आचार्य र उहाँका कृति', पृ. १०५-१०६) । उपर्युक्त पत्रहरूका 'पृथ्वीको वक्तृत्व' वा 'पृथ्वीनारायण शाहको व्याख्यान' भनेर यसै उपदेशतर्फ सङ्केत गरिएकोमा कुनै पनि सन्देह छैन ।

यसरी दुई महिनाजति ढिला नै भए पनि यस उपदेशको ऐतिहासिक महत्त्वमाथि प्रकाश पार्दै मेरा पिताजीले यस उपदेशको प्रतिलिपि ज्ञवालीज्यूलाई उपलब्ध गराइदिनुभएको थियो । आफ्नो '*पृथ्वीनारायण शाह*' शीर्षकको उपर्युक्त कृतिमा यस उपदेशको केही मात्रामा प्रयोग भए पनि

यसको प्रकाशन भने उहाँले पनि गराउन सक्नुभएको थिएन । उपर्युक्त कृतिको पहिलो संस्करणको '*परिशिष्ट (ख)*'मा ग्रन्थ रचना गर्दा आफूले प्रयोग गरेका अप्रकाशित कृतिहरूको परिचय दिने क्रममा यस उपदेशको सम्बन्धमा उहाँले यस्तो लेख्नुभएको पाइन्छ :

"पृथ्वीनारायण शाहको व्याख्यान– नेपाल जितेपछि पृथ्वीनारायण शाहले आफ्ना भारदारहरूलाई भनेका कुरा(हरू) यस सानो लेखमा सङ्गृहीत रहेका छन् । (यो) अन्यन्त (नै) उपयोगी पुस्तक छ । पृथ्वीनारायण शाहको सैनिक शासन, राजकाज तथा आर्थिक नीति(हरू)को चाखलाग्दो वर्णन (यसमा रहेको) छ । यसको नक्कल पनि खरदार बाबुराम आचार्यबाट नै मैले पाएको हुँ ।"

यसै गरी गुरू गोरखनाथसम्बन्धी ग्रन्थहरूको खोजी गर्ने क्रममा योगी नरहरिनाथज्यू पनि सर्वप्रथम वि.सं. २००४ मा काठमाडौंमा आइपुग्नुभएको पाइन्छ । नेपालसम्बन्धी अध्ययन तथा अनुसन्धान गर्न चाहने स्वदेशी तथा विदेशी जोसुकै व्यक्ति पनि काठमाडौंमा आइपुगेपछि मेरा पिताजीसँग सम्पर्क गर्न लालायित नहुनु त तिनताक सम्भव नै थिएन । पिताजीसँगको निकट सम्पर्कमा आइपुगेपछि योगीज्यू पनि नेपाली इतिहास तथा पुरातत्त्वहरूको अध्ययन तथा अनुसन्धानहरूमा यसरी आकर्षित हुनुभयो कि उहाँले यही कामलाई नै आफ्नो साधना क्षेत्रका रूपमा वरण गर्न थाल्नुभयो । यसपछि उहाँ पनि जीवनभर निःस्वार्थभावले यसै क्षेत्रमा साधनारत रहँदै आइरहनुभएको थियो । उहाँहरू दुवैको स्वभाव तथा प्रवृत्ति पनि करिबकरिब उस्तै नै थियो । मेरा पिताजीले आफूले जानेका, सुनेका र सङ्ग्रह गरेर राखेका इतिहाससम्बन्धी सबै ज्ञान तथा सामग्रीहरू उहाँलाई पनि निश्छल भावले निरन्तर उपलब्ध गराउँदै आइरहनुभएको थियो । मेरा पिताजीद्वारा यसरी उपलब्ध गराइएका र योगीज्यूले स्वयम्ले परिश्रम गरेर सङ्ग्रह गर्नुभएका सामग्रीहरूलाई उहाँले '*संस्कृत सन्देश*' तथा '*इतिहास प्रकाश*'नामक पत्रिकामा विभिन्न अङ्कहरूमा प्रकाशित गराउनुभएको छ ।

'इतिहास शिरोमणि बाबुराम आचार्यसँग मेरो सम्पर्क' शीर्षकमा आफ्नो एउटा संस्मरणात्मक लेखमा योगीज्यूले इमानदारीपूर्वक लेख्नुभएको छ– आफूले जानेका, सुनेका, पढेका र सङ्ग्रह गरेर राखेका सबै ज्ञान तथा सामग्रीहरू सबै जिज्ञासुहरूलाई उपलब्ध गराई बाँडीचुँडी गरी प्रयोग गर्ने

आचार्यज्यूको अर्को प्रशंसनीय स्वभाव रहेको पाइन्छ । आफूले जीवनभर लगाई परिश्रम गरेर सङ्ग्रह गरेका अप्रकाशित सामग्रीहरू उहाँले मलाई मात्र होइन, नेपाली इतिहासप्रति अभिरूचि राख्ने जोसुकै ज्ञानपिपासु व्यक्तिहरूलाई पनि समान रूपमा उपलब्ध गराउँदै आइरहनुभएको थियो । यो तथ्य मैले पत्ता लाएको हुँ, यसैले यसको श्रेय मलाई नै प्राप्त हुनुपर्छ भन्ने मोह उहाँमा रहेको थिएन । नाम, यश र अर्थ कुनै कुराको पनि आकाङ्क्षा नराखी कर्तव्य भावनाबाट प्रेरित भएर उपकारी भावले काम गर्ने बाबुराम आचार्य जस्ता विभूतिहरू यस देशमा विरलै मात्र पाइएका छन् ।" *(हेर्नुहोस्– "इतिहास शिरोमणि बाबुराम आचार्य स्मृतिग्रन्थ", पृ. ७१, वि.सं. २०४६ काठमाडौं)* ।

हुन पनि हो, आफ्नो स्वभाव तथा प्रवृत्तिअनुसार मेरा पिताजीले यस उपदेशको ऐतिहासिक महत्त्वमाथि प्रकाश पार्दै यसको प्रतिलिपि पनि योगीज्यूलाई उपलब्ध गराइदिनुभएको थियो । यसैअनुसार वि.सं. २००९ मा 'गोरक्ष ग्रन्थमाला'अन्तर्गत उहाँले बनारसबाट यस उपदेशलाई *'श्री ५ पृथ्वीनारायण शाहको दिव्योपदेश'* भन्ने नयाँ नाम प्रदान गरी सर्वप्रथम प्रकाशनमा ल्याउनुभएको पाइन्छ । तर यसमा प्रयुक्त भएको पुरानो नेपाली भाषाको दुरूहताले होला, यस उपदेशको उक्त संस्करण निकै नै भ्रष्ट रूपमा प्रकाशित भएको छ । जेहोस्, यस उपदेशलाई 'दिव्योपदेश' भन्ने नाम भने उहाँले नै दिनुभएकोमा कुनै पनि सन्देह छैन ।

वि.सं. २००७ मा नेपाल अधिराज्यमा प्रजातान्त्रिक व्यवस्थाको सूत्रपात भएपछि नेपाली नागरिकहरूमाथि लागिरहेको चेतना विस्तारको प्रतिबन्ध पनि एकाएक खुला भयो र सचेत नेपाली नागरिकहरू अब आफ्ना गौरवमय अतीतहरूलाई उद्घाटित गर्न उत्साहका साथ दत्तचित्त रहन थाले । नेपाली इतिहास तथा पुरातत्त्वहरूको अध्ययन तथा अनुसन्धानहरूमा लागिरहेको प्रतिबन्ध पनि अब खुला भयो । यसै वातावरणमा नेपाल अधिराज्यको एकीकरणका क्रममा भएको राष्ट्रनिर्माता श्री ५ पृथ्वीनारायण शाहको विशिष्ट योगदानको महत्त्वलाई पनि बुझ्न तथा मनन गर्न पनि थालियो र यिनलाई नेपाल अधिराज्यका विशिष्ट विभूतिका रूपमा स्वीकार गरी यिनले यस धरातलमा पहिलो पटक पाइला टेकेको दिनको सम्झनामा प्रत्येक वर्ष पौष २७ गतेका दिन यिनको जन्मजयन्ती मनाउने उद्देश्यका साथ

वि.सं. २००९ मा 'पृथ्वीजयन्ती समारोह समिति' नामक एउटा सामाजिक संस्थाको गठन पनि सम्भव हुन आयो । राजधानी काठमाडौंमा कार्यरत रहेका त्यति बेलाका प्रायः सबैजसो लब्धप्रतिष्ठित व्यक्ति, लेखक तथा साहित्यकारहरू पनि यस 'समारोह समिति'मा सदस्यका रूपमा सहभागी हुनुभएको थियो । शाह परिवारका प्रतिष्ठित सदस्यको हैसियतले 'चौतरिया' फत्यजङ पराक्रम शाह यस '*समारोह समिति*'मा 'अध्यक्ष'को पदमा सम्मानित हुनुभएको थियो भने नेपाली इतिहासको अन्वेषकका हैसियतले मेरा पिताजीको नाम 'उपाध्यक्ष'को पदमा चयन भएको थियो । यस 'समारोह समिति'मा योगी नरहरिनाथज्यू 'सदस्य सचिव'को पदमा कार्यरत रहन थाल्नुभएको थियो ।

यसै 'समारोह समिति'को तर्फबाट वि.सं. २०१० मा '*दिव्योपदेश*'को नाममा यस उपदेशको प्रामाणिक एवम् संशोधित द्वितीय संस्करण प्रकाशित भएको हो । मेरा पिताजी एवम् योगी नरहरिनाथज्यूको संयुक्त सम्पादनमा प्रकाशित भएको यस संस्करणमा यस उपदेशमा परेका तर हाल प्रचलनमा नरहेका पुराना नेपाली शब्दहरूका साथ अन्य पारिभाषिक शब्दहरूका पनि अर्थहरू दिई यस उपदेशलाई सर्वसाधारण पाठकले पनि सजिलैसँग बुझ्न सक्ने स्वरूप प्रदान गर्ने त्यति बेला पनि सम्भव प्रयास भएको पाइन्छ । तैपनि अहिलेको परिवर्तित सन्दर्भमा उक्त संस्करण पनि त्यति चित्तबुझ्दो हुन सकेको छैन । यसैले उहाँहरूले सम्पादन गर्नुभएको उक्त संस्करणलाई भरसक अझै परिष्कृत तुल्याई मैले यस उपदेशको नयाँ संस्करण अहिले पाठकहरूको समक्षमा उपस्थापित गराइरहेको छु । आफ्नो देशको राष्ट्रिय गौरव, स्वाधीनता तथा सार्वभौमिकतालाई अक्षुण्ण रूपमा कायम राखिराख्न यस कृतिले नेपाली मात्रलाई केही मात्रामा भए पनि प्रेरणा प्रदान गर्न सकेमा यस नयाँ संस्करणको सम्पादन तथा प्रकाशनको पनि सार्थकता सिद्ध हुनेछ ।

पहिले प्रकाशित भएको दोस्रो संस्करणमा जस्तै यस संस्करणमा पनि उपदेशका मूल पाठहरू हरेक पृष्ठका सिरानहरूमा जस्ताको तस्तै दिइएका छन् । यस उपदेशको मूल पाण्डुलिपिमा नछुट्याइएका भए पनि सर्वसाधारण पाठकहरूको सुविधाका निमित्त यहाँ भने औचित्यअनुसार कण्डिका वा

प्यारेग्राफहरू पनि छुट्याइएका छन् । यस्तै उपदेशको मूल पाठको खासै अपेक्षा नहुने सर्वसाधारण पाठकका निमित्त विशेष सुविधा होस् भनी हरेक पृष्ठको बीचभागमा यस उपदेशलाई हाल प्रचलनमा रहेका नेपाली भाषाका रूपमा रूपान्तरित गरेर राख्ने प्रयास पनि यहाँ गरिएको छ । पहिलेको संस्करणमा जस्तै यस संस्करणमा पनि यस उपदेशको मूल भागमा परेका तर हाल प्रचलनमा नरहेका, खास गरी पारिभाषिक शब्दहरूलाई टिप्पणी तथा परिशिष्टका रूपमा पहिलेको भन्दा अझै स्पष्ट रूपमा अर्थ्याउने सम्भव प्रयास गरिएको छ । यसैले यो संस्करण सर्वसाधारण पाठकहरूका निमित्त विशेष उपयोगी हुनेछ भन्ने मलाई लागेको छ ।

मेरा आदरणीय गुरू नयराज पन्त तथा उहाँको नेतृत्वमा रहेको '*संशोधन मण्डल*'का अन्य सहयोगीहरूबाट पनि वि.सं. २०२८ मा '*श्री ५ पृथ्वीनारायण शाहको उपदेश*' शीर्षकमा यो उपदेश, यसको पद्यात्मक व्याख्या, विस्तृत परिशिष्ट र ऐतिहासिक व्याख्या पनि ग्रन्थका रूपमा '*जगदम्बा प्रकाशन*'बाट प्रकाशित भएको छ । यस्तै वि.सं. २०४० मा गुरू नयराज पन्तज्यूबाट नै सम्पादन भई यस उपदेशको मूल भाग, यसको संस्कृतच्छाया र संस्कृत तथा नेपाली भाषामा पद्यमयी व्याख्या पनि '*नेपाल राजकीय प्रज्ञा प्रतिष्ठान*'बाट प्रकाशित भएको छ । यसैले यस उपदेशलाई अझै गहिरिएर अध्ययन गर्न चाहने पाठकहरूका निमित्त उपर्युक्त दुवै कृति विशेष उपयोगी हुनेछन् भनी विज्ञ पाठकहरूको समक्षमा अनुरोध गर्न चाहन्छु । अस्तु !

प्रा. श्रीकृष्ण आचार्य
परिष्कारकर्ता
विजयादशमी, वि.सं. २०६१
बानेश्वर, काठमाडौं

श्री ५ पृथ्वीनारायण शाहको सङ्क्षिप्त परिचय

(क) पृथ्वीनारायण शाहका पूर्वजनहरू

राजा द्रव्य शाहले स्थापना गराएको गोरखा राजवंशका राजा राम शाह प्रसिद्ध राजा भएका थिए । यिनीपछि यिनका उत्तराधिकारीका रूपमा छोरा तथा नातिहरू डम्बर शाह (वि.सं. १६९३-९९), कृष्ण शाह (वि.सं. १६९९-१७१५), रूद्र शाह (वि.सं. १७१५-२६) र पृथ्वीपति शाह (वि.सं. १६६९-१७१६)हरू क्रमैसँग यस राज्यको राजसिंहासनमा विराजमान हुन आइपुगेका पाइन्छन् । राजा पृथ्वीपति शाह पनि यस राज्यमा एक सुयोग्य राजाका रूपमा उपस्थित हुन आइपुगेका थिए । आफ्ना छिमेकी राजाहरूसँग, खास गरी ललितपुर राज्यका राजाहरूसँग यिनले आत्मीय सम्बन्ध स्थापित गराएका थिए । कान्तिपुर राज्यका राजा नृपेन्द्र मल्लसँग पनि यिनको मैत्रीपूर्ण सम्बन्ध स्थापित भएको थियो । यसैले यिनको राज्यकालमा पनि गोरखा राज्य निकै नै व्यवस्थित तथा समृद्ध पनि भएर रहेको पाइन्छ ।

राजा पृथ्वीपति शाहका धेरै छोराहरू थिए । यिनमा जेठा छोरा वीरभद्र शाह त सुरूमा नै राजामा उत्तराधिकारी एवम् युवराजका रूपमा स्थापित भइसकेका थिए, यिनका माहिला छोरा राजकुमार रणशार्दूल शाह भने युवराज वीरभद्र शाहभन्दा निकै नै योग्य तथा प्रभावशाली पनि

भएर देखापरिरहेका थिए । यसले गर्दा स्वयम् राजा पृथ्वीपति शाह तथा यिनका भारदारहरू पनि यिनलाई सद्भावको दृष्टिले हेर्ने गर्थे । यसले गर्दा युवराज वीरभद्र शाहलाई आफ्ना भाइ रणशार्दूल शाहप्रति ईर्ष्या तथा द्वेष पनि पैदा हुनु स्वाभाविकै हुन आएको थियो । आफ्ना दाजुमाथि आफूले कुनै पनि किसिमका दुर्भावनाहरू नराखे तापनि उनले आफूप्रति अनावश्यक रूपमा डाहा तथा ईर्ष्या गर्दै रहेको अनुभव गरी खिन्न भएर यिनले केही समयपछि आवेगमा आएर आत्महत्या नै गरिदिएका थिए ।

यस अकल्पित घटनाले गर्दा एकातिर राजा पृथ्वीपति शाह तथा युवराज वीरभद्र शाहका बीचमा वैमनश्य पैदा हुन आएको थियो भने अर्कातिर आफ्ना भाइसँगको अकल्पित वियोगले गर्दा युवराज वीरभद्र शाह पनि आफूले आफ्ना भाइमाथि चिताउँदै आएका दुर्भावनाहरूले गर्दा पश्चात्तापद्वारा ग्रस्त भएका थिए । यसै स्थितिमा वैराग्यग्रस्त भई शान्तिको खोजीमा यिनी केही समयका निमित्त आफ्ना समवयस्क राजा भूपितीन्द्र मल्लको आतिथ्यमा रहन भनी 'भक्तपुर' राज्यको राजधानीमा आइपुगेका थिए । केही समय भक्तपुर सहरमा नै रही यहाँबाट स्वदेशतर्फ फर्कंदा आफ्नो राज्यको राजधानीमा नपुग्दै बीचबाटामा नै यिनको देहान्त भएको थियो (वि.सं. १७५४) ।

युवराज वीरभद्र शाहको देहान्तपछि राजा पृथ्वीपति शाहका उत्तराधिकारी एवम् युवराज हुन अब यिनका साहिँला छोरा दलु शाह तथा काहिँला छोरा उद्योत शाहका बीचमा कडा प्रतिस्पर्धा चल्न थाल्यो । आफ्ना जेठा तथा माहिला दुवै दाजुहरू दिवङ्गत भइसकेकाले अब राजाको उत्तराधिकारी तथा युवराज हुने पालो मेरो नै हो भनी यति बेला राजकुमार दलु शाहले राजा पृथ्वीपति शाहसमक्ष आफ्नो जोडदार दाबी प्रस्तुत गरिरहेका थिए । अर्कातिर राजकुमार 'उद्योत शाह' भने "राजकुमार दलु शाह आफ्ना दाजु नै भए पनि अङ्गहीन काना भएकाले प्रचलित परम्पराअनुसार उनलाई राजाका रूपमा वरण गर्न नमिल्ने हुँदा राजाको उत्तराधिकारी एवम् युवराज हुने वास्तविक अधिकार अब मलाई नै प्राप्त रहेको छ" भन्ने आफ्ना तर्कहरूलाई अघि सारिरहेका थिए । निर्णय भने केही हुन सकिरहेको थिएन ।

उता छिमेकमा रहेको तनहुँ राज्यमा भने यति बेला अर्कै किसिमका गतिविधिहरू चलिरहेका थिए । 'तनहुँ' राज्यका राजा दिग्विजय सेनका दुई जना बहिनीसँग युवराज वीरभद्र शाहको एकै पटक शुभविवाह सम्पन्न भएको थियो । मन बहलाउन आफू भक्तपुर राज्यतर्फ प्रस्थान गर्दा युवराज वीरभद्र शाहले आफ्ना दुई जना युवराज्ञीलाई उनीहरूकै माइतीघर तनहुँ राज्यको राजभवनतर्फ पठाइदिएका थिए । गोरखा राज्यको राजभवनभित्र अर्को चर्को गृहकलह चलिरहेकाले आफ्ना पतिको स्वर्गवास हुँदा पनि उक्त दुवै युवराज्ञीले गोरखा राज्यको राजभवनभित्र प्रवेश गर्न सकिरहेका थिएनन् । यिनमा कान्छी युवराज्ञी 'मल्लिकावती' यति बेला गर्भवती रहेकी रहिछन् । यो कुरा गोरखा राज्यको राजभवनमा प्रायः कसैलाई पनि थाहा थिएन । युवराज वीरभद्र शाहको देहान्त भएको केही महिनापछि नै यिनले तनहुँ राज्यको राजभवनमा एक बालकलाई जन्म दिइन् । न्वारनमा बालकको नाम 'नरभूपाल शाह' भनेर राखिएको रहेछ । यो सुखद समाचार निकै समयपछि मात्र गोरखा राज्यको राजभवनमा आइपुग्न सकेको थियो । यो समाचार प्राप्त भएपछि राजा पृथ्वीपति शाह स्वाभाविक रूपमा आफ्ना उत्तराधिकारीको चिन्ताबाट निश्चित भएका थिए ।

राजा पृथ्वीपति शाह अब आफ्नी बुहारी 'मल्लिकावती'का साथ आफ्ना नवजात नाति नरभूपाल शाहलाई पनि आफ्नै राजभवनमा नै झिकाइहाल्न हतारिरहेका थिए । तर तनहुँ राज्यका नवयुवक राजा दिग्विजय सेन भने आफ्नी विधवा बहिनीका साथै नवजात भानिजलाई पनि गोरखा राज्यको कलहग्रस्त राजभवनमा तत्काले पठाइहाल्न तयार रहेका थिएनन् । यिनलाई आफ्नी बहिनीका साथै भानिजका पनि अनिष्टका आशङ्काहरूले सताइरहेको थियो । यसैले बालक नरभूपाल शाह भने आफ्नो मामाघर तनहुँ राज्यको राजभवनमा नै हुर्किए तथा त्यहीँ नै बढ्दै पनि आए । यता आफ्ना भतिजा नरभूपाल शाहको जन्म भइसकेको समाचार प्राप्त भएपछि राजकुमारद्वय दलु शाह तथा उद्योत शाह पनि राजा पृथ्वीपति शाहको उत्तराधिकारी तथा युवराज हुने होडबाट पन्छिएर यत्तिकै बस्न विवश भएका थिए ।

व्रतबन्ध संस्कारका निमित्त उपयुक्त उमेर नभएसम्म बालक नरभूपाल शाहका ८-९ वर्षहरू तनहुँ राज्यको राजभवनमा नै बिते । युवराज्ञी मल्लिकावती भने अब माइतीघरबाट आफ्नै गोरखा राज्यको राजभवनमा फर्किन हतारिइरहेकी थिइन् । यिनताक तनहुँ राज्यका राजगुरू गौरेश्वर पाँडे त्यस राज्यमा प्रभावशाली भारदारका रूपमा कार्यरत रहेका थिए । गोरखा राज्यको राजभवनमा पनि आफ्नो प्रभाव विस्तार गर्ने उद्देश्यअनुसार यिनले युवराज्ञी मल्लिकावतीसँग "व्रतबन्ध संस्कार सम्पन्न हुँदा हजुरबाट जन्मेका कुमारलाई मन्त्र सुनाउने अधिकार मेरा छोरालाई दिलाउन सकिबक्सन्छ भने आफ्ना कुमारका साथ हजुरलाई पनि गोरखा राज्यको राजभवनमा फिर्ता पठाउन राजा दिग्विजय सेनलाई तत्कालै राजी गराइदिनेछु, यसबाट हजुरको, हजुरका कुमारको अनि गोरखा राज्यको र मेरो आफ्नो परिवारको पनि भविष्य उज्ज्वल हुनेछ, यसैले यसका निमित्त आफ्नोतर्फबाट सक्दो प्रयास गरिबक्सियोस्" भनी आग्रह गर्दा युवराज्ञी मल्लिकावती राजगुरू गौरेश्वर पाँडेको यस प्रस्तावमा सहमति जनाउन तयार भइन् ।

राजगुरू गौरेश्वर पाँडेका यसै आग्रह तथा आश्वासनअनुसार तनहुँ राज्यका राजा दिग्विजय सेनबाट अनुमति प्राप्त गरी यिनका जेठा छोरा गोकुलविलास पाँडेका साथ युवराज्ञी मल्लिकावती तथा यिनका कुमार नरभूपाल शाह पनि गोरखा राज्यको राजभवनमा सहज रूपमा नै उपस्थित हुन आए । राजा पृथ्वीपति शाहले पनि आफ्नो राजसभाको बैठक बसाई यसै सभाको सहमतिअनुसार कुमार नरभूपाल शाहलाई नै आफ्ना उत्तराधिकारीका रूपमा गोरखा राज्यका 'नवयुवराज' घोषणा गरिदिए (वि.सं. १७६४) ।

नवयुवराज नरभूपाल शाहले व्रतबन्धका निमित्त उपयुक्त समय नजिकै आइरहेको थियो । यसैअनुसार यिनको व्रतबन्धका लागि यथासमयमा नै आवश्यक तयारीहरू सुरू हुन थाले । यिनलाई गौरेश्वर पाँडेका छोरा गोकुलविलास पाँडेले 'सावित्रमन्त्र' सुनाउने भन्ने त पहिले नै निर्णय भइसकेको थियो । युवराज्ञी मल्लिकावतीले राजा पृथ्वीपति शाहलाई यस कुरामा सहमत गराइसकेकी थिइन् । यसैअनुसार व्रतबन्ध संस्कार सम्पन्न हुँदा यिनी नै नवयुवराज 'गुरू'का रूपमा अगाडि सारिए । तर यिनले

यस दिन व्रतबन्ध कर्म सम्पन्न हुँदा छलफल गरी नवयुवराजलाई सावित्रा मन्त्रका साथै दीक्षामन्त्र पनि त्यसै दिन सुनाइदिए ।

शुभविवाह सम्पन्न भएपछि मात्र युवराज तथा राजकुमारलाई दीक्षामन्त्र सुनाउने गोरखा राजभवनको प्रचलित परम्परा रहिआएको थियो । यस पटक भने यस परम्पराको विपरीत व्रतबन्ध संस्कार सम्पन्न भएकै दिन नवयुवराजलाई दीक्षामन्त्र पनि त्यसै दिन सुनाइएको थियो । यसले गर्दा राजा पृथ्वीपति शाह यति बेला पण्डित गोकुलविलास पाँडेको कुटिल चालबाजीले गर्दा रिसले क्रुद्ध भएका थिए । तर यतिन्जेलसम्ममा यिनी नवयुवराजका 'गुरू'का रूपमा पूजित भइसकेकाले राजा पृथ्वीपति शाहले यिनलाई तत्कालै कुनै किसिमको दण्ड दिइहाल्न भने सकेनन् र यत्तिकै मुर्मुरिएर रहिरहे । नवयुवराजको व्रतबन्ध संस्कार चाँडै नै सम्पन्न हुँदै छ भन्ने खबर पाएर परम्परागत गुरू घरानाका मिश्रहरू सावित्रमन्त्र सुनाउन भनी बनारसबाट दौडादौड गरी गोरखा राज्यमा आइपुगेका थिए । तर मन्त्र सुनाउन नपाएर उनीहरू भने अक्क न बक्कमा पर्न आए ।

विवाहका निमित्त उपयुक्त उमेर भएपछि 'खाँची' राज्यकी राजकन्या 'चन्द्रप्रभावती'सँग नवयुवराज नरभूपाल शाहको विधिपूर्वक शुभविवाह पनि सम्पन्न भयो (वि.सं. १७७२ को आसपास) । राजकुमारी चन्द्रप्रभावती सच्चा अर्थमा नै चन्द्रमाको प्रभा जस्तै शीतल तथा शान्त स्वभावकी गृहिणी भएर देखापरेकी थिइन् । हुन पनि यिनले पाइला हालेदेखि नै गोरखा राजभवनको सान तथा सौकत पनि अर्कै भएर देखापर्न थाल्यो । यसको केही समयपछि राजा पृथ्वीपति शाहको देहान्त भयो र नवयुवराज नरभूपाल शाह नै 'राजा'का रूपमा गोरखा राज्यको राजसिंहासनमा राखिए (वि.सं. १७७३) ।

राज्यारोहण भएको लगत्तै पाल्पाली राजा 'गन्धर्व सेन'की छोरी राजकुमारी 'कौशल्यावती'सँग पनि यिनको दोस्रो विवाह सम्पन्न भएको पाइन्छ । महारानी चन्द्रप्रभा तथा महारानी कौशल्यावतीका बीचमा सम्भवतः माइतीतर्फबाट फुपू तथा भदैको केही टाढाको नातासम्बन्ध रहेको थियो । संयोगवश दुवै राजकुमारीहरू एउटै राजासँग विवाहको बन्धनमा बाँधिएकाले दुवै राजकुमारीहरू आआफ्ना सौतेनी भावनाहरूलाई बिर्सिई

आफ्नै सहोदर दिदी तथा बहिनी जस्तै भई गोरखा राज्यको राजभवनमा आदर्श गृहिणीहरूका रूपमा उपस्थित हुन आइपुगेका थिए ।

(ख) जन्म तथा बाल्यकाल

२२-२३ वर्षको उमेर हुँदासम्म पनि राजा नरभूपाल शाहका यी दुवै महारानीबाट कुनै पनि सन्तान देखा पर्न सकेनन् । यसैले यिनले यसपछि 'बुद्धिमती' तथा 'सुभद्रावती' नामका अन्य दुइटी राजपूतकन्यासँग पनि विवाहसम्बन्ध स्थापित गरेका थिए । तर आखिरमा माहिली महारानी कौशल्यावतीकै गर्भबाट यिनका पहिला सन्तानका रूपमा एक जना यशस्वी बालकको जन्म भयो (वि.सं. १७७९ पौष २७ गते) । जातकर्म सम्पन्न हुँदा नवजात युवराजको नाम 'पृथ्वीनारायण शाह' भनेर राखियो । आपसमा सौतेनी भावना विकसित नहोओस् भन्ने विचार गरी नवजात युवराजलाई आफ्नै युवराज हुन् भन्ने सम्झिई यिनको स्याहारसम्भार तथा लालनपालनको सम्पूर्ण अभिभारा जेठी महारानी चन्द्रप्रभावतीले नै सम्हालिन् ।

महारानी कौशल्यावती जुन समयमा गर्भवती रहेकी थिइन्, त्यस्तै समयमा महारानी बुद्धिमती पनि गर्भवती रहेकी रहिछन् । गर्भमा सात महिना मात्र रहेर महारानी कौशल्यावतीको गर्भबाट युवराज पृथ्वीनारायण शाहको जन्म भएको मानिएको थियो । यिनको जन्म भएको एकाध महिनापछि नै महारानी बुद्धिमतीको गर्भबाट पनि अर्का एक जना राजकुमारको जन्म भयो र नवजात राजकुमारको नाम 'वृन्दकेशर शाह' भनेर राखियो । यसबाट केही समयसम्म जन्मेका जेठा छोरा पृथ्वीनारायण शाहले नभएर पूरा नौ महिनासम्म गर्भमा रहेर जन्मिएका गर्भका जेठा छोरा वृन्दकेशर शाहले राजाको उत्तराधिकारी हुन पाउनुपर्छ भन्ने आवाजहरू गाइँगुइँ सुनिन थालेका थिए । तर संयोगवश राजकुमार वृन्दकेशर शाहको चाँडै नै देहान्त भएकाले यो विवाद यत्तिकै शान्त भएर गएको थियो ।

यसपछि महारानी सुभद्रावतीका गर्भबाट 'महोद्दामकीर्ति शाह', महारानी कौशल्यवतीकै गर्भबाट 'दलमर्दन शाह', सुभद्रावतीकै गर्भबाट 'दलजित शाह' र रानी बुद्धिमतीको गर्भबाट शूरप्रताप शाह गरी अन्य चार जना राजकुमारहरू पनि क्रमैसँग पैदा भएका थिए । राजा नरभूपाल शाहका

यी ५ भाइ छोराहरू पछि गोरखामा 'पाँच पाण्डवका अवतार'हरूका रूपमा पनि प्रसिद्ध रहन थालेका थिए । राजा नरभूपाल शाहका अन्य अनेकौं अविवाहिता ठकुरानीहरू पनि रहेका पाइएका छन् । यिनीहरूबाट पनि यिनका अन्य पाँचै जना राजकुमारहरू पैदा भएका पाइन्छन् । यिनीहरूमध्ये राजकुमार 'रणरूद्र शाह' त पछि गोरखा राज्यमा निकै नै चल्तापिर्ता भएर निस्किएका थिए ।

"हुने बिरूवाको चिल्लो पात" भने झैं युवराज पृथ्वीनारायण शाह आफ्नो जीवनकालको प्रारम्भदेखि निकै नै तेजिला तथा प्रभावशाली पनि भएर देखापरिरहेका थिए । यिनको हृष्टपुष्ट एवम् खाइहाल्दो, फूर्तिलो शरीर किशोरावस्थाको प्रारम्भदेखि नै चुस्तदुरूस्त भएर देखा पर्न थालिसकेको थियो । यिनको स्याहारसम्भार, रेखदेख तथा शिक्षादीक्षाका सम्पूर्ण व्यवस्थाहरू महारानी चन्द्रप्रभावतीले आफैंले नै मिलाउँदै आइरहेकी थिइन् । यिनको अक्षरारम्भ पाँच वर्षको उमेरमा विधिपूर्वक सम्पन्न गराइएको पाइन्छ । यति बेला यिनलाई पढाउने औपचारिक 'गुरू'को जिम्मेवारी स्वाभाविक रूपमा पुराना गुरूघरानाका 'मोक्षेश्वर अर्याल' तथा 'भानु अर्याल'ले प्राप्त गरेका थिए । उपाध्याय वर्गका अर्यालहरू भए पनि राजभवनमा रहेर ज्योतिषीको काम पनि गर्ने गरेकाले यिनीहरू 'ज्योतिषि' वा 'जैसी'हरूका रूपमा विशेष परिचित रहेका थिए । युवराज पृथ्वीनारायण शाहको प्रारम्भिक शिक्षाको जिम्मेवारी पनि यिनीहरूले नै प्राप्त गरेको पाइन्छ । तर युवराज पृथ्वीनारायण शाहको चरित्र निर्माणमा भने महारानी चन्द्रप्रभावतीको नै प्रमुख हात रहेको देखिन आएको छ ।

तनहुँ, लमजुङ तथा कास्की आदि छिमेकी राज्यका राजकुमारहरू यिनताक प्रायः ठाँटबाँट, दुर्व्यसन तथा भोगविलासमा लिप्त रही आफ्ना कर्तव्यपथबाट पथभ्रष्ट भइरहेका थिए । यसैले महारानी चन्द्रप्रभावतीले युवराज पृथ्वीनारायण शाहलाई भने सानै उमेरदेखि नै ऐसआराम, दुर्व्यसन तथा भोगविलासदेखि प्रायः टाढा नै राखिदिएकी थिइन् । यसैले यिनका दिनचर्यामा ऐसआराम तथा भोगविलासको गन्धसम्मले पनि प्रवेश गर्न पाइरहेको थिएन । यस किसिमका उच्च तहका नैतिक शिक्षाहरूले गर्दा किशोरावस्थाको प्रारम्भदेखि नै यिनी साहसी, लगनशील, परिश्रमी तथा

सच्चरित्र पनि बन्दै आइरहेका थिए । यसले गर्दा यिनी यस समयका यस क्षेत्रमा रहेका अनेकौं पहाडी राज्यका युवराजहरूमध्ये एक जना होनहार युवराजका रूपमा उपस्थित हुन आइपुगेका थिए ।

उता राजा नरभूपाल शाह भने यति बेला गोरखा राज्यमा अन्यन्त नै सरल तथा शान्त स्वभावका राजा भएर निस्किएका थिए । आफ्ना गुरू गोकुलविलासका अर्ती तथा उपदेशहरूमा लागि यिनी उद्योग, परिश्रम तथा लडाइँ-झगडाहरूबाट भन्दा देवदेवीहरूको उपसना, आराधना तथा पुरश्चरणहरूबाट नै आफ्ना अभीष्टहरू सिद्ध गर्न सकिन्छ भन्ने तान्त्रिक साधनामार्गतर्फ प्रवृत्त भइरहेका थिए ।

आफ्नो राज्यविस्तारका निमित्त वर्तमान काठमाडौं उपत्यकातर्फ अगाडि बढ्ने प्रयास त राजा नरभूपाल शाहले पनि आफ्नो राज्यकालको प्रारम्भदेखि नै सुरू नगरेका होइनन् । यसै क्रममा यिनले ललितपुर राज्यको गोरखा राज्यसँग सिमाना जोडिएको लामिडाँडामा पटकपटक सैनिक हस्तक्षेप पनि गरेका थिए । तर यस क्षेत्रलाई आफ्नो नियन्त्रणमा ल्याउनमा भने यिनी कहिल्यै पनि सफल हुन सकेनन् । यसै क्रममा आफ्नो राज्य क्षेत्रभन्दा पूर्वतर्फ काठमाडौं राज्यको अधिकार क्षेत्रमा रहेको नुवाकोट प्रदेशमा अधिकार गर्ने प्रयास पनि यिनले पटकपटक गरेका थिए । तर अत्यावश्यक हातहतियारहरू सङ्ग्रह नगरी हतारहतारमा नै सैनिक अभियानहरू सञ्चालन गरिएकाले यस्ता सैनिक अभियानहरूमा यिनले उल्टै आफ्नै धनजनको क्षतिलाई व्यहोर्नुपरेको थियो ।

राजा नरभूपाल शाह आफ्नो जीवनकालको अन्तिम समयतिर मानसिक रूपमा निकै नै अस्वस्थ रहेकाले आफ्ना राजकाजका नियमित कामहरूदेखि प्रायः निरपेक्ष रहन थालेका थिए । यसैले पछि महारानी चन्द्रप्रभावती स्वयम्ले नै 'चौतारा'को पदभार ग्रहण गरी राज्यका दैनिक प्रशासनहरूलाई सञ्चालन गर्न थालेकी थिइन् । पाँचसात वर्षहरू यत्तिकैमा बितेका थिए । यसैबीचमा मकवानपुरका राजा हेमकर्ण सेनकी छोरी राजकुमारी 'इन्द्रकुमारी'सँग युवराज पृथ्वीनारायण शाहको शुभविवाह सम्पन्न भएको थियो । तर द्विरागमनकर्म सम्पन्न गर्दा नवविवाहिता दुलहीलाई दिइएका दाइजोका विषयमा युवराज पृथ्वीनारायण शाह तथा

यिनका जेठान युवराज दिग्बन्धन सेनका बीचमा वैमनस्य पैदा भयो र यिनी आफ्नी विवाहिता दुलहीलाई नलिई त्यहाँबाट यत्तिकै फर्किएर आएका थिए ।

यसै स्थितिमा यसको केही वर्षपछि राजा नरभूपाल शाहको देहान्त भयो र युवराज पृथ्वीनारायण शाह नै राजाका रूपमा गोरखा राज्यको राजसिंहासनमा राखिए (वि.सं. १७९९ चैत्र २५ गते) ।

जुन समयमा राजा श्री ५ पृथ्वीनारायण शाहले गोरखा राज्यको राजसिंहासनमा पदार्पण गरेका थिए, त्यति बेला काठमाडौं उपत्यका तथा यसका आसपासका क्षेत्रमा कान्तिपुर, भक्तपुर तथा ललितपुर गरी तीन ओटा स्वतन्त्र मल्ल राजाहरू रहेका थिए । वि.सं. १७७९ मा एकै वर्षमा राजसिंहासनमा पदार्पण गरेका यी तीन ओटै मल्ल राज्यका राजाहरू क्रमशः जगज्जय मल्ल, योगप्रकाश मल्ल तथा रणजित मल्लहरूका बीचमा बाहिरी रूपमा आपसमा प्रायः मेलमिलाप नै रहिरहे पनि भित्री रूपमा भने मनोमालिन्य चलिरहेको थियो । यिनीहरूको बीचमा आपसी ईर्ष्या तथा द्वेषहरू पनि कायमै रहिरहेका थिए । आआफ्ना स्वार्थअनुसार यिनीहरू बेलाबखत आपसमा सानातिना लडाइँ-झगडाहरू गरिरहेका हुन्थे । यस्ता लडाइँ-झगडाहरूमा सहयोगीका रूपमा उपस्थित भएर उपर्युक्त तीन ओटै मल्ल राज्यमा आआफ्ना प्रभाव क्षेत्रहरू विस्तार गर्ने ताकमा यिनताक गोरखा, तनहुँ तथा मकवानपुर राज्यका राजाहरूका बीचमा एककिसिमले होड नै चलिरहेको थियो । यस क्षेत्रमा रहेका कुनै न कुनै राजाहरूको पक्ष लिई उपर्युक्त तीन ओटै राज्यका राजाहरू यस समयमा आआफ्ना सैनिकहरू वर्तमान काठमाडौं उपत्यकामा निरन्तर पठाउँदै रहेका थिए ।

यसै दीर्घकालीन युद्धमा युद्धकालको बीचमा नै ललितपुर राज्यका राजा योगप्रकाश मल्लको अप्रत्याशित रूपमा देहान्त हुँदा त्यहाँकी मैयाँ योगमतीले पछि आएर आफ्नै तजबिजले 'विष्णु मल्ल' नामक एक जना नवयुवकलाई यस राज्यको राजसिंहासनमा विराजमान गराइदिएकी थिइन् । काठमाडौं राज्यका राजा 'जगज्जय मल्ल'की छोरीको विवाहपछि यिनै नवयुवकसँग सम्पन्न हुन आएको थियो । यसैले यसपछि केही वर्षसम्म त ललितपुर तथा काठमाडौं राज्यका बीचमा आपसमा शान्ति स्थापना पनि

हुन सम्भव हुन आएको थियो । यी दुई राजाहरूको आपसी मेलबाट मैयाँ योगमतीको राजनीतिक शक्ति क्षीण हुन जाँदा र राजा रणजित मल्लको मस्ती पनि गल्न जाँदा लगभग सात वर्षजतिको लगातारको आपसी कलहबाट थकित भई धनजनहरूको पर्याप्त क्षति भएपछि आखिरमा आएर यस क्षेत्रमा रहेका यति बेलाका तीन ओटै मल्ल राज्यका राजाहरूका बीचमा एउटा शान्तिसम्झौता पनि सम्पन्न भएको पाइन्छ ।

यसै युद्धकालमा राजा नरभूपाल शाहको निर्देशनअनुसार गोरखाली सेनापति काजी जयन्त राना ललितपुर राज्यको अधिकार क्षेत्रमा रहँदै आएको 'लामिडाँडा'को एक भागमा आफ्नो अधिकार स्थापित गर्न सफल भएका थिए । ललितपुर राज्यको पश्चिमी सिमानामा रहेको लामिडाँडासँग गोरखा राज्यको सिमाना आएर जोडिएको थियो । यसैले यस प्रदेशमा आफ्नो अधिकार स्थापित गर्न गोरखालीहरू पहिलेदेखि नै लालायित भएर रहेका थिए । यसै प्रदेशसँग 'तनहुँ' राज्यको सिमाना पनि जोडिन आइपुगेको थियो । यसैले तनहुँ राज्यका राजा र कान्तिपुरका 'जगज्जय मल्ल' मिली गोरखाली सैनिकहरूलाई त्यस प्रदेशबाट हटाई त्यस प्रदेशको पुछारमा रहेको 'जोगीमारा' नामक एउटा थुम तनहुँ राज्यका राजा कामराजदत्त सेनलाई दिलाइदिँदा गोरखाली राजा नरभूपाल शाह अक्क न बक्कमा पर्न आएका थिए ।

राजा नरभूपाल शाह पारिवारिक नातासम्बन्धद्वारा राजा कामराजदत्त सेनका भानिजका साथै बहिनीज्वाइँ पनि पर्थे । यसैले मन नपरीनपरीकन नै भए पनि लामिडाँडा प्रदेशको 'जोगीमारा' नामक थुम तनहुँ राज्यलाई छाडिदिन यिनी यति बेला विवश भएका थिए । यसरी यस थुमलाई परित्याग गर्दा यस थुमको बदलामा काठमाडौं राज्यको अधिकार क्षेत्रमा रहँदै आएको नुवाकोटमा कुनै न कुनै युक्तिले कब्जा गरौंला भन्ने यिनको भित्री सोचाइ रहेको हुँदो हो । यसै सोचाइअनुसार यस घटनाको लगत्तै नुवाकोटमा आफ्नो अधिकार प्रयोग गर्न यिनले आफ्ना सेनापति 'काजी' जयन्त रानालाई खटाई पनि दिएका थिए । तर आफ्नै कमजोरीले गर्दा काठमाडौं राज्यको तर्फबाट त्यस क्षेत्रका संरक्षक भएर रहेका 'उमराब'

काशीराम थापाका अगाडि काजी जयन्त रानाको जोड चल्न सकेन । यिनी त्यहाँबाट पछि हट्न विवश भएका थिए ।

यसै सैनिक अभियानमा भित्री रूपमा आफ्ना विपक्षीहरूसँग मिलेको आशङ्का गरी राजा नरभूपाल शाहले जयन्त रानालाई 'काजी'को पदबाट पदच्युत गराइदिएकाले गोरखा राज्यलाई सदाका निमित्त परित्याग गरी यिनी काठमाडौं राज्यको अधिकार क्षेत्रमा रहेको 'बेलकोट'मा आएर राजा जगज्जय मल्लको आश्रयमा रहन थालेका थिए । पछि 'काजी' महेश्वर पन्तको नेतृत्वमा गोरखा राज्यको तर्फबाट नुवाकोटमा फेरि पनि आक्रमण गरियो । तर हातहतियार तथा तालिमप्राप्त सैनिकहरूको कमीले गर्दा यस पटकको आक्रमण पनि सफल हुन सकेन । यस पटक भएको लडाइँमा पनि आफ्नो निकै धनजनको क्षति बेहोर्न गोरखाली सैनिकहरू विवश भए ।

तनहुँ राज्यका राजा कामराजदत्त सेनको सफलता तथा आफ्नो पटकपटकको असफलताबाट राजा नरभूपाल शाह खिन्न हुनु स्वाभाविकै हुन आएको थियो । सम्भवतः यसै असफलताले गर्दा पछि यिनी लगभग विक्षिप्त नै बन्न आएका थिए । हातहतियार तथा धनजनको कमीले गर्दा नै पटकपटकको आक्रमणमा आफ्नो पक्षको हार भएको हो भन्ने अनुभव गोरखा राज्यका राजा तथा प्रजाहरू सबैले राम्रैसँग गरिसकेका थिए । यसैले अब रूपैयाँ पैसा तथा हातहतियारको सङ्ग्रहका निमित्त समुचित ध्यान दिन थालियो ।

(ग) विवाह तथा कार्य क्षेत्रमा प्रवेश

यसै स्थितिमा युवराज पृथ्वीनारायण शाहको शुभविवाहका निमित्त प्रसङ्ग चल्दा राजनीतिक लाभका साथसाथै आर्थिक लाभ पनि प्राप्त हुने अपेक्षा राखी महारानी चन्द्रप्रभावती आफ्ना युवराजको विवाह मकवानपुर राज्यका राजा हेमकर्ण सेनकी छोरी इन्द्रकुमारीसँग गराउन अग्रसर भइन् । तर युवराज पृथ्वीनारायण शाहको यो विवाह चिताएअनुसार सफल हुन सकेन । विवाहका निमित्त आवश्यक पर्ने वरीयातहरू लिई सम्भव भएसम्मका सजधजका साथै युवराज पृथ्वीनारायण शाह गोरखा राज्यको राजधानीबाट मकवानपुर राज्यको राजधानीमा पुगेका थिए । यथासमयमा नै त्यहाँ

यिनको विधिपूर्वक शुभविवाह पनि सम्पन्न भएको थियो (वि.सं. १७९५ को आसपास) । तर शुभविवाह सम्पन्न भएको लगत्तैदेखि नै दुई पक्षका बीचमा खटपट सुरू भए पनि भइहाल्यो । पहिले त "राजकुमारी अहिले नै सानै छिन्, यसैले उनलाई अहिले नै गोरखा राज्यमा पठाइहाल्न सम्भव भएन; एकाध वर्षपछि शुभसाइत विचार गरी 'गौना' गर्न आउनुहोला" भनी नवविवाहिता दुलहीलाई बिदा नै नदिई उनीहरूले गोरखा राज्यबाट आएका जन्तीहरूका साथ दुलाहा युवराज पृथ्वीनारायण शाहलाई पनि यत्तिकै फर्काइदिएका थिए । पछि एकाध वर्षपछि, गौना गर्न भनी जाँदा पनि दुलहीको औपचारिक बिदाइका निमित्त निकै दिनसम्म आनाकानीहरू चल्दै रहे । महिनौंसम्म बस्दा पनि बिदाइको चालचुल भएन ।

यसैबीचमा 'एकदन्ता हात्ती' तथा 'नौलाखा हीरा'को कुरा पनि उब्जियो । राजा हेमकर्ण सेनले छोरीको कन्यादान गर्दा आफ्नी छोरीलाई सम्भवतः गजमोतीको हार पहिऱ्याइदिएका थिए र अन्माउँदा एकदन्ता हात्तीमा सवार गराएर अन्माइदिएका थिए । यसै वस्तुतथ्यलाई आधार मानेर "कन्याका साथै वरलाई पनि दानमा दिइएका यी दुवै वस्तु मेरा नै हुन्छन् र मैले नै पाउनुपर्छ' भन्ने युवराज पृथ्वीनारायण शाहको दाबी रहेको थियो । राजा हेमकर्ण सेन पनि सम्भवतः यी दुवै वस्तु आफ्नी छोरीलाई नै दिन चाहन्थे । तर उनका छोरा युवराज 'दिग्बन्धन सेन' भने यसमा सहमत भएका थिएनन् । यसले गर्दा ज्वाइँ तथा जेठानका बीचमा मनोमालिन्य पैदा भयो र युवराज पृथ्वीनारायण शाह आफ्नी दुलहीलाई नै नलिई त्यहाँबाट त्यत्तिकै फर्किएर आए ।

युवराज दिग्बन्धन सेनको सेखी झार्नु अब गोरखा राजभवनका निमित्त अत्यावश्यक अनुभव हुन आइरहेको थियो । यसैले महारानी चन्द्रप्रभावतीले आफ्नै माइतीघर गोरखपुरतिरबाट 'डोला'का रूपमा अर्की राजपूतकन्यालाई गोरखामा झिकाइन् । फलतः गोरखा राज्यको राजभवनमा नै यिनै राजपूतकन्यासँग युवराज पृथ्वीनारायण शाहको दोस्रो विवाह सम्पन्न भयो (वि.सं. १७९७ को आसपास) । शुभविवाह सम्पन्न भएपछि नवविवाहिता युवराज्ञीको नाम 'नरेन्द्रलक्ष्मी' भनेर राखिएको थियो ।

काठमाडौं राज्यको अधिकार क्षेत्रमा रहेको नुवाकोट प्रदेशमा अधिकार गर्नु गोरखाली भारदारहरूका निमित्त राजा नरभूपाल शाहको राज्यकालदेखि नै सपना तथा जपना पनि भएर रहँदै आएकाले आफ्नो राज्य क्षेत्रलाई काठमाडौं उपत्यकातर्फ विस्तार गर्ने चाहना युवराज पृथ्वीनारायण शाहमा पनि आफ्नो किशोरावस्थाको प्रारम्भदेखि नै पैदा हुनु स्वाभाविकै हुन आएको थियो । आफू युवराजका रूपमा कार्यरत रहँदै यिनले यसका निमित्त आफ्ना गतिविधिहरू बढाउन सुरू पनि गरिसकेका थिए ।

यसै क्रममा युवराज छँदै यिनले राजप्रतिनिधि भई भक्तपुर राज्यमा आएर यहाँका राजा रणजित मल्लसँग आफ्ना पिता राजा नरभूपाल शाहको पगरी सट्टा गरी र उनका छोरा वीरनरसिंह मल्लसँग आफ्नो मितेरी सम्बन्ध स्थापित गरी दुई राज्यका बीचमा मैत्री सम्बन्ध स्थापित गराएर राजा रणजित मल्ललाई आफ्ना 'मीतबाबा'का रूपमा उपस्थापित गराइदिएका थिए । यस्तै काठमाडौं राज्यमा आएर यस राज्यका राजा जयप्रकाश मल्लसँग पनि यिनले आफ्नो मितेरी सम्बन्ध स्थापित गराइदिएका थिए ।

(घ) राज्यारोहण तथा काशीयात्रा

गोरखा राज्यभन्दा उत्तरपश्चिमतर्फ रहेको छिमेकी राज्य 'लमजुङ' भने पूर्वतर्फ बढ्ने यिनको महत्त्वाकाङ्क्षाका निमित्त यति बेला प्रमुख बाधक बनेर उपस्थित भइरहेको थियो । आफूले पूर्व काठमाडौं राज्यतर्फ अघि बढ्ने प्रयास गरे लमजुङ राज्यले आफ्नो राज्यमा सशक्त आक्रमण गरिदिने खतरा यिनका निमित्त जीवितै रहिरहेको थियो । यसैले भर्खरै मात्र युवावस्थामा प्रवेश गरेका युवराज पृथ्वीनारायण शाह यति बेला बिलखबन्दमा परिरहेका थिए । यसै स्थितिमा राजा नरभूपाल शाहको देहान्त भएकाले 'महाराजाधिराज'का रूपमा यिनी नै गोरखा राज्यको राजसिंहासनमा विराजमान हुन आए ।

राज्यरोहण गर्नेबित्तिकै नवयुवक राजा श्री ५ पृथ्वीनरायण शाह काठमाडौं राज्यको अधिकार क्षेत्रमा रहेको नुवाकोट प्रदेशमा आक्रमण गर्न फेरि पनि जमजमाउन थाले । यसैअनुसार त्यहाँ फेरि पनि आक्रमण गरियो । यस पटकको आक्रमण पनि पूरा सैनिक तयारी नगरी हतारहतारमा नै गरिएको थियो । यसैले यस पटकको आक्रमण पनि सफल हुन सकेन ।

राम्रोसँग सैनिक तयारीहरू नगरी नुवाकोट प्रदेशमाथि गरिएको सैनिक अभियान सफल हुन सक्दैन भन्ने कुरा अब घामजत्तिकै छर्लङ्ग भइसकेको थियो । यसैले राज्यरोहण गर्नेबित्तिकै 'तीर्थ गर्न जाने' बहाना गरी नवयुवक राजा श्री ५ पृथ्वीनारायण शाह सर्वप्रथम आफ्ना दलबलहरूसहित काशीयात्रातिर लागे । तीर्थ गर्न जाने भन्ने त यिनको बहाना मात्र रहेको थियो, वास्तवमा यिनी नयाँ किसिमका हातहतियार तथा गोलाबारूदहरूको खोजीमा नै त्यतातर्फ लागेका थिए । भारतका समसामयिक राजनीतिक तथा सामाजिक परिस्थितिको अध्ययन गर्नु पनि यिनको तीर्थयात्राको अर्को उद्देश्य रहेको थियो । यति बेला भारतको राजनीतिक परिस्थिति पनि अस्तव्यस्त नै रहेको थियो । त्यहाँ बन्दुक तथा तोपगोलाहरूको प्रचलन व्यापक रूपमा बढ्दै आइरहेको थियो । त्यहाँबाट राम्राराम्रा बन्दुक तथा गोलाबारूदहरू ल्याउन पाइएमा नमुना देखाई यहाँ अरू बन्दुक तथा गोलाबारूदहरू बनाउन सकिन्छ कि भन्ने यति बेला यिनको भित्री सोचाइ रहेको हुँदो हो । पाएमा यिनी त्यहाँबाट बन्दुक तथा गोलाबारूदहरू बनाउन जान्ने भारतीय कालिगडहरूलाई पनि साथैमा लिएर आउन चाहन्थे । तर यिनी यस काममा भने यस पटक त्यति सफल भएको पाइँदैन ।

काशीयात्राबाट स्वदेशतर्फ फर्कर आउँदा बाटामा रहेको एउटा भन्सार चौकीमा त्यहाँका सुरक्षाकर्मीहरूले "तीर्थयात्रीहरू नै भए पनि सबै यात्रीका भारीहरू खोल्नुपर्छ ।" भनी खिचोला गर्दा स्वाभिमानी स्वभाव भएका राजा श्री ५ पृथ्वीनारायण शाहलाई उनीहरूको यो खिचोला सह्य भएन र त्यहाँका सुरक्षाकर्मीहरूमाथि हात नै उठाउन यिनी विवश भए । यिनकै आदेशअनुसार यिनका सहयात्रीहरूद्वारा त्यस चौकीमा रहेका केही सुरक्षाकर्मीहरू तत्कालै त्यहीँ काटिए । यस घटनाबाट अब पक्कै पनि पक्राउमा परिन्छ भन्ने भय राजा श्री ५ पृथ्वीनारायण शाह तथा यिनका सहयोगीहरूमा पनि पैदा भइरहेको थियो । यसै स्थितिमा त्यस क्षेत्रमा सक्रिय रहेका शस्त्रधारी केही 'नागा' सन्न्यासीहरूको सहयोग लिई रातारात गरी भागेर आफ्ना सहयोगीहरूका साथ पाल्पा राज्यमा आइपुग्न यिनी येनकेन सफल भएका थिए ।

राजा श्री ५ पृथ्वीनारायण शाह जुन समयमा गोरखा राज्यको राजसिंहासनमा विराजमान भएका थिए, त्यस समयमा पश्चिमी भारतमा महाराष्ट्र गौरवका रूपमा देखापरेका 'छत्रपति शिवाजी'को उज्ज्वलमय चरित्रको तेजोमय प्रकाश भारतवर्षभर यत्रतत्र फैलिई त्यसको केही प्रकाश यहाँ गोरखा राज्यसम्म पनि आइपुगिसकेको थियो । तिनले देखाएका मार्गहरूबाट अगाडि बढ्दै आएर त्यहाँका 'पेसवा'हरूले आफ्ना राष्ट्रिय गौरवहरूलाई यिनताक उत्तरी भारतमा पनि क्रमशः विस्तारित गराउँदै ल्याइरहेका थिए । सनातनी हिन्दूहरूका प्राचीन तीर्थस्थल मथुरा, वाराणसी तथा गयाहरू अब चाँडै नै पसवा राज्यमा मिलाइने भएका छन् भन्ने चर्चा तथा परिचर्चाहरू यिनताक उत्तरी भारतमा यत्रतत्र फैलिइरहेका थिए । भारतभरका सबै स्वाभिमानी सनातनी हिन्दूहरूका आँखा यति बेला महाराष्ट्रका गौरव 'पेसवा'हरूतर्फ लागिरहेका थिए ।

ठीक यसै समयमा अर्कातिर सात समुद्रपारबाट व्यापार गर्न भनी आएका अङ्ग्रेजहरू पनि 'इस्ट इन्डिया कम्पनी' नामक एउटा व्यापार कम्पनीको माध्यमबाट भारतभरमा आफ्नो आर्थिक, राजनीतिक तथा धार्मिक प्रभावहरू विस्तार गर्न अघि सरिरहेका थिए । यिनताक भारतमा घटिरहेका यस्ता राजनीतिक घटना, त्यहाँको अशान्तमय वातावरण तथा त्यहाँ चलिरहेका सामाजिक तथा राजनीतिक उथलपुथलहरूलाई पनि आफ्नै आँखाले प्रत्यक्ष रूपमा नै देखेपछि यस क्षेत्रमा स्थापित भएका सबै पहाडी राज्यहरूले एकगठ भएर बस्न नसक्ने हो भने यहाँ रहेका ससाना सबै पहाडी राज्यहरूको अस्तित्व अब चाँडै नै समाप्त हुनेछ भन्ने दृढ निश्चय श्री ५ पृथ्वीनारायण शाहको अन्तस्करणमा यसै समयदेखि उब्जन थालेको पाइन्छ ।

तर यस क्षेत्रमा स्थापित भएका ससाना पहाडी राज्यका राजाहरूमा भने आपसमा मिलेर रहन सक्ने वातावरण कत्ति पनि रहेको थिएन । यसैले नवयुवक राजा श्री ५ पृथ्वीनारायण शाह अब आफ्नो राज्य क्षेत्रलाई विस्तार गर्ने परम्परागत सोचाइले भन्दा यस क्षेत्रमा स्थापित भएका सबै पहाडी राज्यहरूलाई एकीकृत गरी आफ्नै नेतृत्वमा एउटा शक्तिशाली राष्ट्रको निर्माण गर्ने उद्देश्यले नै नेपाल अधिराज्यको एकीकरणको

अभियानतर्फ उन्मुख भएका पाइन्छन् । युद्धकालमा अन्य देश वा जातिका मूल्य, मान्यता तथा भावनाहरूमा कुनै पनि किसिमले आघात नपार्ने, हातहतियार लिएर अघि नसर्ने कृषक, शिल्पकार तथा अन्य सर्वसाधारण जनतालाई कुनै किसिमले हानिनोक्सानी नपुऱ्याउने र आफ्ना विपक्षीहरू नै भए पनि उनका जहानपरिवारको भने जिउधनको सुरक्षा गरिदिने जस्ता यिनले आजीवन अपनाएका अनुकरणीय एवम् आदर्श नीतिहरू नै यिनका एकीकरण अभियानका सफलताका परिचायक भएर रहेका छन् ।

(ङ) कालु पाँडेलाई कजाइँ

वाराणसीबाट स्वदेश फर्किएर आउनेबित्तिकै नवयुवक राजा श्री ५ पृथ्वीनारायण शाहले नेपाल अधिराज्यको एकीकरण अभियानका निमित्त आफ्ना दह्रिला पाइलाहरू फेरि पनि चलाउन सुरू गरिहाले । नयाँ राजाको राज्याभिषेक हुनेबित्तिकै 'काजी'का रूपमा आफ्ना नयाँ मन्त्रीलाई नियुक्त गर्ने गोरखा राजभवनको प्रचलित परम्परा रहिआएको थियो । तर नवयुवक राजा श्री ५ पृथ्वीनारायण शाहले यतिन्जेलसम्म पनि आफ्नो यस महत्त्वपूर्ण कामतिर ध्यान दिन सकिरहेका थिएनन् । गोरखा राज्यका पहिला मन्त्री काजी गणेश पाँडेकै वंशधर 'कालु'को नामले प्रसिद्ध भएका पाइन्छन् । 'काजी'को प्रस्तावित पदका निमित्त सबैको ध्यान यिनीतर्फ नै आकर्षित भइरहेको थियो । तर नवयुवक राजा श्री ५ पृथ्वीनारायण शाह स्वयम् भने आफूलाई मन परेका 'विराज बखेती' नामक अर्कै नवयुवकलाई आफ्ना सहयोगीका रूपमा 'काजी'को पदमा नियुक्त गर्ने मनस्थितिमा रहेका थिए । यसै अवस्थामा महारानी चन्द्रप्रभावतीले 'काजी' पदका निमित्त कालु पाँडेको नामलाई नै अघि सारिदिएकी थिइन् ।

यस स्थितिमा आफ्नो राज्यमा रहेका भद्रलक्ष्मी तथा ठूलासाना सबै जनताको यस सम्बन्धमा के राय रहेछ त भनी बुझ्ने आफ्नो चाहना नवयुवक राजा श्री ५ पृथ्वीनारायण शाहले आफ्ना सबै भाइभारदारहरूका समक्षमा प्रकट रूपमा नै व्यक्त गरिदिएका थिए । यसैअनुसार यस सम्बन्धमा ठूलासाना, धनीगरिब सबै देशवासीहरूसँग सरसल्लाह गरियो । यसरी रायसल्लाह लिइँदा भाइ, भैयाद, छिमेकी मित्र राजा तथा सर्वसाधारण

जनताको तर्फबाट पनि कालु पाँडेको पक्षमा नै सहमति प्राप्त भयो र यिनी नै यस राज्यका 'काजी' वा मन्त्रीका पदमा नियुक्त गरिए ।

(च) नुवाकोटमा आक्रमण तथा अधिकार

यिनताक काठमाडौं उपत्यकाभित्र रहेका तीन ओटै मल्ल राज्यका नागरिकहरू निकै नै सम्पन्न रहेका थिए । यहाँ धानखेतीको भरपूर विकास भइरहेको थियो । यहाँका देवमन्दिरका छाना तथा राजाका सालिकहरू पनि सुनैसुनका मोलम्बाहरूले सिँगारिएका थिए । झट्ट हेर्दा यी सबै सालिकहरू सुनैसुनले बनेका जस्ता देखिन्थे । तिब्बतसँगको व्यापार तथा स्वतन्त्र व्यवसायहरूले गर्दा नै नागरिकहरू यसरी सम्पन्न भएका हुन् भन्ने धारणा यिनताक गोरखाली नागरिकहरूमा बनिरहेको थियो । यसैले काठमाडौं राज्यबाट तिब्बतको केरूङतर्फ जाने मूलबाटोमा परेको यस राज्यको नुवाकोट प्रदेशमाथि अधिकार गरी तिब्बतसँगको व्यापारमा आफूहरू पनि सहभागी हुने चाहना गोरखाली नागरिकले पनि राख्दै आइरहेका थिए । यसैले नवयुवक राजा श्री ५ पृथ्वीनारायण शाह अब फेरि पनि यसै प्रदेशतर्फ ध्यान दिन थाले ।

गोरखा राज्यबाट निर्वासित भएका भूतपूर्व काजी जयन्त राना यिनताक काठमाडौं राज्यका राजाको आश्रयमा आएर 'उमराव'को पदमा नियुक्त भई नुवाकोट प्रदेशका संरक्षक भएर बसिरहेका थिए । नवयुवक राजा श्री ५ पृथ्वीनारायण शाहले सर्वप्रथम त यिनलाई नै "तँ हाम्रो आफ्नै मानिस होस्, यसैले नुवाकोट हामीलाई यत्तिकै छोडिदे" भन्ने सन्देश पठाइदिएका थिए । तर आफ्ना स्वामीप्रति बफादार रहेका 'उमराब' जयन्त राना भने यिनको यस किसिमको अनुचित प्रस्तावमा सहमत हुन सकेनन् । 'हुन त म पनि हजुरको नै मानिस हूँ तर अहिले मैले राजा जयप्रकाश मल्लको नुन खाइरहेको छु, यसैले मैले नुवाकोट हजुरलाई यत्तिकै सुम्पन मिल्दैन, यस प्रदेशको सुरक्षाका निमित्त आफ्नो तर्फबाट सम्भव प्रयासहरू अवश्य पनि गर्नेछु' भनी यिनले राजा श्री ५ पृथ्वीनारायण शाहका निमित्त आफ्नो कठोर जवाफ पठाइदिए । फलतः धनजन तथा हातहतियारहरूको पर्याप्त सङ्ग्रह गरी आफ्ना सम्पूर्ण सैनिक तयारीहरू पूरा भएपछि 'उमराब'

जयन्त राना अनुपस्थित रहेको मौका छोपी श्री ५ पृथ्वीनारायण शाहले आफ्नै सक्रिय नेतृत्वमा गोरखाली सैनिकहरूद्वारा नुवाकोटभन्दा माथिपट्टि रहेको 'महामण्डल'को दुर्जेय किल्लामाथि अप्रत्याशित रूपमा जोडदार आक्रमण गरिदिए । नुवाकोट प्रदेशमा भएको यस पटकको यो आक्रमण खास गरी तीनतिरबाट भएको थियो ।

'उमराब' जयन्त रानाको अनुपस्थितिमा यति बेला यिनका छोरा 'शङ्खमणि राना'ले 'महामण्डल'मा रहेको दुर्जेय नेपाली किल्लाको सुरक्षाको मुख्य अभिभारा सम्हालेर बसिरहेका थिए । तर यिनको नेतृत्वमा रहेका सैनिकहरूले लडाकु गोरखाली सैनिकहरूसँग राम्रो मुकाबिला गर्ने मौका नै पाएनन् । मुठभेडमा १५ वर्षका राजकुमार दलमर्दन शाहको हातबाट शङ्खमणि राना स्वयम् नै गोरखाली सैनिकहरूको अधिकारमा पर्न आयो (वि.सं. १८०१ आश्विन १५ गते) । कत्ति प्रयास गर्दा पनि राजा जयप्रकाश मल्लले यस प्रदेशलाई गोरखाली सैनिकहरूको हातबाट फिर्ता गर्न सकेनन् । भक्तपुर तथा काठमाडौं राज्यका राजाका आपसी कलहहरूबाट लाभ उठाई गोरखाली सैनिकहरू अब उल्टै क्रमशः काठमाडौं उपत्यकाभित्र नै पनि यत्रतत्र सक्रिय रहन थाले ।

यसै क्रममा यसको दुई वर्षजति पछि काठमाडौं राज्यको अधिकार क्षेत्रमा रहेका 'साँखु' तथा 'चाँगु'का साथसाथै 'सिन्धुपाल्चोक' पनि काठमाडौं राज्यबाट खोसेर नवयुवक राजा श्री ५ पृथ्वीनारायण शाहले भक्तपुर राज्यका राजा आफ्ना 'मीतबाबा' रणजित मल्ललाई उपहारका रूपमा दिलाइदिए (वि.सं. १८०३) । यी प्रदेशहरू आफूले लिएमा लमजुङ राज्यले आफूमाथि अनावश्यक रूपमा दगा गर्नेछ भन्ने भयले गर्दा नै यिनले आफ्ना यी विजित भूभागहरू भक्तपुर राज्यका राजा रणजित मल्ललाई दिलाइदिएका थिए । यी भूभागहरू भक्तपुर राज्यका राजालाई दिए पनि यी भूभागहरूमा गोरखालीका सैनिक गतिविधिहरू भने निरन्तर चली नै रहेका थिए । यसबाट 'सिन्धुपाल्चोक'का साथसाथै 'काभ्रेपलाञ्चोक' तथा 'दोलखा' हुँदै दूधकोसी नदीसम्म आफ्ना प्रभाव क्षेत्रहरू विस्तार गर्न नवयुवक राजा श्री ५ पृथ्वीनारायण शाहका निमित्त खास कठिनाइ भएन (वि.सं. १८११) । नुवाकोट प्रदेश त पहिले नै आफ्नो अधिकार

क्षेत्रमा आइसकेको थियो । सिन्धुपाल्चोक पनि आफ्नो अधिकार क्षेत्रमा आइपुगेकाले काठमाडौं उपत्यकाबाट तिब्बततर्फ जाने 'केरूङ' तथा 'कुती' दुवैतर्फका प्रमुख बाटाघाटाहरू अब गोरखाली सैनिकहरूकै नियन्त्रणमा पर्न आए । यसबाट काठमाडौं उपत्यकाका नेवार व्यापारीहरूको तिब्बतसँगको परम्परागत व्यापार करिबकरिब ठप्प नै हुन आयो ।

वि.सं. १८२४ को आरम्भसम्ममा काठमाडौं उपत्यकाभित्र रहेका तीन ओटै मल्ल राज्यका अधिकार क्षेत्रमा रहँदै आएका यस उपत्यकाभन्दा बाहिरका प्रायः सम्पूर्ण भूभागहरू गोरखाली सैनिकहरूका नियन्त्रणमा आइसकेका थिए । यसबाट उपत्यकाभित्र रहेका तीन ओटै मल्ल राज्यका राजधानीहरूमा राजा श्री ५ पृथ्वीनारायण शाहका सैनिक दबाबहरू दिनप्रतिदिन बढ्दै आइरहेका थिए । कीर्तिपुर सहरमा पटकपटक आक्रमण हुँदै रहे पनि दुर्जेय किल्लाका रूपमा रहेको यस सहरमाथि भने कत्ति प्रयास गर्दा पनि गोरखाली सैनिकहरूको अधिकार स्थापित हुन सकिरहेको थिएन । कीर्तिपुरमा भएको असफल सैनिक अभियानमा नै गोरखाली सेनाका होनाहार सेनापति काजी कालु पाँडेले आफ्नो अमूल्य जीवनलाई बलिदान दिनुपरेको थियो ।

यसैबीचमा वर्तमान काठमाडौं उपत्यकाको दक्षिणपूर्वमा रहेको मकवानपुर राज्यमा पनि गोरखाली सैनिकहरूको अधिकार स्थापित हुन आयो (वि.सं. १८१९ भाद्र ९ गते) । यसको साढे तीन वर्षजतिपछि काठमाडौं राज्यको कीर्तिपुर सहरमा पनि आफ्नो अधिकार स्थापित गर्न गोरखालीहरू सफल रहे (वि.सं. १८२२ चैत्र ३ गते) । यतिन्जेलसम्ममा काठमाडौं उपत्यकाभन्दा पूर्वतर्फ रहेका 'साँगा', 'नाला', 'बनेपा', 'टिस्टुङ', 'पालुङ' तथा 'फर्पिङ'सम्मका सम्पूर्ण पहाडी भूभागहरू गोरखाली सैनिकका नियन्त्रणमा आइसकेका थिए । यसैले अब काठमाडौं उपत्यकाभित्र रहेका तीन ओटै मल्ल राज्यका राजधानीहरूमा पनि गोरखालीहरूको कठोर नाकाबन्दीहरू सुरू भइसकेका थिए । गोरखाली सैनिकहरूका अगाडि मल्ल राज्यका सैनिकहरू निस्तेज तथा निरीह पनि भएर देखापरिरहेका थिए ।

(छ) अङ्ग्रेजहरूको नेपालमाथि आक्रमण एवम् हार

यसैबीचमा राजा जयप्रकाश मल्लको बहकाउमा आएर इस्ट इन्डिया कम्पनीका अङ्ग्रेज पदाधिकारीहरूले 'कप्तान किनलक'को नेतृत्वमा सिन्धुलीगढीको बाटो भई गोरखाली सैनिकहरूका विरूद्धमा अप्रत्याशित रूपमा जोडदार आक्रमण गरिदिएका थिए (आश्विन, वि.सं. १८२४) । यसभन्दा केही वर्षपहिले नै विधर्मी आक्रान्ता कासिमअली खाँका सैनिकहरूको जोडदार आक्रमणलाई पनि गोरखाली सैनिकहरूले एक पटक सफलतापूर्वक सामना गरिसकेका थिए । अत्याधुनिक हातहतियारको सुसज्जित भएका अङ्ग्रेज सैनिकहरूका अगाडि खुँडा, खुकुरी, धनुकाण तथा साधारण बन्दुकहरू मात्र लिएर मुकाबिलाका निमित्त अघि सर्नु गोरखाली सैनिकहरूका निमित्त सामान्य कुरा थिएन । तैपनि यति बेला यिनीहरूमा अदम्य उत्साह, उत्कृष्ट आत्मबल तथा अपूर्व देशभक्ति रहेको थियो । यही अदम्य उत्साह, आत्मबल तथा देशप्रेमले गर्दा नै विपरीत परिस्थितिमा पनि थोरै सङ्ख्यामा रहेका गोरखाली सैनिकहरूले विशाल भारतीय तथा अङ्ग्रेज सैनिकहरूलाई सजिलैसँग हराइदिएकाले आफ्ना जेजति भएका हातहतियारलाई अलपत्र नै छाडेर त्यहाँबाट भागाभाग गर्न उनीहरू विवश भएका थिए । कासिमअली खाँ तथा कप्तान किनलकका सैनिकहरूबाट खोसिएका हातहतियारबाट गोरखाली सैनिकहरूको सामरिक शक्ति अब यस क्षेत्रमा निकै नै बढिसकेको थियो । यिनीहरू अब यस क्षेत्रमा एउटा अजेय शक्तिका रूपमा उपस्थित भइसकेका थिए ।

(ज) राजधानी कान्तिपुरमा अधिकार

आफ्नो विरूद्धमा अङ्ग्रेज सैनिकहरूलाई आमन्त्रण गरेको सत्यतथ्य कुरा थाहा पाएपछि राजा श्री ५ पृथ्वीनारायण शाह अब राजा जयप्रकाश मल्लदेखि अत्यन्त नै क्रुद्ध बन्न पुगेका थिए । यसैले अब यिनले काठमाडौं राज्यको राजधानी काठमाडौं सहरमा नै पनि आफ्नो अधिकार चाँडै नै स्थापित गराइहाल्न कम्मर नै कसे । उपत्यकाभित्र रहेका तीन ओटै प्रमुख सहरहरूभन्दा बाहिर रहेका प्रायः सम्पूर्ण ग्रामीण क्षेत्रहरू यतिन्जेलसम्ममा गोरखाली सैनिकहरूका नियन्त्रणमा आइसकेका थिए र

काठमाडौं सहरमा नै पनि यिनीहरूको चारैतिरबाट कठोर सैनिक नाकाबन्दी परिरहेको थियो । यसै स्थितिमा यस वर्षको बर्सात सकिएर 'इन्द्रजात्रा'को उल्लासमय चाड नजिकै उपस्थित हुन आइपुगेको थियो । काठमाडौं सहर यिनताक चारैतिरबाट गिर्दापर्खालहरूले घेरिएर रहेकाले सहरभित्र प्रवेश गर्ने चारैतिरका 'गोपुर'हरूलाई बन्द गरेर काठमाडौं सहरमा रहेका राजा, भारदार तथा जनताले पनि निश्चिन्त भएर इन्द्रजात्राको पर्वलाई उल्लासमय वातावरणमा मनाइरहेका थिए । सहरमा आमोदप्रमोद तथा भोजभतेरहरू चलिरहेका थिए ।

मध्यरात ढल्किसकेपछि गोरखाली सैनिकहरूले पूर्व, पश्चिम तथा उत्तर तीनैतिरबाट सहरका दुर्लङ्घ्य गोपुरहरूमाथि जोडदार आक्रमण गरिदिएका थिए । सहरको दक्षिणतर्फ रहेको 'गोपुर' भने राजा जयप्रकाश मल्ल तथा उनका सहयोगीहरूलाई पनि राज्यबाट पलायित भएर जान सजिलो होस् भनी त्यत्तिकै खुला नै छाडिएको थियो । सहरका गिर्दापर्खालहरूलाई पार गरेर प्रायः बिनाप्रतिरोध नै जुन समयमा गोरखाली सैनिकहरू हनुमानढोका राजभवनको पटाङ्गिनीमा दाखिल हुन आइपुगेका थिए, त्यस समयमा राजा जयप्रकाश मल्ल कुमारीजात्राका क्रममा कुमारीको रथको पछिपछि सहरको दक्षिणी भेगमा पुगिरहेका थिए । गोरखालीहरूको आक्रमण भएको समाचार पाएर उनी त्यहीँबाटै तत्कालै पलायित भए । बागमती नदीलाई पार गरेर ललितपुर राज्यमा पुगी त्यहाँका त्यति बेलाका राजा 'तेजप्रकाश मल्ल'को शरणमा पुगेर आश्रय लिन यिनी विवश भए ।

कुमारीजात्राकै क्रममा कुमारीघरको अगाडिपट्टि रहेको डबलीमा काठमाडौं राज्यको राजसिंहासन प्रायः खुला दसबीस जना सैनिकहरूको जिम्मामा लगभग अलपत्र नै छोडिएको थियो । राजा श्री ५ पृथ्वीनारायण शाहले यस राजसिंहासनलाई रातैमा 'जीवित कुमारी'को वरदप्रसादका रूपमा ग्रहण गरे । यस राजसिंहासनको शोभालाई यिनले तत्कालै त्यहीँ नै बढाइदिए । यिनको सम्मानमा बन्दुकहरूद्वारा खुसीयालीका बढाइँहरू त्यतिखेर नै दागिए । यसबाट यिनी गोरखा राज्यका राजाबाट स्वाभाविक रूपमा नेपाल राज्यका राजाका रूपमा स्थापित हुन आए (वि.सं. १८२५ आश्विन १३ गते) ।

आफ्नो राज्यबाट पदच्युत भएका राजा जयप्रकाश मल्लले शरण लिएको ललितपुर राज्यमा गोरखाली सैनिकहरूको दबाब दिनप्रतिदिन बढ्दै आइरहेको थियो । यसैले केही दिनपछि यस राज्यका नवस्थापित राजा तेजप्रकाश मल्लका साथ यिनी पनि त्यहाँबाट भक्तपुर राज्यको राजधानीतर्फ पलायित हुन विवश भए । यसबाट ललितपुर राज्य पनि सहज रूपमा नै गोरखाली सैनिकहरूको अधिकारमा आयो (आश्विन २४ गते) । अब भक्तपुर राज्यको राजधानी नै पनि राजा श्री ५ पृथ्वीनारायण शाहको अग्रिम लक्ष्यमा रहेको थियो । तर यस राज्यमा तत्कालै हस्तक्षेप गरिहाल्न भने यिनले उचित सम्झेनन् ।

त्यति बेलासम्म उता पश्चिमतर्फ गोरखालीहरूका विरूद्धमा 'कास्की', 'लमजुङ', 'तनहुँ' तथा 'पर्वत' आदि चौबीसे राज्यका शक्तिशाली राजाहरूको एक किसिमले एउटा सैनिक सङ्गठन नै बनिसकेको थियो । यसैले भक्तपुर राज्यमा आफ्नो अधिकार स्थापित गर्न अग्रसर भएका आफ्ना नवगठित नेपाल राज्यको गोरखा क्षेत्रमा उनीहरूले संयुक्त रूपमा जोडदार आक्रमण गरिदिने खतरा उपस्थित हुन आइपुगेको थियो । यसैले साम, दान, भेद तथा दण्ड जुन नीतिद्वारा हुन्छ, उपर्युक्त सबै चौबीसे राज्यका राजाहरूलाई थामथुम पारी उनीहरूलाई चित्त बुझाएपछि मात्र भक्तपुर राज्यतर्फको अभियानमा सक्रिय रहने योजना राजा श्री ५ पृथ्वीनारायण शाहले मनमनै बनाइरहेका थिए ।

(झ) भक्तपुर सहरमा अधिकार

पश्चिमतर्फबाट निश्चिन्त भएपछि वि.सं. १८२६ को कात्तिक २८ गतेका दिन आफ्नो सम्पूर्ण शक्ति लगाएर राजा श्री ५ पृथ्वीनारायण शाहले भक्तपुर राज्यको राजधानीमा आफ्ना सैनिकहरूद्वारा जोडदार रूपमा आक्रमण गराइदिएका थिए । लगातार तीन दिनसम्मको घोरघमासान लडाइँपछि अन्त्यमा आएर त्यहाँका राजा रणजित मल्लले गोरखाली सेनाका सेनापतिहरूका समक्षमा आत्मसमर्पण नै गर्नुपरेको थियो । फलतः श्री ५ पृथ्वीनारायण शाह गोरखा राज्यका राजाबाट अब सच्चा अर्थमा 'नेपाल अधिराज्य'का 'महाराजाधिराज'का रूपमा स्थापित हुन आए (कात्तिक ३०

गते) । काठमाडौं सहर नै अब एकीकृत नेपाल अधिराज्यको राजधानीका रूपमा परिणत हुन आयो ।

लडाइँका क्रममा काठमाडौं राज्यका भूतपूर्व राजा जयप्रकाश मल्ल भक्तपुर सहरको राजभवनमा सख्त घाइते भएका थिए । एकदुई दिनपछि यिनलाई पशुपतिको आर्यघाटमा पुऱ्याइएको थियो । केही दिनपछि आर्यघाटमा नै यिनको देहान्त भयो । 'मीतबाबा'को हैसियतले भक्तपुर राज्यका राजा रणजित मल्ल उनको इच्छाअनुसार आदरपूर्वक सपरिवार 'काशी बास'का निमित्त भारततर्फ पठाइए । तेजप्रकाश मल्ल भने नेपालमा नै कडाइका साथ नजरबन्दमा राखिए । यस सफल अभियानबाट नेपाल अधिराज्यको एकीकरणका निमित्त दह्रिलो आधारशिला स्थापित हुन आयो ।

(ञ) पश्चिमतर्फ बढ्ने असफल प्रयास

राजा श्री ५ पृथ्वीनारायण शाहको भक्तपुर राज्यतर्फको सैनिक अभियानलाई चौबीसे राज्यका यिनका विरोधी राजाहरूले कुतूहलतापूर्वक एकटक लगाएर हेरिरहेका थिए । उपत्यकाभित्रका तीन ओटै मल्ल राज्यहरूमा गोरखालीहरूको अधिकार स्थापित भएपछि अब आआफ्ना राज्यका आकाशहरूमाथि पनि सङ्कटका काला बादलहरू मडारिन आइपुगेको अनुभव गरी उनीहरूले आपसमा सङ्गठित भई नवगठित नेपाल अधिराज्यको विरूद्धमा विद्रोहको झन्डालाई सशक्त रूपमा उचालिदिए । राजा श्री ५ पृथ्वीनारायण शाह पनि उनीहरूदेखि यत्तिकै पछि हट्नेवाला व्यक्ति थिएनन् । आफ्नो सैनिकहरूद्वारा तनहुँ राज्यमा हठात् आक्रमण गराएर यिनले त्यहाँका किल्ला तथा ठानाहरू प्रायः सबै नै ध्वस्त तुल्याइदिए । यसले गर्दा केही महिनाको प्रतीक्षापछि त्यस राज्यका राजा हरकुमारदत्त सेन पनि 'धर्मपत्र' गरी नेपाल अधिराज्यको आश्रयमा आउन सहमत भए । यसपछि लमजुङ राज्यका राजा वीरमर्दन शाह पनि विपक्षीका रूपमा अडिइरहन सकेनन् र यिनी पनि नेपाल अधिराज्यको आश्रयलाई स्वीकार गर्न विवश भए ।

तनहुँ तथा लमजुङ दुवै राज्यका राजाहरू आफ्नो आश्रयमा आइसकेका र कास्की राज्य अझैसम्म आफ्नै अनुकूल भएर रहिरहेकाले पश्चिमतर्फका

विजय अभियानहरूलाई अघि बढाउन राजा श्री ५ पृथ्वीनारायण शाहका निमित्त अब कुनै किसिमका बाधा वा व्यवधान बाँकी रहेका थिएनन् । यसैले कास्की राज्यलाई पार गरेर नेपाली सैनिकहरू सहसा चौबीसे राज्यहरूमध्येकै 'नुवाकोट' (पल्लो) राज्यमा घुस्न पुगी पनि हाले । यस समयमा एउटा सैन्यदल 'बक्सी' केहरसिंह बस्नेतको नेतृत्वमा कास्की राज्यको दक्षिणी भेगबाट पश्चिमतर्फ अघि बढिरहेको थियो भने अर्को सैन्यदल 'काजी' वंशराज पाँडेको नेतृत्वमा यसै राज्यको उत्तरी भेगबाट त्यतैतर्फ अघि बढिरहेको थियो । यति बेला 'नुवाकोट' तथा 'सतहुँ' राज्यका राजाहरूलाई पनि आफ्नो पक्षमा मिलाउन नेपाली सेनापतिहरूले सक्दो प्रयासहरू गरिरहेका थिए तर सफल भने हुन सकिरहेका थिएनन् । 'पर्वत' राज्यका नवयुवक राजा कीर्तिबम मल्लले यिनताक आफ्नो राज्यको प्रशासनसूत्रलाई दृढतापूर्वक सम्हालिरहेका थिए । यिनी भने नेपाल अधिराज्यको आश्रयमा आउन सहमत भएनन् । फलतः 'सतहुँ' तथा 'पर्वत' राज्यका सैनिकहरूले आपसमा मिलेर तयार पारेको उनीहरूको एउटा सुदृढ किल्लामा नेपाली सैनिकहरूले अप्रत्याशित रूपमा आक्रमण गरिदिए । तर किल्ला बलियोसँग बनेको थियो, यसैले कैयौं प्रयास गर्दा पनि फुट्न सकेन र नेपाली सैनिकहरू आजित भएर त्यहाँबाट यत्तिकै फर्किएर आए ।

यिनैताक नेपाली सैनिकहरूको अर्को एउटा दल तनहुँ राज्यको बाटो भई 'रिसिङ', 'घिरिङ' र 'ढोर' राज्यहरू हुँदै स्याङ्जामा पुगिरहेको थियो । यी सबै ससाना राज्यहरूले नेपाल अधिराज्यको आश्रयलाई स्वीकार गरिसकेका थिए । साम, दाम, भेद तथा दण्ड जुन नीतिले हुन्छ, 'भीरकोट' राज्यका राजालाई पनि आफ्नो आश्रयमा ल्याउने प्रयासमा यति बेला नेपाली सेनापतिहरू निरन्तर लागि नै रहेका थिए । तर यिनले पनि नेपाल अधिराज्यको आश्रयमा आउन चाहेनन् । वास्तवमा यतिन्जेलसम्ममा यिनी 'पर्वत' राज्यका राजा कीर्तिबम मल्लसँग गएर मिलिसकेका थिए । यसैले नेपाली सैनिकहरूसँग मुकाबिला गर्न यिनी पनि कस्सिए । फलतः नेपाली सेनापतिहरू यहाँ पनि लडाइँ गर्न विवश भए । केही दिनको लडाइँपछि 'भीरकोट' राज्य नेपाल अधिराज्यको अधिकारमा आयो र 'गरहुँ' तथा 'पैयुँ' राज्यका राजाहरू पनि नेपाल अधिराज्यको आश्रयलाई स्वीकार गर्न विवश भए ।

यसैबीचमा तनहुँ राज्यका राजा हरकुमारदत्त सेन पनि एकाएक विद्रोही बनी अप्रत्याशित रूपमा कीर्तिबम मल्लको पक्षमा मिल्न पुग्दा त्यहाँको युद्धमोर्चा तथा राजधानी काठमाडौंको बीचमा आवतजावत गर्ने सम्पूर्ण बाटाघाटाहरू एकाएक पूर्णतः बन्द भए र त्यहाँबाट गोरखा वा राजधानी काठमाडौंतर्फ कोही पनि आउन तथा यहाँबाट जान पनि सकेनन् । सञ्चार सम्पर्क पनि पूर्णतः टुट्न गयो । यसको कारण बर्सातको मौसम तथा नदीनालाहरूको दुस्तरता होला भन्ने सम्झियो । तनहुँ राज्यले नेपाल सरकारको विरूद्धमा विद्रोह गरेको छनकसम्म पनि गोरखा वा काठमाडौंतर्फ आइरहेको थिएन । सतहुँ राज्यमा पुगेका नेपाली सैनिकहरूले यस वर्षको पूरा बर्सात यसै विषम परिस्थितिमा चारैतिरबाट शत्रु सैनिकहरूद्वारा घेरिएर नै बिताए । यसैबीचमा 'लमजुङ' राज्य पनि नेपाल अधिराज्यदेखि पूरै विद्रोही बनिसकेको थियो । बर्साद सकिएर हिउँद लाग्नेबित्तिकै शत्रुपक्षका सैनिकहरू 'सतहुँ' राज्यमा धमाधम जम्मा हुन थाले । यति बेलै कास्की तथा लमजुङ राज्यका सैनिकहरू पनि विद्रोही सैनिकहरूसँग सम्मिलित हुन भनी त्यहीँ नै पुगिहाले ।

अब शत्रुपक्षको बल सुदृढ भइसक्नुभन्दा पहिले नै विपक्षीहरूको संयुक्त सैन्यदलमाथि आक्रमण गरिहाल्नुभन्दा बाहेक अर्को विकल्प नेपाली सैनिकहरूका निमित्त बाँकी रहेको थिएन । यसका निमित्त 'भीरकोट' राज्यमा पुगेर त्यहीँ नै रोकिएर रहेका नेपाली सैनिकहरू पनि झटपट त्यहीँ नै बोलाइए । वि.सं. १८२८ पौष, ५ गतेका दिन बिहान सबेरैदेखि दुई पक्षका बीचमा भीषण लडाइँ सुरू भएको थियो, दिनभर पनि निरन्तर चल्दै रह्यो । आधारातसम्म पनि लडाइँ चल्दै रहँदा सेनापति 'बख्सी' केहरसिंह बस्नेतका साथ ५ सयजति नेपाली सैनिकहरू खेत रहे । काजी वंशराज पाँडे विपक्षीहरूसँग मुठभेडमा सख्त रूपमा घाइते भएका थिए, पक्रिए । चाहेका भए यिनले आत्मसमर्पण गरेर शत्रुहरूबाट छुटकारा पनि पाउन सक्थे तर यिनले यसरी अपमानपूर्वक थुनाबाट छुट्न चाहेनन् । आफ्ना घायल भएका सैनिकहरूलाई लिई बाँकी बचेका नेपाली सैनिकहरू येनकेन 'ढोर' राज्यमा उत्रिए । तर दुर्भाग्य ! यतिन्जेलसम्ममा त्यहाँका राजा पनि शत्रुपक्षसँग मिलिसकेका थिए ।

पश्चिमतर्फको विजय अभियानलाई सशक्त रूपमा सञ्चालन गर्न भनी श्री ५ पृथ्वीनारायण शाह यिनताक सम्भवतः नुवाकोटमा गएर बसिरहेका थिए । आफ्ना सैनिकहरूको अकल्पित हार भएको समाचार पाएर उनी स्तब्ध भए । विद्रोही 'ढोर' राज्यमा फँसेका आफ्ना सैनिकहरूलाई त्यहाँबाट चाँडोभन्दा चाँडो उकास्नु यति बेला यिनका निमित्त अत्यावश्यक भइरहेको थियो । यसैले नयाँ सेनापतिका साथ थप सैनिकहरू 'तनहुँ' राज्यकै बाटो गरी 'ढोर' राज्यतर्फ खटाइए पनि । यसैबीचमा विद्रोही चौबीसे राजाहरूले आपसमा मिलेर ढोर राज्यमा फसेका नेपाली सैनिकहरूलाई कडाइका साथ घेराबन्दी गरिसकेका थिए । यो समाचार पाएर 'भीरकोट', 'गरहुँ', 'पैयुँ' र 'रिसिङ' राज्यहरूमा त्यहाँको सुरक्षाका निमित्त भनी राखिएका नेपाली सुबेदारहरू नि आत्मरक्षा गर्न विवश भए । फलतः आआफ्ना साथमा भएका सैनिकहरू लिई बलैसँग 'तनहुँ' राज्यकै बाटो गरी भागाभाग गरी फर्किएर गोरखामा उत्रिई उनीहरूले आआफ्ना दुःख र दर्दका कथाहरू आफ्ना राजा श्री ५ पृथ्वीनारायण शाहलाई सुनाए । (माघ, वि.सं. १८२८) । उता, 'ढोर' राज्यमा रहेका नेपाली सैनिकहरू पनि १३ दिनसम्म बिनारसदपानी शत्रुहरूद्वारा घेरिएर भोकभोकै रहिरहेका थिए । अब शत्रुहरूसमक्ष आत्मसमर्पण गर्नुभन्दा बाहेक आत्मरक्षाका निमित्त अर्को विकल्प यिनीहरूका निमित्त बाँकी रहेको थिएन । फलतः त्यहाँ रहेका सबै नेपाली सुबेदारहरू पक्रिए । बचेका सैनिकहरू भने आआफ्ना भएका हातहतियारहरू सबै शत्रुपक्षलाई बुझाई खाली हात स्वदेशतर्फ फर्किएर आउन विवश भए (माघ, वि.सं. १८२८) ।

यति भएर पनि श्री ५ पृथ्वीनारायण शाह अझै पनि हताश भइसकेका थिएनन् । 'कास्की' राज्यका राजा सिद्धिनारायण शाहलाई लमजुङे राजा वीरमर्दन शाहको विरूद्धमा उचाली उक्त दुई राज्यका बीचमा फुट गराएर लमजुङ राज्यमा कास्केलीहरूको आक्रमण गराउने प्रयासमा यिनी अझै पनि लागि नै रहेका थिए । तर तत्काल भने सफल हुन सकिरहेका थिएनन् । यसबाट चौबीसे राज्यका राजाहरूका बीचमा आपसी फुट पैदा नभएसम्म पश्चिमतर्फको एकीकरण अभियान सफल हुन नसक्ने निश्चय गरी अब यिनी पूर्वका चौदण्डी तथा विजयपुर राज्यहरूतर्फ दृष्टि दिनका निमित्त दत्तचित्त रहन थाले ।

(ट) पूर्वका सेन राज्यहरूतर्फको अभियान

चौदण्डी राज्य मकवानपुर राज्यसँग जोडिएर रहेकाले मकवानपुर राज्यको पतन हुनेबित्तिकै चौदण्डी राज्यका राजा तथा प्रजा सबैले अब चाँडै नै आफ्नो राज्यमा पनि गोरखाली सैनिकहरूको जोडदार आक्रमण हुन्छ भन्ने सहजै अनुमान लगाइसकेका थिए । यही अनुभव गरेर नै सिन्धुलीगढीमा कप्तान किनलकको नेतृत्वमा अङ्ग्रेज सैनिकहरूको आक्रमण हुँदा त्यहाँका राजा 'कर्ण सेन' तथा चौतारा 'अजित राय'ले पनि गोरखाली सैनिकहरूका विरूद्धमा अङ्ग्रेज सैनिकहरूलाई सक्दो भौतिक सहयोगहरू उपलब्ध गराइदिएका थिए । यतिन्जेलसम्ममा यसरी उपलब्ध गराइएका उक्त सहयोगहरू सबै नै व्यर्थ भइसकेका थिए । तर विभिन्न किसिमका सहयोगहरूले राजा श्री ५ पृथ्वीनारायण शाहको क्रोधरूपी अग्निमा घिउको आहुति थप्ने काम भने पूरापूर गरिसकेका थिए । यसैले भक्तपुर राज्यमा अधिकार स्थापित हुनेबित्तिकै 'चौदण्डी' तथा 'विजयपुर'का सेन राज्यहरूमा आक्रमण गरिहालेमा थप समस्या उत्पन्न हुने आशङ्का गरी यतिन्जेलसम्म यिनी यत्तिकै हच्किएर बसिरहेका थिए ।

वि.सं. १८२९ को आरम्भसम्ममा अङ्ग्रेज सैनिकहरू मकवानपुरका तराई क्षेत्रबाट हटिसकेकाले चौदण्डी तथा विजयपुरका सेन राज्यहरूमा अधिकार स्थापित गर्न अब उपयुक्त वातावरण बनिसकेको थियो । यता पश्चिमतर्फको एकीकरण अभियान असफल भएकाले राजा श्री ५ पृथ्वीनारायण शाहलाई पूर्वतर्फ दृष्टि दिन अब फुर्सद पनि मिलिरहेको थियो । यसैअनुसार यिनी वि.सं. १८२९ को आरम्भदेखि नै पूर्व अभियानका निमित्त सैन्य सङ्गठन गर्ने काममा व्यस्त रहन थालिसकेका थिए । तर यिनताक यिनका आफ्ना भरपर्दा एवम् विश्वासिला मन्त्री 'काजी' वंशराज पाँडे 'पर्वत' राज्यको राजधानी 'बेनी' बजारमा विपक्षीहरूको कैदमा रहेर आफ्नो बन्दी जीवन बिताइरहेका थिए । यसैले राजा श्री ५ पृथ्वीनारायण शाहले यिनको ठाउँमा आफ्नै काहिँला भाइ दलजित शाहलाई 'काजी'को दर्जा दिई मन्त्रीको समकक्ष पदमा नियुक्त गरिदिए । यस्तै 'बख्सी' केहरसिंह बस्नेतले पनि त्यहीँ नै वीरगति प्राप्त गरेकाले यिनको ठाउँमा पनि यिनैका

भाइ अभिमानसिंह बस्नेतलाई 'बख्सी'कै पदमा नियुक्त गरियो र पूर्वतर्फको विजय अभियानको मुख्य जिम्मेवारी पनि यिनलाई नै सुम्पियो । यिनका सहायकका रूपमा 'सरदार' पारथ भण्डारी, कीर्तिमान खवास तथा बलि बानियाँहरू नियुक्त गरिए । यी सबैले मकवानपुरको बाटो भई तराई क्षेत्रबाटै चौदण्डी राज्यतर्फ अघि बढ्नुपर्ने भयो । 'सरदार' रामकृष्ण कुँवर तथा 'सरदार' अमरसिंह थापा (बडा)हरू भने राजधानी काठमाडौंबाट पहाडैपहाड पूर्वतर्फ अगाडि बढ्दै जान खटाइए ।

'चौदण्डी' राज्यको हिउँदे राजधानी 'अम्बरपुर' भाँवर अर्थात् भित्री मधेसमा रहेको थियो । पहाड तथा भाँवरको सिमानाको दक्षिणी पाखामा उदयपुरगढीको आसपासमा यिनताक पनि मगर जातिका आबादीहरू यत्रतत्र फैलिएर रहेका थिए । यस गढीको सुरक्षा गर्ने जिम्मेवारी पनि सेन राजाहरूबाट यिनीहरूले नै प्राप्त गर्दै आइरहेका थिए । यिनताकसम्ममा माझ किराँतमा 'खम्बू' वा राईका आबादीहरूमा नेपाली भाषाभाषी ब्राह्मण तथा क्षत्रियका आबादीहरू पनि निकै नै फैलिइसकेका थिए । तर त्यहाँ यिनीहरूले आफूलाई उपेक्षित तथा अपहेलित पनि अनुभव गरिरहेका थिए । यसैले श्री ५ पृथ्वीनारायण शाहलाई यस क्षेत्रमा यथाशीघ्र आक्रमणका निमित्त यिनीहरूले आमन्त्रण गर्नु स्वाभाविकै हुन आइरहेको थियो । यिनका यसै किसिमका मनोभावहरूलाई विचार गरी यिनीहरूलाई आफ्ना सक्रिय समर्थकहरूका रूपमा परिणत गराउन राजा श्री ५ पृथ्वीनारायण शाहले 'बाङ्ग्या बस्न्यात' आदि आफ्ना केही विश्वस्त व्यक्तिहरूलाई गुप्त रूपले पहिलेदेखि नै त्यतातर्फ खटाइसकेका थिए । सम्पूर्ण तयारीहरू पूरा भएपछि 'सरदार' रामकृष्ण कुँवर तथा अमरसिंह थापा (बडा)हरू एकएक कम्पनी सैनिक साथमा लिई पहाडको बाटो गरी मध्यबर्सातमा उर्लिरहेको दूधकोसी नदीलाई पार गरेर छुट्टाछुट्टै बाटो भई माझ किराँत प्रदेशमा दाखिल भए (वि.सं. १८२९ भाद्र १३ गते) ।

'चौदण्डी' राज्यका पहाडी क्षेत्रहरूमा आफ्नो अधिकार पूर्ण रूपमा स्थापित भइसकेपछि तराईतर्फबाट बाख्सी अभिमानसिंह बस्नेतको नेतृत्वमा आवश्यक सैनिकहरू पठाएर यस राज्यको हिउँदे राजधानी 'अम्बरपुर'मा पनि अधिकार गराउने राजा श्री ५ पृथ्वीनारायण शाहको अग्रिम योजना

रहेको थियो । किराँत प्रदेशमा सेन राजाका आफ्ना खास तालिमप्राप्त स्थायी सैनिकहरू रहेका थिएनन् । स्थानीय 'खम्बू' वा 'राई' प्रशासकहरूलाई नै आआफ्ना क्षेत्रमा सुरक्षाको अभिभारा सुम्पिएको थियो । सेन राजाहरूलाई आफ्नो राजाका रूपमा मान्यता दिई थुमथुममा रहेका खुम्बू वा राई मुखियाहरूले आआफ्ना थुमहरूमा आआफ्नै अलगअलग प्रशासनहरू सञ्चालन गर्दै आइरहेका थिए । सरदार रामकृष्ण कुँवर तथा सरदार अमरसिंह थापाहरूले यस्ता मुखियाहरूलाई सम्झाइबुझाई गर्ने हरसम्भव प्रयासहरू गर्दै रहे । तर यिनीहरूका यस्ता प्रयासहरूको उपेक्षा गर्दै त्यहाँका केही खम्बू मुखियाहरू भने नेपाली सैनिकहरूसँग मुकाबिला गर्न तयार भए ।

त्यस क्षेत्रका खम्बू युवाहरू धनुकाँड चलाउनमा सिद्धहस्त रहँदै आएका थिए । उनीहरूले त्यहाँ पुगेका नेपाली सैनिकहरूलाई पाइलापाइलामा रोके र जिउ तथा धनको क्षति पनि निकै नै गराए । यसले गर्दा 'सुबेदार' शिवनारायण खत्रीको नेतृत्वमा आधा कम्पनीजति थप सैनिकहरू त्यहाँ पठाउन राजा श्री ५ पृथ्वीनारायण शाहलाई करै लाग्यो । यति बेला त्यस क्षेत्रमा 'रावा खोला'का 'चतिम राय' तथा 'पामा खोला'का 'अटल राय' विद्रोही खम्बू युवाहरूमध्ये विशेष सक्रिय रहेका थिए । नेपाली सैनिकहरूसँग यिनीहरूले सक्दो प्रतिरोधहरू गर्दै रहे । तर आखिरमा नेपाली सैनिकहरूका बन्दुकका अगाडि यिनका धनुकाँडहरू बेकम्मा नै सावित हुन आए । यस समयमा त्यहाँका नेपाली भाषाभाषी बाहुन तथा क्षत्रीहरूले पनि नेपाली सैनिकहरूलाई भित्रभित्रै अत्यावश्यक सहयोगहरू पुऱ्याइरहेका थिए । यसप्रकार करिब पाँच महिनाजतिको कठोर परिश्रमपछि मात्र चौदण्डी राज्यको माझ किराँत क्षेत्रमा नेपाल अधिराज्यको राज्य क्षेत्र फैलियो । यस राज्यको तराई क्षेत्र भने अझै पनि बाँकी नै रहेको थियो ।

(ठ) तराईतर्फका खचपचहरू

'चौदण्डी' तथा 'विजयपुर' राज्यका राजाहरूले आआफ्नो राज्यका तराई क्षेत्रका जमिनहरूको 'मालवाजवी' अर्थात् तिरोका रूपमा केही नगद तथा हात्तीहरू भारतको 'पूर्णिया'मा रहेका मुगल राज्यका प्रशासकहरूमार्फत

बङ्गाल प्रान्तका नवाफहरूलाई परम्परादेखि नै प्रतिवर्ष बुझाउँदै आइरहेका थिए । त्यहाँका नवाफका उत्तराधिकारीको हैसियतले त्यस क्षेत्रको 'मालवाजवी' अर्थात् तिरो बुझ्ने यो अधिकार यतिन्जेलसम्ममा इस्ट इन्डिया कम्पनीका अङ्ग्रेज पदाधिकारीहरूका हातमा आइपुगिसकेको थियो । विजयपुर राज्यका भूतपूर्व राजा 'कामदत्त सेन' पारिवारिक नाताले राजा श्री ५ पृथ्वीनारायण शाहका भाइ (फुपूका छोरा) पर्थे । यसैले आफ्ना भाइको अकारण हत्या गराएको आरोप लगाई राजा श्री ५ पृथ्वीनारायण शाह त्यहाँका चौतारा 'बुद्धिकर्ण राय'देखि निकै नै क्रुद्ध बनिरहेका थिए । वास्तवमा यिनलाई चौदण्डी राज्यमा हस्तक्षेप गर्न बहाना मात्र चाहिएको थियो । बुद्धिकर्ण रायलाई पक्रिएर चौदण्डी राज्यका तराई क्षेत्रका साथै विजयपुर राज्यमा पनि अधिकार स्थापित गर्न यतिन्जेलसम्ममा यिनले दृढसङ्कल्प नै गरिसकेका थिए । अङ्ग्रेजहरूसँग विरोध पर्ला कि भन्ने डरले मात्र यिनी यतिन्जेलसम्म हच्किएर बसिरहेका थिए ।

यसै स्थितिमा बुद्धिकर्ण रायले आजसम्म गरेका अन्याय तथा अत्याचारहरूको एकएक गरी बखान गर्दै श्री ५ पृथ्वीनारायण शाहले कलकत्तामा रहेका इस्ट इन्डिया कम्पनीका गभर्नर वारेन हेस्टिङ्सको नाममा वि.सं. १८३० जेठ ८ गतेमा एउटा महत्त्वपूर्ण पत्र पठाइदिइसकेका थिए । उक्त पत्रको सारसङ्क्षेप निम्नानुसार रहेको पाइन्छ :

"तपाईंहरूसँग मैत्रीपूर्ण सम्बन्ध स्थापना गर्ने मेरो हार्दिक चाहना रहिआएको छ । विश्वासघाती 'दिवान' बुद्धिकर्ण रायले मेरा भाइ कामदत्त सेनको हत्या गराई उनको राज्य विजयपुरका साथै अम्बरपुर राज्यमा पनि अवैध रूपले कब्जा जमाइरहेको वस्तुतथ्य यहाँलाई अवगत नै होला । यसैले उसलाई समुचित दण्ड दिनका निमित्त उक्त दुवै राज्य उसको हातबाट मुक्त गराउनका निमित्त मैले भित्री मनदेखि नै दृढ सङ्कल्प गरिसकेको छु । उक्त राज्यहरू उसको हातबाट मुक्त गराउन सकें भने उक्त दुवै राज्यबाट कम्पनी सरकारले यसभन्दा अघि जेजति मालवाजवी अर्थात् तिरोहरू प्राप्त गर्दै आइरहेको छ, त्यति नै बुझाउन म पनि तयार नै रहेको छु । यस सम्बन्धमा आवश्यक परामर्शहरू गर्न भनी मेरा आधिकारिक वकिल बृहस्पति पण्डित तथा अक्षय मिश्र त्यहाँ आइरहेका छन् । विस्तृत

विवरणहरू उनीहरूबाटै प्राप्त गर्न सक्नुहुनेछ । यस कामका निमित्त तपाईंको सहयोगका निमित्त हार्दिक अनुरोध गर्दछु ।"

इस्ट इन्डिया कम्पनीका गभर्नरबाट आउनुपर्ने यस पत्रको प्रत्युत्तरको प्रतीक्षा गर्दै रहन राजा श्री ५ पृथ्वीनारायण शाहले आवश्यक सम्झेनन् । यसैले गभर्नरका नाममा लेखिएको पत्रको प्रत्युत्तरको प्रतीक्षा नै नगरी यिनले 'बख्सी' अभिमानसिंह बस्नेत तथा 'सरदार' पारथ भण्डारीलाई दुई कम्पनीजति सैनिकहरूका साथ तराईतिरबाटै चौदण्डी राज्यको राजधानी 'अम्बरपुर'तर्फ अघि बढ्नका निमित्त खटाइदिए । 'सरदार' रामकृष्ण कुँवर तथा 'सरदार' अमरसिंह थापा (बडा)हरू भने पहाडैपहाड त्यतातर्फ अगाडि बढ्दै जानका निमित्त खटाइए ।

यसैअनुसार त्यहाँ यथासमयमा नै नेपाली सैनिकहरूको आक्रमण पनि सम्पन्न भयो । त्यहाँका राजा कर्ण सेन भागेर पहिले नै विजयपुर राज्यको राजधानीमा पुगिसकेका थिए । यसैले राजधानी 'अम्बरपुर'मा रहेका उनका 'दिवान' तथा सैनिकहरूले नेपाली सैनिकहरूको खास प्रतिरोध नै गर्न सकेनन् । हार मानेर उनीहरूले चौदण्डी राज्यको राजधानी 'अम्बरपुर' नेपाली सैनिकहरूका निमित्त यत्तिकै छाडिदिए । यसप्रकार करिब एघार महिनाजतिको कठोर प्रयासपछि तराई क्षेत्रहरूबाहेकको 'चौदण्डी' राज्य नेपाल अधिराज्यभित्र समाहित हुन आयो (वि.सं. १८३० श्रावण ४ गते) । यस सम्पूर्ण अभियानमा एक हजारजति विपक्षी सैनिकहरू खेत रहेका थिए भने चार सयजति विपक्षी सैनिकहरू खोलामा हेलिएर हराएका थिए ।

यिनताकसम्ममा 'विजयपुर' तथा 'चौदण्डी' राज्यका तराई क्षेत्रका दक्षिणी सिमानामा ठाउँठाउँमा अङ्ग्रेजी व्यापारीका व्यापारकोठीहरू यत्रतत्र स्थापित भइसकेका थिए । हतियारधारी नागा सन्न्यासीहरूले पश्चिममा हरिद्वारदेखि मकवानपुरका तराई क्षेत्रहरू हुँदै पूर्वमा बङ्गाल प्रान्तका 'दिनाजपुर'सम्मका भूभागहरूमा ओहोरदोहोर गर्दै यस्ता व्यापारकोठीहरूमा निरन्तर लुटपाटहरू मच्चाई अङ्ग्रेज व्यापारीहरूका साथै त्यस क्षेत्रमा आबाद रहेका सर्वसाधारण नागरिकहरूलाई पनि हाबाकाबा गराउँदै आइरहेका थिए । पक्रन जाँदा यिनीहरू तराई क्षेत्रका अनकन्टार जङ्गलहरूभित्र पसी अलप नै भइदिने हुँदा अङ्ग्रेजहरू पनि यति बेला यिनीहरूदेखि हायलकायल बनिरहेका

थिए । यसले गर्दा 'यस्ता आतङ्ककारी नागा सन्न्यासीहरूलाई नियन्त्रण गर्न त राजा पृथ्वीनारायण शाह जस्ता लडाका प्रकृतिका व्यक्ति मात्र समर्थ हुन्छन्, हाम्रो त यिनीहरूसँग केही पनि लाग्दैन' भन्ने धारणा इस्ट इन्डिया कम्पनीका अङ्ग्रेज पदाधिकारीहरूको बनिसकेको थियो । यसैले 'चौदण्डी' राज्यको राजधानी 'अम्बरपुर' राजा श्री ५ पृथ्वीनारायण शाहको नियन्त्रणमा आइसकेको थाहा पाएर पनि 'गभर्नर' वारेन हेस्टिङ्सले राजा श्री ५ पृथ्वीनारायण शाहले पठाएको उपर्युक्त अनुरोधपत्रको इदमित्थं केही उत्तर नदिई श्री ५ पृथ्वीनारायण शाहका साथै त्यस क्षेत्रका प्रशासक भएर रहेका 'बख्सी' अभिमानसिंह बस्नेतका नाममा पनि वि.सं. १८३० कात्तिक १८ गतेमा लगभग एउटै व्यहोरा भएको निम्नाङ्कित भावको अनुरोधपत्र पठाइएको पाइन्छ :

"म बनारस जानका निमित्त तयार भइरहेको अवस्थामा त्यहाँ तपाईंकहाँबाट पठाइएका मानिसहरू मसँग भेट गर्न आइपुगेका थिए । मैले उनीहरूलाई पटनामा आएर मसँग भेट गर्नू भनी सल्लाह दिएको थिएँ । तर उनीहरू त्यहाँ मसँग भेट गर्न कहिल्यै पनि आएनन् । .... तपाईंको देशको बाटो हुँदै आउने लुटेरा सन्न्यासीहरूले पश्चिमबाट पूर्वमा बङ्गाल प्रान्तसम्म आइपुगेर हरेक वर्ष यहाँ लुटपाटहरू मच्चाउँदै आइरहेका छन् । यसैले तिनीहरूलाई यस किसिमका उपद्रवी कामहरूबाट रोकिदिनुहुनका निमित्त तपाईंसँग हार्दिक अनुरोध गर्दछु ।"

इस्ट इन्डिया कम्पनीका अङ्ग्रेज गभर्नरको तर्फबाट आएको उपर्युक्त पत्र प्राप्त भएपछि राजा श्री ५ पृथ्वीनारायण शाहले भने अर्कै नै किसिमको चाल चलिदिएको पाइन्छ । गभर्नरले पठाएको उपर्युक्त अनुरोधपत्रको प्रत्युत्तरमा यिनले वि.सं. १८३० माघ ५ गतेमा निम्नानुसार भावको प्रत्युत्तरपत्र पठाइएको पाइन्छ :

"नेपालका तराई क्षेत्रमा ओहोरदोहोर गर्ने नागा सन्न्यासीहरू गण्डकी नदीलाई पार गरेर पूर्वतिर आउँदा मेरो अधिकार क्षेत्रभन्दा बाहिर रहेको बेतियातिरबाटै पूर्वतर्फ बढ्ने भएकाले हतियारधारी यस्ता नागा सन्न्यासीहरूलाई पूर्वतर्फ बढ्नबाट रोक्नका निमित्त म सर्वथा असमर्थ रहेको छु । तपाईंबाट अनुमति प्राप्त नभई हाम्रा सैनिकहरूलाई बेतियासम्म

पठाउनु सम्भव रहेको छैन । हाम्रा सैनिकहरू 'बेतिया'सम्म आउन पाएमा मात्र नागा सन्न्यासीहरूले गण्डकी नदीलाई पार गरेर कहिल्यै पनि पूर्वतर्फ आउन पाउनेछैनन् ।"

तराई क्षेत्रको बेतियासम्म नै आफ्नो राज्य क्षेत्र विस्तार गर्ने उद्देश्यअनुसार नै राजा श्री ५ पृथ्वीनारायण शाहले यति बेला यस्तो कूटनीतिक चाल चलिरहेको स्पष्ट रूपमा नै देखिन आएको छ । राजा श्री ५ पृथ्वीनारायण शाह केही महिनासम्म त यस पत्रको प्रत्युत्तरको प्रतीक्षा गर्दै रहे तर नेपाली सैनिकहरूलाई बेतियासम्म आइपुग्दा दिनु उपर्युक्त नहुने देखी अङ्ग्रेज गभर्नरले यस पत्रको प्रत्युत्तर नपठाइदिंदा चौदण्डी राज्यको राजधानी 'अम्बर'मा स्थापित भएको आफ्नो अधिकारमा इस्ट इन्डिया कम्पनीका अङ्ग्रेज पदाधिकारीहरूको मौन समर्थन रहेको अनुभव गरी अब यिनी तत्कालै 'विजयपुर' राज्यमा पनि अधिकार स्थापित गरिहाल्न कस्सिए ।

यति बेला विजयपुर राज्यको 'लिम्बुवान' वा 'पल्लो किराँत'को राजनीतिक अवस्था पनि अत्यन्त नै नाजुक रहेको थियो । राज्यका राजा तथा मन्त्रीहरूका बीचमा परम्परादेखि चल्दै आइरहेको आपसी खिचातानीबाट लाभ उठाई सिक्किम राज्यका राजा 'फुनचोक नामग्याल'ले लिम्बुवानको इलाम प्रदेशमा आफ्नो अधिकार जमाएर मात्र नपुगी त्यहाँबाट उत्तरपश्चिमतर्फ पनि निरन्तर आक्रमणहरू गर्दै रहेका थिए । विजयपुर राज्यका राजा तथा मन्त्रीहरू यस आक्रमणको प्रतिरोधका निमित्त सशक्त रूपमा अग्रसर नहुँदा आजित भएर त्यस क्षेत्रमा रहेका लिम्बू नागरिकहरू पनि नेपाली सैनिकहरूलाई स्वागत गर्नका निमित्त करिबकरिब तयार नै भएर बसिसकेका थिए । यसैले राजा श्री ५ पृथ्वीनारायण शाहको निर्देशनअनुसार 'सरदार' रामकृष्ण कुँवर दिङ्लाबाट अघि बढी अरूण नदीलाई पार गरेर नेपाली सैनिकहरूको नेतृत्व गर्दै पहाडैपहाड चैनपुरमा उत्रिंदा कसैले पनि कुनै किसिमका बाधाविरोधहरू गरेनन् (वि.सं. १८३१ अषाढ ९ गते) ।

राजा कर्ण सेन तथा 'चौतारा' बुद्धिकर्ण राय दुवै जना यति बेला राज्यको राजधानी विजयपुरमा नै रहेका थिए । यिनीहरूको प्रशासनिक

नियन्त्रण यति बेला राज्यको राजधानी तथा यसका आसपासका क्षेत्रहरूमा मात्र सीमित थियो । नेपाली सैनिकहरूले चैनपुरमा प्रवेश गरेको सम्भवतः यिनीहरूले थाहा नै पाएनन् । राजधानी विजयपुरमा पनि नेपाली सैनिकहरूको आक्रमण हुनु अबलाई अवश्यम्भावी छ भन्ने त त्यस राज्यका राजा तथा प्रजा प्रायः सबैले अनुभव गरिसकेका थिए । तर बर्सातको याम सुरू भइसकेकाले अब दुईतीन महिनालाई दुर्लङ्घ्य कोसी नदीलाई पार गरेर नेपाली सैनिकहरू राज्यको राजधानी विजयपुरमा आइपुग्न कदापि सक्नेछैनन् भन्ने निश्चय गरी राजा, मन्त्री तथा अन्य भारदारहरू पनि निश्चिन्त भएर बसिरहेका थिए । तर 'बख्सी' अभिमानसिंह बस्नेतले भने असम्भव मानिएको यस कामलाई पनि सम्भव तुल्याइदिए । राजा श्री ५ पृथ्वीनारायण शाहकै निर्देशनअनुसार हात्तीमा सवार भई मध्यबर्सातको उर्लिरहेको कोसी नदीलाई पार गरेर 'बख्सी' अभिमानसिंह बस्नेतको नेतृत्वमा नेपाली सैनिकहरूले विजयपुर राज्यको राजधानीमा अप्रत्याशित रूपमा जोडदार आक्रमण गरिदिंदा यस आक्रमणलाई रोक्न अघि सर्ने हिम्मत कसैको पनि भएन । राजा कर्ण सेनका साथ यिनका मन्त्री 'चौतारा' बुद्धिकर्ण राय पनि रातारात गरी त्यहाँबाट दलबलहरूसहित सिक्किम राज्यतिर पलायित भए (वि.सं. १८३१ श्रावण ५ गते) । यस अभियानमा विजयपुर राज्यका ८५ जनाजति सैनिकहरू समेत रहेका पाइन्छन् ।

राजधानी विजयपुरमा अधिकार स्थापित भएपछि सप्तरी तथा मोरङका तराई क्षेत्रहरूमा अधिकार स्थापित गर्न 'बख्सी' अभिमानसिंह बस्नेतलाई खास कठिनाइ भएको देखिँदैन । यसपछि सिक्किम राज्यको सीमा क्षेत्रमा रहेका पल्लो किराँतका 'इसलिम्बा' तथा 'च्याङथापु'सम्मका लिम्बू सुब्बाहरू पनि विजयपुरमा नै आएर नेपाल अधिराज्यको आश्रयलाई स्वीकार गर्न विवश भएका थिए । यसप्रकार प्रायः बिनालडाइँ नै इलामबाहेकको पल्लो किराँत र कोसी नदीदेखि कन्काई नदीसम्मका तराई क्षेत्रहरू पनि नेपाल अधिराज्यका अधिकारमा आए । विजयपुरबाट पलायित भई सिक्किम राज्यमा पुगेर शरण लिन बाध्य भइरहेका भूतपूर्व राजा कर्ण सेन र उनका मन्त्री 'चौतारा' बुद्धिकर्ण रायलाई समेत पक्रिएर नेपाल सरकारसमक्ष यथाशीघ्र सुम्पियोस् र सिक्किम राज्यको कब्जामा रहेको

विजयपुर राज्यको इलाम प्रदेश पनि हामीलाई फिर्ता गरियोस् भनी 'बख्सी' अभिमानसिंह बस्नेतले सिक्किम राज्यका राजाकहाँ आफ्ना सन्देशहरू निरन्तर पठाइरहेका थिए । नेपाली सेनाका सेनापतिबाट यस्ता कडिकडाउ सन्देशहरू प्राप्त हुन थालेपछि उनलाई पनि डर नै भयो र उनले विजयपुर राज्यको पहाडी क्षेत्रमा रहेको इलाम प्रदेशका साथै तराई क्षेत्रका कन्काई नदीसम्मका भूभागहरूबाट पनि आफ्नो शासनाधिकार उठाई उक्त भूभागहरू नेपाल सरकारलाई नै सुम्पिदिए (वि.सं. १८३१ आश्विन १३ गते) । यसबाट अब कन्काई नदी नै नेपाल अधिराज्यको पूर्वी सिमाना कायम हुन आयो । नेपाल अधिराज्य पूर्वमा कन्काई नदीसम्म फैलियो ।

(ङ) श्री ५ पृथ्वीनारायण शाहका मनमा रहेका चिन्ताहरू

काठमाडौं उपत्यका तथा यसका आसपासका क्षेत्रहरूमा रहेका तीन ओटै मल्ल राज्यहरूमाथिका आफ्ना सैनिक अभियानहरू पूरा भइसकेपछि गोरखादेखि पश्चिमतर्फ रहेका विपक्षी चौबीसे राज्यहरूतर्फ ध्यान दिने उद्देश्यअनुसार एकीकरणसम्बन्धी नयाँ नीति तथा कार्यक्रमका रूपरेखाहरू निर्धारण गर्न भनी राजा श्री ५ पृथ्वीनारायण शाह वि.सं. १८२६ को अन्त्यतिर आफ्नो नवस्थापित नेपाल अधिराज्यको राजधानी काठमाडौं सहरबाट देशको अन्तरिम राजधानी नुवाकोटतर्फ लागेका थिए । राजधानी काठमाडौं सहरबाट यसरी नुवाकोटतर्फ प्रस्थान गर्दा यिनले आफ्ना १८ वर्षका नवयुवक उत्तराधिकारी युवराज प्रतापसिंह शाहलाई आफ्ना प्रतिनिधिका रूपमा भर्खरै मात्र निर्माण भएको 'वसन्तपुर' नामक नयाँ राजभवनमा छोडी आफू भने सपरिवार त्यतातर्फ लागेका थिए ।

यसपछि पनि यिनी त्यहाँबाट बेलाबखत राजधानी काठमाडौं आउने र एकाध हप्ता यहीँ नै बसी पछि फर्किएर नुवाकोटमा नै जाने गर्दै रहेका पाइन्छन् । पश्चिमतर्फका चौबीसे राज्यका राजाहरूलाई कसरी आफ्नो अनुकूल तथा आज्ञाकारी पनि बनाएर राख्ने ? भन्ने समस्याले यति बेला यिनलाई मुख्य रूपमा सताइरहेको थियो । पूर्वतर्फका एकीकरण अभियानहरू पूरा भएपछि भने यिनी स्थायी रूपमा नै रहने गरी नुवाकोट दरबारबाट राजधानी काठमाडौंमा फर्किएर आएका थिए (वि.सं. १८३१ को भाद्र) ।

यसरी झन्डै पाँच वर्षको अन्तरालपछि काठमाडौंमा फर्किएर आउँदा राजा श्री ५ पृथ्वीनारायण शाह तथा यिनकी रानी महारानी नरेन्द्रलक्ष्मीलाई पनि बितेका पाँच वर्षका बीचमा आफ्नो वसन्तपुर राजभवनको चहलपहल भिन्दै किसिमको भइसकेको अनुभव हुन आयो । आफ्ना युवराज प्रतापसिंह शाहका चालचलनहरू यति बेला त्यति चित्तबुझ्दा देखिइरहेका थिएनन् । शौर्य, पराक्रम तथा लडाइँझगडा जस्ता अत्यावश्यक राजसी काम एवम् कर्तव्यतर्फ युवराज प्रतापसिंह शाहले कुनै किसिमको दिलचस्पी देखाइरहेका थिएनन् । आफ्ना यशस्वी पिताका केकस्ता नीति, कार्यक्रमहरू रहेका छन् र केकस्ता योजनाहरू लिई सुखदुःख तथा भोकप्यास केही नभनी आफ्ना पिता कर्तव्यपथमा निरन्तर अगाडि बढिरहेका छन् भन्नेतर्फ यिनलाई कुनै पनि किसिमको चासो रहेको थिएन । राजभवनभित्र त पूजापाठ, तान्त्रिक अनुष्ठान तथा नाचगानहरू मात्र चल्न थालिरहेका थिए । युवराज प्रतापसिंह शाहले आफ्नी उपपत्नीका रूपमा एउटी रूपवती 'मैजू'लाई राजभवनभित्र भित्र्याइसकेका थिए र यिनीबाट 'विदुर शाही' नामक एक जना युवराज कुमारको पनि जन्म भइसकेको थियो ।

शौर्य तथा पराक्रमहरू देखाउनुपर्ने उमेरका, किशोरावस्थालाई पार गरेर भर्खरै मात्र युवावस्थामा प्रवेश गरेका आफ्ना युवराज कर्तव्यपथबाट यसरी विचलित भइरहेको पाउँदा राजा श्री ५ पृथ्वीनारायण शाह यति बेला अत्यन्त नै खिन्न हुन आइपुगेका थिए । आफ्ना युवराजलाई जुन किसिमले योग्य तथा समर्थ पनि बनाउँला भन्ने यिनको भित्री मनको चाहना रहेको थियो, आफ्ना उत्तराधिकारीलाई त्यस्तो रूपमा उपस्थित गराउन नसक्दा यिनी यसरी खिन्न हुनु स्वाभाविकै पनि हुन आएको थियो ।

यति सबै भएर पनि राजा श्री ५ पृथ्वीनारायण शाह राजसिंहासनका अर्का पुस्ताका वास्तविक उत्तराधिकारीका रूपमा जन्मने आफ्ना अनौरस नाति एवम् 'नवयुवराज'को मुख चाँडै नै हेर्न पाउने आशामा व्यग्र रहेका थिए । हुन पनि चाँडै नै युवराज्ञी राजेन्द्रलक्ष्मीले एक बालकलाई जन्म पनि दिइन् । नामकरण कर्म सम्पन्न हुँदा नवजात यी बालकको नाम 'नगेन्द्र शाह' भनेर राखियो । नवयुवराजको जन्म भएबाट राजभवनभित्र चिन्ता तथा व्यग्रताका लहरहरू केही समयका निमित्त त शान्त भएका थिए । तर

चाँडै नै सम्भवतः अन्नप्राशन पनि सम्पन्न नहुँदै अकल्पित रूपमा यिनको देहान्त हुँदा चिन्ताग्रस्त राजा एवम् रानीमा चिन्ता तथा व्यग्रताका थप लहर फेरि पनि दौडन थाले ।

यस क्षेत्रमा रहेका सबै पहाडी राज्यहरूलाई एकीकरण गरी आफ्नो राज्यलाई एउटा शक्तिशाली राज्यका रूपमा उपस्थापित गराउने आफ्नो अभियानलाई भने श्री ५ पृथ्वीनारायण शाहले अझैसम्म पनि चालू नै राखिरहेका थिए । यस समयसम्ममा तिब्बतसँगको परम्परागत व्यापारसम्बन्धमा भने गतिरोध उत्पन्न हुन आइसकेको थियो । खर्चको कमीले गर्दा युद्धकालमा काठमाडौं राज्यका अन्तिम राजा जयप्रकाश मल्लले आफ्ना राज्यमा प्रचलनमा ल्याइने चाँदीका सिक्काहरूमा मात्र होइन, तिब्बतमा प्रचलनका निमित्त पठाइने तिब्बती लिपि प्रयोग गरिएका चाँदीको सिक्कामा पनि चाँदीको मात्रा घटाई कम गुणस्तरका घटिया सिक्काहरू ढाली प्रसारित गर्न थालेका थिए । शुद्ध चाँदीका सिक्काहरूबाट नै उद्योग, व्यवसाय तथा व्यापारमा पनि विश्वासको वातावरण बनाउन सकिन्छ भन्ने मान्यताअनुसार यस्ता सिक्काहरूमा रहेका चाँदीका गुण तथा स्तरलाई आधार मानेर यस्ता कमसल खालका 'खोटा' सिक्काहरूलाई शुद्ध चाँदीका सिक्काहरूमा परिवर्तन गराइनुपर्छ भन्ने श्री ५ पृथ्वीनारायण शाहको सुस्पष्ट नीति रहेको थियो । यसै नीतिअनुसार यिनले स्वदेशमा प्रचलनमा रहेका कम गुणस्तरका खोटा सिक्काहरूलाई त शुद्ध चाँदीका सिक्काहरूमा परिवर्तन पनि गराइसकेका थिए ।

तिब्बतमा पुगेका तिब्बती लिपि प्रयोग भएका कम गुणस्तरका यस्तै सिक्काहरूलाई पनि यसरी नै शुद्ध चाँदीका सिक्काहरूमा परिवर्तन गराइनुपर्छ भन्ने यिनको मान्यता रहेको थियो । तर तिब्बती पदाधिकारीहरू भने आफ्नो देशलाई घाटा पर्ने गरी आफूहरूसँग भएका कम गुणस्तरका सिक्काहरूलाई यसरी शुद्ध चाँदीका सिक्काहरूमा परिवर्तन गराउन किन पो चाहन्थे ? यस्ता सिक्का वा मोहरहरूलाई पनि चोखा चाँदीका सिक्काहरूकै बराबरीमा नै सटही गरिनुपर्छ भन्ने उनीहरूको अडान रहिआएको थियो । यसले गर्दा दुई देशबीचको व्यापार सम्बन्धमा गतिरोध उत्पन्न हुन आई मैत्री सम्बन्धमा पनि कटुता देखा पर्न थालिसकेको थियो । तिब्बततिरबाट नेपालमा हुने नुन

तथा सुनहरूको निकासीलाई उनीहरूले करिबकरिब बन्द नै गराइदिएका थिए । यस समस्याको समाधानका निमित्त एक जना व्यापारविज्ञ योग्य व्यक्तिलाई वार्ताका निमित्त तत्कालै तिब्बततर्फ पठाउनु अत्यावश्यक अनुभव भइरहेको थियो । यसैअनुसार 'लाल गिरी' नामक एक जना व्यापारविज्ञ व्यक्ति यिनैताक वाणिज्यदूतका रूपमा तिब्बततर्फ पठाइए पनि ।

स्वदेशमा भने चौदण्डी तथा विजयपुर राज्यहरूतर्फको राजनीतिक समस्या करिबकरिब समाधान भइसकेको थियो । यसैले 'बख्सी' अभिमानसिंह बस्नेतको नेतृत्वमा पूर्वी तराई क्षेत्रमा रहेका नेपाली सैनिकहरूलाई तराई क्षेत्रकै बाटो गरी हात्तीमा सवार गराएर पर्सामा उतारी तराईतिरबाटै तनहुँ राज्यको भित्री मधेसमा जोडदार आक्रमण गराउने भन्ने राजा श्री ५ पृथ्वीनारायण शाहको अग्रिम योजना रहेको थियो । यसै योजनाअनुसार आवश्यक व्यवस्थाहरू मिलाउन भनी यिनी अन्तिम पटक राजधानी काठमाडौंबाट नुवाकोटतर्फ लागेका थिए (वि.सं. १८३१ को मार्ग) ।

नारीसुलभ स्वभावअनुसार महारानी नरेन्द्रलक्ष्मीले भने यति बेला आफ्ना कान्छा छोरा राजकुमार बहादुर शाहको विवाहका निमित्त हतारिइरहेकी थिइन् । विवाहका निमित्त 'डोला-मैयाँ'को व्यवस्था पनि भइरहेको थियो । महारानी नरेन्द्रलक्ष्मीले 'डोलामैयाँ'लाई धैबुङमा रहेकी आफ्नी गुरूआमा 'गौरी' (व्रजनाथ पौडेलकी आमा)कहाँ लगेर नासोका रूपमा राखिसकेकी थिइन् । धर्मशास्त्रको मान्यताअनुसार पौष महिना विवाहका निमित्त ग्राह्य नभएकाले यसका लागि एकाध महिनाको फुर्सद मिलिरहेको थियो ।

(ढ) अन्तिम दिनहरू

दिनरात, घामपानी तथा भोकप्यास केही नभनी जीवनभर गर्दै आइरहेका आफ्ना अथक परिश्रमहरूले गर्दा अन्नपानीहरूद्धारा निर्मित राजा श्री ५ पृथ्वीनारायण शाहको भौतिक शरीर यिनताकसम्ममा निकै नै जर्जर भइसकेको थियो र रोग तथा व्याधिहरूले पनि यिनलाई निकै नै सताउन थालिसकेका थिए । यसै अवस्थामा यिनले विलक्षण किसिमको थकाइको पनि अनुभव गर्न थालिरहेका थिए । सम्भवतः यति बेला यिनलाई आफ्नो अन्तिम समय नजिकै आइपुगेको आभास पनि मिलिरहेको थियो । यसैले

यिनले यसै समयमा एउटा अनौपचारिक भारदारी सभाको आयोजना गर्ने निर्णय गरे । यसै सभामा आफू के कस्ता उद्देश्यहरू लिई नेपाल अधिराज्यको एकीकरणको अभियानमा दृढतापूर्वक संलग्न भएको हो र आफूले एकीकरण गर्न आरम्भ गरेको यस अधिराज्यको स्थायित्व तथा सुव्यवस्थाका निमित्त भविष्यमा के कस्ता नीति तथा कार्यक्रमहरू अपनाउनु उपयुक्त हुनेछ भनी आफूले जानेका, जीवनमा आफूले भोगेका र आफ्ना अन्तस्करणमा लागेका महत्त्वपूर्ण कुराहरू आफ्ना भाइछोरा तथा भारदारहरूलाई जम्मा गरी सबैलाई एकै पटक जानकारी गराउने भन्ने निर्णय गरे । आफ्ना हितैषी भाइ तथा भारदारहरूलाई यी सबै कुरा राम्रोसँग बुझाउन सकिएमा उनीहरूले यी कुराहरू उनका आफ्ना भाइ, छोराहरूका साथै आफ्ना युवराजलाई पनि सम्झाइबुझाई गरिदिनेछन् र यसबाट आफूले आफ्नो जीवन नै उत्सर्ग गरेर एकीकृत गरेको आफ्नो अधिराज्यलाई आफ्नै राजवंशका निमित्त सुरक्षित गराएर राखिरहन सकिनेछ भन्ने यति बेला यिनको सोचाइ रहेको पाइन्छ ।

जीवनभर आफ्ना दायाँ तथा बायाँ अङ्गहरूका रूपमा कार्यरत रहँदै आएका यिनका विश्वस्त 'पाँडे' तथा 'बस्नेत' परिवारका प्रमुख भारदारहरू यति बेला यिनका साथमा थिएनन् । काजी वंशराज पाँडे यिनताक 'पर्वत' राज्यमा राजबन्दी भएर बसिरहेका थिए । 'बख्सी' अभिमानसिंह बस्नेत पनि यति बेला पूर्वी नेपालका तराई क्षेत्रहरूतर्फ नै रोकिएर रहेका थिए । आफ्नो शारीरिक अवस्था निकै नै कमजोर हुँदै आएको अनुभव भएपछि अब यस कामका निमित्त अन्य भारदारहरूको प्रतीक्षा गर्दै रहने पक्षमा यिनी भएनन् । यति बेला आफ्ना साथमा रहेका भाइ 'कान्छा चौतारा' दलजित शाह, कान्छा छोरा राजकुमार 'साहेब' बहादुर शाह, 'ददा' सुरथसिंह राना तथा अन्य जो जति भएका भाइभारदारलाई जम्मा गरी यिनले नुवाकोटमा रहेको राजभवनमा नै एउटा अनौपचारिक भारदारी सभाको आयोजना गरे । यो सभा त्यहाँ सम्भवतः एक दिन दिनभर पाँचसात घण्टासम्म लगातार चल्दै रहेको थियो ।

यस समयमा आफूले जीवनभर गरेको सम्पूर्ण उद्योग तथा परिश्रमको मर्म एवम् उद्देश्यलाई एकएक गरी स्पष्ट पार्दै यिनले यस सभामा उपस्थित

भएका आफ्ना भाइभारदारका समक्षमा "यो मैले सानो दुःख गरी आर्जन गरेको मुलुक होइन, यो देश यहाँका निवासी सबै जातजातिको साझा सुन्दर फूलबारी हो । यस मुलुकलाई यस राष्ट्रका निवासी सानाठूला सबैले यो हाम्रो आफ्नै सुन्दर फूलबारी हो भन्ने सम्झिई रक्षा गर्नु, सुखसयल तथा भोगविलासहरूतर्फ भाइभारदार तथा रैतीदुनियाँ कसैले पनि मन नदिनू र सबैले आपसमा मिलिजुली स्नेहपूर्वक बस्नू" भन्ने जस्ता आफ्ना एकसे एक घतलाग्दा सन्देशहरू व्यक्त गरेका थिए ।

यति बेला आफ्नो राजभवनभित्र झाङ्गिइरहेको अगोरखाली भारदारहरूको गुटबन्दीदेखि यिनी अत्यन्त नै सशङ्कित तथा त्रस्त पनि रहेका थिए । यसैले यसै प्रचलनका क्रममा पूर्वीय 'खस' सरूपसिंह कार्की तथा पश्चिमा तनहुँकी 'ब्राह्मण' व्रजनाथ पौडेलहरूले वसन्तपुर राजभवनभित्र खडा गराइरहेको अवाञ्छित गुटबन्दीप्रति लक्षित गर्दै यिनले भनेका थिए, "पूर्व तथा पश्चिममा खस तथा बाहुनलाई दरबारभित्र प्रवेश गर्न नदिनू, किनभने बाहिरिया मानिसहरूले दरबारमा बेथिति गराउँछन् ।"

श्री ५ पृथ्वीनारायण शाहले आफ्नो यो प्रवचन सम्भवतः वि.सं. १८३१ को पौष महिनाको आधाआधीतिर दिएका थिए । प्रवचनको कार्यक्रम सकिएपछि यिनले केही दिन त्यहीँ नै विश्राम गरे । यसैबीचमा यिनको शरीरमा रोग तथा व्याधिका थप लक्षणहरू पनि देखापर्न थाले । त्यहाँ उपलब्ध रहेका तथा राजधानी काठमाडौंबाट बोलाइएका वैद्यहरूले पनि आफ्नो ज्ञान, अनुभव तथा बुद्धिले भेटेसम्मका सक्दा औषधि एवम् उपचारहरू पनि गर्दै रहे । तर दुर्भाग्य ! दिनहरू बित्दै जाँदा यिनका रोग तथा व्याधि पनि असाध्य रूपमा परिणत हुन आए । रोग तथा व्याधिहरू निको हुने सम्भावना क्षीण हुँदै आएपछि महारानी नरेन्द्रलक्ष्मी, कान्छा चौतारा दलजित शाह तथा राजकुमार बहादुर शाह आदि त्यहाँ रहेका सबै भाइभारदार मिली यिनीलाई प्रचलित मान्यताअनुसार जलयोगका निमित्त पवित्र त्रिशूली नदीको 'देवीघाट'तर्फ चलाए । यसै घाटमा नौ दिनसम्म मृत्युसँग कठोर सङ्घर्ष गर्दै अन्त्यमा वि.सं. १८३१ पौष शुक्ल दशमीका दिन बिहान करिब सात बजेको समयमा यिनी यस संसारबाट सदाका निमित्त बिदा भए (वि.सं. १८३१ माघ १ गते) ।

यिनको यस किसिमको अकल्पित तथा असामयिक देहावसानले गर्दा यस क्षेत्रमा रहेका सबै चौबीसे राज्यहरूलाई आफ्नै जीवनकालमा नेपाल अधिराज्यभित्र समाहित गराउने भन्ने यिनको आकाङ्क्षा यत्तिकै लथालिङ्ग हुन पुग्यो । सबै भाइभारदारहरू स्तब्ध रहे । अन्य दुई जना उपपत्नी तथा ६ जना केटी एवम् सुसारेहरूका साथ महारानी नरेन्द्रलक्ष्मी पनि आफ्ना दिवङ्गत पतिको सेवा एवम् सुश्रुषाका निमित्त भनी 'सती'का रूपमा यसै दिन चितामा चढी सहगामिनी भइन् । यस दुःखदायी घटनाबाट नेपाल अधिराज्यको राज्यप्रबन्धको गुरूतर भार अब एकाएक २३ वर्षका नवयुवक युवराज प्रतापसिंह शाहको काँधमा पर्न आयो ।

यति बेला भएको महारानी नरेन्द्रलक्ष्मीको सतीत्वगमनपछि नेपाल अधिराज्यका निमित्त निकै नै दुर्भाग्यपूर्ण प्रमाणित हुन आयो । यिनले यति बेला यसरी आफ्ना पतिको पछि लागेर 'सती' नगइदिएको भए राजपरिवारमा दाजुभाइ एवम् काकाभतिजाका बीचमा अनावश्यक रूपमा कलहको सुरूवात हुन पाउने थिएन र राजा श्री ५ पृथ्वीनारायण शाहले आफ्ना जेजस्ता नीति तथा कार्यक्रमहरू निर्धारण गरेका थिए, ती सबै नीति तथा कार्यक्रमहरू यथावत् रूपमा चालू रहन पाउने थिए, देशको पश्चिमतर्फको विस्तार पनि यथासमयमा नै सम्पन्न भइसक्ने थियो र नेपाल अधिराज्यले पछि अङ्ग्रेजहरूसँग लज्जाजनक पराजयलाई पनि सम्भवतः भोग्नुपर्ने थिएन । तर नेपाली मात्रको दुर्भाग्य ! यति बेला यसो हुन सकेन । महारानी नरेन्द्रलक्ष्मीलाई यस दुस्साहसिक कदमबाट पछि हटाउने सामान्य प्रयास पनि यति बेला गुरू, पुरोहित तथा भाइभारदार कसैबाट पनि हुन सकेन ।

राष्ट्रपिता बडामहाराज
श्री ५ पृथ्वीनारायण शाहका दिव्य उपदेश

<u>उपदेशको मूल पाठ</u>

स्वस्ति गणेशाय नमः ॥ श्रीकालिका सहा[१] । श्री ३ सिव गोरषनाथ सहाः[२]॥ श्री ५ प्रिथिनारायण शाहः[३] ॥ ॥

श्रीश्रीश्री ५ बुढा महाराजाले[४] तिन सहर नेपाल[५] र हिंडुपतिको राज[६] लियापछि पछिल्ला पटक्[७] नुहाकोटमा[८] पाउलाग्नुभयामा[९] गुरू प्रोहित थरघर[१०] भैयाद भारदार र आफ्ना ददा[११] सुरथसिं राना[१२] सबैका बुढापाकाछेउ हुकुम भयाका कुरा[१३] ।

<u>नेपाली भाषाको प्रचलित रूपअनुसार</u>

स्वस्ति श्रीगणेशाय नमः । श्री (गोरक्ष) कालिका (हाम्री) सहाय (क भएर रहून्) । श्री ३ शिव (स्वरूप) गोरक्षनाथ (हाम्रा) सहायक (क भएर रहून्) । श्री ५ पृथ्वीनारायण (शाह पनि हाम्रा) सहायक (क भएर रहून्) । श्री ५ बूढा महाराज (पृथ्वीनारायण शाह)ले तीन सहर नेपाल र हिन्दुपतिको राज्य (समेत) लिएपछि पछिल्लो पटक नुवाकोटमा पाउ लाग्नुभए (को समय)मा गुरूपुरोहित, थरघर, भैयाद, भारदार (तथा) आफ्ना ददा सुरथसिंह राना (समेत) सबै बूढापाका (हरू)का समक्षमा (उहाँबाट) हुकुम भएका कुराहरू :

बुढा मरै भाषा सरै[१४] भनि भन्छन्. तिमिहरू सबैछेउ सुनाइ गयाको भया तम्रा सन्तानलाई सुनाउला र तम्रा[१५] सन्तानले हाम्रा[१६] सन्तानलाई सुनाउन[१७] र यो राजे[१८] थामि षानन्[१९] ।

॥ उप्रान्तः ॥ हाम्रा मुमाहरू तिन[२०] हुन्. हामी तिन षोपि[२१] का पाँच पांडुवा[२२]*को अवतार भयाका थियुं. मेरा विवाहा मकवानपुर[२३] मा भयाको थियो. डोला[२४]सुम्पेको थियन.* र...

"बूढा(हरू) मरे (अनि) भाषा(हरू) सरे," भनी भन्छन् । (यसैले अहिले) तिमीहरू सबै(का) सामुमा सुनाएर गएमा (तिमीहरूले) तिम्रा सन्तानलाई सुनाउला, तिम्रा सन्तानले हाम्रा सन्तानलाई सुनाउलान् र (हाम्रा सन्तानले) यस राज्य(लाई) थामेर खान सक्लान् (भनी तिमीहरूलाई अहिले यी उपदेशहरू दिन लागिरहेको छु) ।

उप्रान्त हाम्रा मुमाहरू तीन (ओटी) हुन् । हामी तीन (ओटा) खोपीबाट (गरी) पाँच पाण्डवका अवतार (जस्तै) भएर जन्मिएका थियौं) । मेरो विवाह मकवानपुर (राज्य)मा (सम्पन्न) भएको थियो । डोला (लाई भने त्यहाँबाट) सुम्पिएको थिएन ।

... *डोला पनि लैयाउ[२५]. नेपाल पनि देषि आउ[२६] भनि मकवानपुर गँञु[२७] र पुग्यपछि दिकवन्दनसेन[२८] लाइ य ओटा कुराको करेउलि[२९] लिएर भने. यकदन्ता हाति[३०] र नवलाषि हिराको हार[३१] दिन्छौ भने डोला पनि लैजाला. दिन्न भन्या काढि तरबारसित[३२] पनि लैजांला भनि हाक[३३] पारि. नेपाले राजा[३४] ले चिन्नन् र पक्रनन् भनि स्याषु[३५] वडि[३६] रापति[३७] का तिरैतिर. भानु जैसि[३८] कुलानन्द जैसि[३९]अरू थरघर[४०] पनि साथैमा थिया.*

(यसैले) डोला पनि लिएर आऊँ (र) नेपाल(लाई) पनि हेरेर आऊँ भनी हामी मकवानपुर (राज्य)मा गयौं र (त्यहाँ पुगेपछि युवराज) दिग्बन्धन सेनलाई एउटा कुरामा करेउली लगाएर (मैले) भनें- "एकदन्ता हात्ती र नौलाखी हीराको हार (पनि) दिन्छौ भने डोला(लाई) पनि लिएर जाउँला, दिन्न (भनी भन्दछौ) भने तरबार चलाएर भए पनि लिएर जाउँला' भनी उनलाई हाँक दिएर नेपाली राजाले चिन्लान् र पक्रलान् भनी स्वाखु ओडी रापती (नदी)को तीरैतीर भानु ज्योतिषी, कुलानन्द ज्योतिषी (तथा) अरू थरघर (हरू) पनि साथैमा (रहेका) थिए ।

चन्डागिरि[४१] मा आइपुग्यापछि नेपाल कुन् हो सुध्याँआ[४२] र त्यो भादगाउ हो. त्यो पाटन् हो. त्यो काठमाडौं हो. भनि देषा(या) र. मेरो मनमा इ तिन सहरको राजा हुन पाया ता हुँदो हो भन्ने यस्तो मनमा परिरहेथ्यो.

उसै बेलामा उ दुवै जैसिले भने. हजुरको मनकान्छ्या[४३] अविलाष[४४] पुग्ला महाराजा भन्या र मलाई आसर्जे[४५] लाग्यो र मेरा पेटका कुरा[४६] कसो गरि जानेउ[४७] र तेस्व[४८] भनेउ[४९] र भनि मैले भन्दा. जसै नेपालमा नजर दिनुभयोथ्यो उसैबेला मोच[५०] मा बहुलि डिदा[५१] मनमा नेपालको राजा हुन पाया ता हुँदो हो भन्या....

— — — — — —

(त्यहाँबाट) चन्द्रागिरि (को डाँडा)मा आइपुगेपछि "नेपाल भनेको कुन हो त ?" भनी (उनीहरूलाई) सोध्दा उनीहरूले (मलाई) "यो भादगाउँ हो, त्यो पाटन हो र त्यो काठमाडौं हो" भनी देखाए र (त्यति बेला) मेरो मनमा "यी तीन ओटै सहरहरूको राजा हुन पाए त हुँदो हो" भन्ने मनमा परिरहेको थियो । त्यति नै बेला ती दुवै ज्योतिषीले "हजुरको मनोकाङ्क्षा (तथा) अभिलाषा (अवश्य पनि) पुग्नेछ महाराज !" भनी भने र मेरो मन पेटका कुरा तिमीहरूले कसरी जान्यौ ? भनी (उनीहरूसँग) सोद्धा (उनीहरूले भनेका थिए)... ।

"जब हजुरबाट तीन सहर नेपालमाथि नजर दिइबक्सेको थियो त्यसै बेला (हजुरबाट आफ्ना) जुँगामा बाहुली लिँदा हजुरको मनमा नेपालको राजा हुन पाए त हुँदो हो भन्ने...

... जस्तो परेछ भनि बिन्ति हजुरमा गऱ्याकै हो भने र यो कुरा पुग्दा (त) भनि मैले भन्दा. हजुरले गौ व्रह्मान[५२] अतित[५३] फकिर[५४] देउदेउता को मनिता[५५] बहुतै राषनु भयाको छ. हाम्रा हातमा पनि सरसोति[५६] को बर्दान[५७] छ. हजुरलाई नेपालको राजा (अ)वस्य[५८] हुनेछ. भने र. थांकोट्[५९]को ठुलो भन्ज्यान्[६०] काटि रातदिन गरि कल्ल्हारिघाट[६१] तरि धादिंन्[६२] उक्लेउ[६३] र. चेप्या[६४]को षावा[६५] लिग्लीग्[६६]को आड[६७] गरि राषेका मेरा तिन बिर छन्. तिनलाई बोलाहाट[६८]को रूका[६९] लेषन जैसि भन्दा...

— — — — — —

... जस्तो परेछ भन्ने (जानकारी हुन आएकाले) हजुरमा (यस्तो) बिन्ती गरेको हौं (भनी भने र "(उसो भए मेरो मनमा रहेको यो कुरा पुग्ला त ?" भनी मैले (उनीहरूलाई) सोध्दा (उनीहरूले मलाई भनेका थिए) "हजुरबाट गाई, ब्राह्मण, अतिथि, फकिर र देवदेवताहरूको (पनि) मान्यता बहुतै राखिबक्सिएको छ, हामीहरूको हातमा पनि सरस्वतीको वरदान (रहेको) छ, (यसैले) हजुरलाई नेपालको राज्य अवश्य (पनि प्राप्त) हुनेछ" (भनी उनीहरूले मलाई) भनेका थिए ।

(यसपछि) थानकोटको ठूलो भन्ज्याङ(लाई) काटी दिनरात गरी (त्रिशूली नदीको) कल्लेरीघाट तरेर धादिङमा उक्लियौं र 'चेपे' (नदी)को खावा (तथा) 'लिगलिग' (गढी)को आड गरी राखिएका मेरा तीन (जना) वीरहरू (यहीँ नै रहेका) छन्, तिनीहरूलाई बोलावटैको रूक्का लेख्नुपऱ्यो (लेख त) ज्योतिषी (भनी मैले) भन्दा :

... तिनको नाम के हो भनि सुध्याया[७०] र रणजित् बस्न्यात्. मानसिं रोकाहा[७१] विरभद्र पाठक् मैधि[७२]मा रात दिन गरि आइपुक भनि लेषी पठाँञा आइपुगे र तिनछेउ यकान्त[७३] गऱ्यां (र) भने -

दिक्बन्द सेन[७४] सित हाक कि आञाँ. नेपाल पनि देषि आञाँ हान्ना[७५]को मनसुवा[७६] पनि राषी आञाँ. तिमिहरू क्या भन्छौ भनि मैले भन्दा. हान्नुहवस् महाराजा भनेर सल्लाहा दिया र मैले भने. म जसै अर्काको छत्रभङ्ग गर्न जांछु मेरो छत्रभङ्ग[७७] गर्न अर्को आयो भन्या कसो होला भनि मैले भन्दा हजुरका हातिहउवा[७८]ई बाइसी[७९] चौबीसी[८०] आयो भन्या चेप्या[८१]मा रगतको नदी...

"तिनीहरूको नाम केके हो त ?" भनी (उनीहरूले) सोधे र (मैले तिनीहरूको नाम) रणजित बस्नेत, मानसिंह रोकाया (र) वीरभद्र पाठक (हो) (भनी जवाफ दिएपछि तिनीहरूले) "दिनरात गरी (यहाँ) मैधीमा (तुरून्त नै) आइपुग" भनी (उनीहरूलाई) लेखी पठाए र (यसै रूक्का) गरें र (उनीहरूलाई मैले) भने, "(मैले) दिग्बन्धन सेनलाई हाँक दिएर आएँ, नेपाल पनि हेरेर आएँ, (त्यसलाई) हान्ने मनसुवा पनि राखेर आएको छु, (यसमा) तिमीहरू के भन्छौ त ?" भनी सोध्दा (उनीहरूले) "म जब अर्काको छत्रभङ्ग गर्न (भनी अगाडि सरेर) जान्छु (त्यसै बेला) मेरो छत्रलाई भङ्ग

गर्न (भनी) अर्को (व्यक्ति) यहाँ आइदियो भने कसो होला (नि) ?" भनी सोद्धा (तिनीहरूले) 'हजुरका हात्तीहौवा यी बाइसे तथा चौबीसे (राज्यका राजाहरू यहाँ) आए भने चेपे (नदी)मा रगतको नदी ...

... बहाउला महाराजा भन्या र यकान्तबाट उठि गोर्षा गयउ र पुगेपछि मामाज्यु[८२] पनि निलकंण्ठ[८३] पसुपति[८४]को दर्सनलाई देउघाट[८५]को बाटो गरि जानुभयाको रहेछ. निलकंण्ठ पसुपतिको दर्सन भयापछि. श्रीगोरषनाथ[८६]को दर्सनलाई गोर्षामा आउनुभयो र दर्सन भयापछि मसित भेट भयो र मैले भन्या. "मामाज्यू मकुवानपुर पनि पुगीआँञां. नेपाल पनि देषि आञां. हान्नाको मनसुवा पनि राषि आँञां. कति कुराले मेरो काज[८७] फत्ये[८८] होला. अर्ति बक्सनुभया हुँदो हो" भनि मैले भन्दा मलाई पनि पञ्चरात्री[८९] मा द्रिष्टान्त[९०] भयो. हामीले देष्ता पाच पाण्डुवा[९१]को अवतार भयो जस्तो लाग्दछ. कुरूक्षेत्र[९२]को मेला नभै नेपाल फुट्ने[९३] छैन.

— — — — — —

(नै) बगाइदिउँला महाराज ! (यसमा हजुरले कुनै पनि किसिमको धन्दा मान्नुपर्दैन भनी) भनेर (त्यसपछि) एकान्त (स्थल)बाट उठी (हामीहरू) गोर्खामा गयौं र (त्यहाँ) पुगेपछि मामाज्यू पनि (भगवान् नीलकण्ठ) गोसाइँस्थान र भगवान् पशुपति (नाथ)को दर्शन (गर्न) भनी देवघाटको बाटो गरी जानुभएको रहेछ र (भगवान्) नीलकण्ठ (तथा भगवान्) पशुपति (नाथ)को दर्शन (गर्ने काम पूरा) भएपछि श्री गोरक्षनाथको दर्शन गर्न (भनी यहाँ) गोरखामा (पनि) आउनुभयो र दर्शन भइसकेपछि (उहाँको) मसँग भेट भयो र मैले (उहाँसँग पनि) सोधें :

"मामाज्यू ! मकवानपुर पुगेर आएँ, नेपाललाई पनि हेरेर आएँ, (नेपालमा) हान्ने मनसुवा पनि राखेर आएको छु, (अब के-) कति कुराले मेरो (यो) काम फत्ये होला ? (मलाई यस सम्बन्धमा) अर्ती बक्सनुभए हुँदो हो" भनी भन्दा (उहाँले) "मलाई पनि पञ्चरात्रिमा दृष्टान्त भएको छ । हामी(हरू)ले देख्दा (तपाईं पाँच भाइहरू) पाँच-पाण्डवको (नै) अवतार (हुनु) भएको जस्तो लाग्छ । (उहिले) कुरूक्षेत्र (मा घटे)को मेला (जस्तै अहिले यहाँ पनि ठूलो मेला) नभई नेपाल (राज्य) फुट्ने (लक्षण) छैन ।

लमजुन्[९४] भन्याको गरूड हो. गोर्षा भन्याको सरप[९५] हो. नेपाल भन्याको भ्यागुतो हो. अघी[९६] गरूडको आषा[९७] छलनु. तब सर्पले भ्यागुतो षान पाउछ[९८]. मेरा साथमा चार जातका सिपाहि छन्. इन्मा[९९] कस्को सवार[१००] गऱ्या चाडो काज[१०१] फत्य होला भनि सोद्धा के के जात छन् भनि सोधनुभयो बाहुन्[१०२] षस[१०३] मगर[१०४]ठकुरि[१०५]इनमा कस्को सवार गऱ्या चाडो काज फत्य होला भनि सोद्धा. बाहुन्को सवार भन्याको बयेल[१०६] हो. पातक्[१०७] लाग्छ. ठकुरिको सवार भन्याको सिंघ[१०८] हो पछाडि दगा हुन्छ. मग्र[१०९] को सवार भन्याको टागन् घोडा हो. ढिलो हुन्छ.

– – – – – –

लमजुङ (राज्य) भनेको गरूड (जस्तो) हो, गोरखा (राज्य) भनेको सर्प (जस्तो) हो (र) नेपाल भनेको भ्यागुता (जस्तो) हो (भन्ने मलाई लाग्छ । यसैले सबैभन्दा) पहिले हामीले गरूडको आँखा छल्नु (पर्छ), तब (मात्र) सर्पले भ्यागुतो(लाई) खान पाउँछ' (भनी उहाँले मलाई सल्लाह दिनुभयो र यसपछि मैले उहाँलाई) "मेरा साथमा चार जातका सिपाहीहरू छन् । यिनमा कसको सवार गरे, चाँडो काज फत्ते होला भनी सोध्दा के-के जात छन् । रहेका) छन् (त) ?" भनी सोध्नुभयो र (मैले) "मेरा साथमा) बाहुन, खस, मगर (तथा) ठकुरी (गरी चार जातका सिपाहीहरू छन्), यिनीहरूमध्ये ककसको सवारी गरेमा (मेरो काम) चाँडै फत्य होला ?" भनी सोध्दा "बाहुन(हरू)को सवारी (गर्नु) भनेको बयलको सवारी गर्नु (जस्तै) हो, यसो गरेमा पछि पातका लाग्छ; ठकुरी(हरू)को सवारी (गर्नु) भनेको सिंह(को) सवारी गर्नु जस्तै हो, यसो गरेमा) पछाडि गदा हुन्छ, मगर(हरू) को सवारी (गर्नु) भनेको टाँगन घोडा (को सवारी गर्नु (जस्तै) हो, (यसो गरेमा) ढिलो हुन्छ ।

.... *षसको सवार भन्याको ताजि[११०] तुर्कि घोडा[१११] हो. षसको सवारगऱ्या चाडो होला भन्या जस्तो लाग्छ भनि अरू ढेरै[११२] कुराको अर्ति दि जानुभयोथ्यो.*

उनै अर्ति लिँआ र लम्जुंग्या राजा रिपुमर्दन् साहसित भेट गर्न भनि गयां र चेपे घाट[११३]मा भेट भयो र घाहा[११४] धरेस्का[११५] बात[११६] गर्दा जौना[११७] कुराले घाहा बाधुला भने जढ[११८] कुरो मेरो पेट[११९]मा थियो

सोहि जढ कुरो कालु पाडे[१२०] ले गऱ्यो र घाहा बलियो बस्यो र मलाई आसर्जे[१२१] लाग्यो र. तर मलाई ता रिझायो. दुनिँञा[१२२] जस्देषी राजि रहन्छन् उसैलाई कजाई दिनु भन्ने सास्त्र[१२३]मा पनि कहेको छ. दुनिञाँमा बुझिहेरूं भनि बुझि हेर्दा दुनिञाँबाट पनि कालु पांडेको...

\- - - - - -

... (तर) खस(हरू)को सवारी (गर्नु) भनेको "ताजी' तुर्की घोडा (को सवारी गर्नु जस्तै हो । (यसैले) खस(हरू)को सवारी गरे(मा नै आफूले आँटेको काम) चाँडो (फत्य) होला जस्तो (मलाई) लाग्छ" भनी (उहाँले यस्ता) अरू (पनि) धेरै कुराका अर्ती(हरू) दिएर जानुभएको थियो ।

(उहाँका) यिनै अर्ती(हरूलाई मैले मनमा) लिएँ र लमजुङ राजा रिपुमर्दन शाहसित भेट गर्न भनी (लमजुङ राज्यतर्फ जाँदा) चेपे (नदीको) घाटमा उनीसँग भेट भयो र (उनीसँग बसी) घा एवम् घरायसका कुरा(हरू) गर्दा जुन कुराले (लमजुङे राजासित आफ्नो देशको) घा बाधुँला भन्ने जड कुरा मेरो मनमा (रहेको) थियो, त्यही कुरा कालु पाँडेले जड गऱ्यो र (त्यसैअनुसार लमजुङ राज्यसँग हाम्रो देशको) घा बलियो बस्यो र (यसबाट) मलाई आश्चर्य लाग्यो । मलाई त रिझायो, जसदेखि दुनियाँ राजी रहन्छन्, त्यसलाई (नै) कज्याइँ दिनु भन्ने शास्त्रमा पनि भनिएको छ, (यसैले सर्वसाधारण) दुनियाँमा (पनि यस सम्बन्धमा एक पटक) बुझेर हेरूँ (न त) भनी बुझी हेर्दा दुनियाँमा पनि कालु पाडेको (नै)...

... ***चाहा[१२४] रहेछ र कालु पांडेलाई कजाई दिनुभया हामी दुनिँञादारमा छाहारि रहदो हो भन्या सल्लाहा दिया र. अब बाइसी[१२५] चौबीसी[१२६]ले क्या भन्छन् भनी बुझ्नु हुदा. बाइसी चौबीसीबाट पनि कालु पाडेकै चाहा रहेछ र कालु पाडेलाई काजाञि भया घाहा घराइस्[१२७] बलियो राषन्यैछ भन्ने सल्लाह दिया. मेरो मनमा ता बिराज बषेति[१२८]लाइ कजाई दिन आटेको थियो. तर ज्याधा[१२९] बुद्धी[१३०] कालु पांडेकै ठहऱ्यो र कालु पांडेलाई कजाञि भयाको हो.***

अब पांडे र बस्न्यात्को जुग[१३१] बाधिदिंछु तेरि छोरि सिवराम बस्न्यात्[१३२]को छोरो केहेसिंह बस्न्यात्लाई देउ भनि मागि बिहे गरिदिंञा र पांडे बस्न्यात्को जुग बाधि पाडेको ढाल्[१३३] बस्न्यात्को तरबार[१३४] गरि नेपालमा चढाइ[१३५] गऱ्याको हो.

\- - - - - -

चाहना रहेछ र "कालु पाँडेलाई कज्याइँ दिनुभएमा हामी दुनियाँदारमा छहारी रहने थियो"... भन्ने (सबैले) सल्लाह दिए र अब बाइसे तथा चौबीसे (राज्यका राजाहरू पनि यस सम्बन्धमा) के भन्दा रहेछन् (त) भनी बुझिहेर्दा बाइसे तथा चौबीसे (राज्यका राजाहरू)मा पनि कालु पाँडेको नै चाहना रहेछ र "कालु पाँडेलाई कज्याइँ भएमा (यिनले) घा तथा घरायस (पनि) बलियो राख्नेछन्" भन्ने (उनीहरूले) सल्लाह दिए(का हुन्) । मेरो मनमा त विराज बखेतीलाई कज्याइँ दिउँ(ला) भन्ने लागिरहेको थियो तर (विराज बखेतीको भन्दा) ज्यादा बुद्धि कालु पाँडेको नै ठहरियो र कालु पाँडेलाई कज्याइँ दिएको हो ।

अब पाँडे र बस्नेतको जोडी बाँधिदिन्छु (भन्ने विचार गरी) "तेरी छोरी शिवरामसिंह बस्नेतका छोरा केहरसिंह बस्नेतलाई दे" भनी (कालु पाँडेसँग उसकी छोरी) मागी विवाह पनि गरिदिएँ । (यसरी) पाँडे (तथा) बस्नेतहरूको जोडी बाँधी पाँडे(हरू)को ढाल तथा बस्नेत(हरू)को तरबार गरी नेपाल (राज्य)माथि चडाइँ गरेको हो ।

उप्रान्त ॥ रणजित बस्न्यात् मानसिं रोकाहा[१३६] विरभद्र पाठक् इनलाई गौटान्को[१३७] बिराइ[१३८] लिग्लिग्को आड[१३९] मा राषि म पनि सल्लान्कोट[१४०] कि देवी साछ्यात्[१४१] छन् भनि भन्दछन्. म पनि सायेत[१४२] गरि जान्छुं भनि विदा गराया र सायेत गरि म पनि गञुं[१४३] र बारि[१४४] मा थुर्पु[१४५] पऱ्यो र सल्ल्यानिको थरघर[१४६] बराहा उमराउ[१४७] हरूसित सुधाँञा.[१४८]

माई[१४९] को दर्सन् गर्न हुन्छ की भन्दा भित्र दर्सण[१५०] पुजाहारि[१५१] टहलुवा[१५२] लाई मात्र भित्र दर्सन गर्नु हुन्छ. जो हुकुम् भन्या र ढोकामा ता हुन्छ कि भन्दा ढोकामा ता हुन्छ भन्या र साज बिह्यान[१५३] ढोकासम्म जाई[१५४]...

– – – – – –

यसपछि रणजित बस्नेत, मानसिंह रोकाया तथा वीरभद्र पाठक यी (तीन जना वीरहरू)लाई गौटानको बिह्नौटो तथा लिगलिगको आडमा राखी म पनि सल्ल्यान कोटकी देवी साक्षात् (नै) छन् भनी (सबैले) भन्छन्, (यसैले) साइत गरी (एकपल्ट म पनि त्यहाँ पुगेर आउनुपऱ्यो

भनी (उनीहरूलाई त्यहाँबाट) बिदा गराएँ र साइत गरी म पनि (सल्यान कोटमा) गएँ । (त्यहाँ) बारीमा थर्पु पऱ्यो र सल्ल्यानीका थरघर (तथा) बराह, उमरावहरूसँग (मैले) सोधें–

"माईको दर्शन गर्न हुन्छ कि ?" (भनी मैले उनीहरूसँग) सोध्दा "पुजारी (तथा) टहलुवा(हरू)ले मात्र भित्र(सम्म गई) दर्शन गर्न हुन्छ, (अरूले हुँदैन), जो हुकुम !" (भनी उनीहरूले भने) । "ढोकासम्म (गएर दर्शन गर्न) त हुन्छ कि ?" भनी मैले सोध्दा "ढोकासम्म (गएर दर्शन गर्न) त हुन्छ" (भनी उनीहरूले भने र (यसैअनुसार) साँझबिहान ढोकासम्म गई...

– – – – – –

... पाठ पुजा जप् दर्सन गर्थ्या र एक दिनका रातमा सोपना[१५५] भयो र दुई हातमा दुई षड्ग[१५६] लियाकी सात आठ वर्षकी कन्न्या कुसुमे[१५७] पछिउरा[१५८]को घुंगूटि[१५९] पारि मछेउ आइन् र मैले सोध्याजां[१६०] तिमी कस्कि छोरी हौ भनि मैले भनदा पुजाहारि राना[१६१] कि छोरि हुँ भनिन् र उ दुवै षड्ग मेरा हातमा दिइन् र आरसि[१६२] प्रर्मानको लाल टल्बल् गर्थ्यो. षोकीलाबाट झिकी मेरा मुखसम्ममा ल्याई यो पनि निल् भनिन्. र तम्रो[१६३] मनकान्छ्या पुऱ्याइदियाको छ. मं पनि केही माग्छुं थपि जाउ भनि. जसै दुई पाईला गैथिन्. उसै बेलामा मं पनि बिम्ज्यौ[१६४] र...

– – – – – –

पाठ, पूजा, जप (तथा) दर्शन (पनि गर्ने) गरेको थिएँ । (यसै अवस्थामा) एक दिनको रातमा (मलाई) सपना भयो । (त्यस सपनामा) दुई हातमा दुई ओटा खड्ग लिएकी सातआठ वर्षकी (एउटी) कन्या कुसुमे पछ्यौरीको घुम्टी पारी मेरो छेउमा आइन् र मैले (उनलाई) "तिमी कसकी छोरी ह्वौ भनी सोद्धा" (उनले) "(म पुजारी रानाकी छोरी हुँ (भनेर) भनिन् । उनले ती दुवै खड्ग मेरो हातमा दिइन् र 'आरसी' जत्रो रातो (रङको) टलपल गरिरहेको (एउटा वस्तु आफ्नो) खोकिलाबाट झिकी मेरो मुखसम्म ल्याई "यो पनि निल" भनी (मलाई) भनिन् र "तिम्रो मनोकाङ्क्षालाई (मैले) पुऱ्याइदिएको छु, (यसैले अब) म पनि (तिमीसँग) केही (कुराहरू) माग्छु, (मलाई) थपेर जाऊ" भनी (उनी) जब (त्यस ठाउँबाट) दुई पाइला (जति अगाडि) गएकी थिइन्, त्यसै बेला म पनि बिउँझिएँ र...

...भानु जैसि. कुलानन्द जैसि. पुझाहारि रानालाई डाक्यां र सुध्याऒ[१६५]. जैसिले पनि पुझाहारिले पनि ति माई हुन् दर्सन पाउनुभयछ. भने र उसै बेलामा धुप् दिप् धजा[१६६] नैवेदे[१६७] नित्य पुजालाई सात राग्गा[१६८] सातै बोका थपि बोर्ला घाट[१६९]को आम्दानी र घाटै छेउमा टार[१७०] माईलाई सङ्कल्प[१७१] गरि दिऒ र उसै घरि[१७२]को सायत गरि रात दिन गरि सरासरी आयां र सिमल्चौर चौतारामा थर्पु हालि बस्याको थिँऒ.

दावा भन्या नुहाकोट्[१७३] को बहना भन्या षिंच्यात्[१७४] को कुलो काटि षेत बिराउना[१७५] को गरि राषाथ्यां. वेत्रावतिका बेनि इन्द्रायेनि[१७६]का थानमा ढुंगा तरि जप पाठलाई जांथ्या. ध्यान[१७७] भन्न्या सल्ल्यान्कोट्कि देवीको र इन्द्रायनि....

— — — — — —

(त्यति नै बेला मैले) भानु ज्योतिषी, कुलानन्द ज्योतिषी (तथा) पुजारी रानालाई (पनि) डाकें र (उनीहरूसँग यसको रहस्य) सोधें । (दुवै) ज्योतिषी तथा (त्यस मन्दिरका) पुजारीले पनि "ती (त साक्षात्) माई (नै) हुन्, (हजुरबाट उहाँको) दर्शन पाइबक्सिएछ (बढिया भयो)" (भनी) भने र त्यति नै बेला धूप, दीप, ध्वजा (र) नित्य पूजा (तथा विशेष पूजाका निमित्त (पनि) सात ओटा राँगा तथा सातै ओटा बोका(हरू) थप गरी बोर्लाङघाटको आम्दानी तथा घाटैको छेउमा रहेको टार (पनि) माईलाई (नै) सङ्कल्प गरेर दिएँ । त्यसै घडीको साइत गरी (त्यहाँबाट प्रस्थान गरेर) दिनरात गरी सरासर (नुवाकोटतर्फ) आएँ र (त्यहाँ) सिमलचौरको चौतारामा थर्पु हालेर बसिरहेको थिएँ ।

(यति बेला मैले) दाउ भने नुवाकोट (को गढीमाथि हान्ने तर) बहाना भने खिञ्चेतको कुलो(लाई) काटी खेतहरू बिराउने (भन्ने) गरिरहेको थिएँ । बेत्रावतीमा (रहे)को बेनी इन्द्रायणीको स्थानमा डुङ्गा तरी जप तथा पाठपूजालाई (पनि त्यहाँ बराबर) जाने गर्थें । ध्यान भने सल्ल्यानकोटकी देवीको तथा इन्द्रायणी...

... भैरवीको गर्थ्या. महामंण्डल[१७८] भनेको नुहाकोटको सवता[१७९] रहेछ. महामंण्डलमा ग्यामि राना[१८०] थीयो. तं हाम्रो घर[१८१]को ग्यामि होस्. महामण्डल छोडिदे. मछेउ आईज. भनी पठाँऒं र हुना ता मं हजुरैको

हुं. तर जयप्रगास मल्ल[१८२]को नुन्[१८३] षाईहाल्यां मरिमेट्न्याछुं भनि हाक[१८४] पारि पठायो र.

येक दिन कचहरि[१८५]मा बस्याको थिञां. तान्रा[१८६] लागेछ र तान्रैमा ता इन्द्रायनिका थानमा बस्याको रहेछुं आजका साता दिनमा ठुलो सायेत[१८७] छ. तेसै दिनको सायतले नुहाकोट साध्ये[१८८] हुन्याछ भन्याको सुन्या र पात्रो हेरन जैसि भन्यां र पात्रो हेऱ्या र आजका साता दिन विहाउडो[१८९] सनिश्चरवार...

— — — — — —

भैरवीको (पनि) गर्ने गरिरहेको थिएँ । 'महामण्डल' भनेको नुवाकोटको सौता (जस्तै) रहेछ । महामण्डलमा ग्यामी रानाले (त्यस गाढीको सुरक्षा गरेर बसिरहेको) थियो । (मैले उसलाई) "तँ हाम्रो (आफ्नै) घरको ग्यामी होस्, महामण्डल (हामीलाई) छेडिदे, (तँ) मकहाँ आइज" भनी (उसलाई बोलावटको खबर) पठाएँ र (उसले पनि) "हुन त म हजुरको नै (मानिस हूँ, तर (मैले अहिलेसम्ममा राजा) जयप्रकाश मल्लको नुन खाइहालें, (यसैले नुनको सोझो गर्दै आफ्ना राजाका निमित्त) मरिमेट्नेछु, (महामण्डल हजुरलाई यत्तिकै सुम्पन म सक्दिनँ)" भनी (उसले मलाई) हाँक दिइपठायो ।

एक दिन कचहरीमा बसिरहेको रहेछु । (त्यहाँ) "आजको सात दिनमा ठूलो साइत (परेको) छ, त्यसै दिनको साइतमा (हमला गरेमा) नुवाकोट साध्य हुनेछ" (भनी इन्द्रायणी भगवतीले) भनेको सुनें र "(एक पटक) पात्रो हेर न ज्योतिषी ! (र त्यस दिनको साइत कस्तो रहेछ)" भनी मैले भनें र (ज्योतिषीले) पात्रो हेरे र "आजको साता दिनका दिन बिहाउँदो शनिबार....

... ठुलो सायत रहेछ भनि विन्ति र उहि साहेतमा महामण्डलमा उक्लेउ र तरबार पऱ्यो[१९०] र हाम्रा नुन्का सेषले झुकाइ दिने पंथ[१९१] बान्है वर्षमा मेरा भाई दलमर्दन साहले जेठि तरबार[१९२] राना[१९३]को थापलामा हान्यो र नुवाकोट साधे गरि बढाई गरेउ र ककनि[१९४] सिवपुरि[१९५] मा ठाना[१९६] हालि मुर्चा[१९७] लाई[१९८] राषथेउ.[१९९]

मलाई प्रसुराम थापा[२००]ले नेपाल हान्न आउ भनि हात दिई[२०१] राषथ्यो. आफ्ना भाईलाई लाषबिसि[२०२] पुऱ्याउनु बाइसि चौबीसि उठाई पछ्डी हान्नु भनि पठायछ र मैले थाहा पाञा र काहा पुग्याको छ भनि

सुध्याञा र पोषराको हटिया[२०३] मा डेरा गरि बस्याको छ भनि सुन्या र तेसलाई बैठाई आउन[२०४]...

— — — — — —

ठूलो साइत (परेको) रहेछ भनी उनीहरूले (मलाई) बिन्ती गरे र त्यही साइतमा (हामी माथि) महामण्डल (को डाँडा)मा उक्लियौं र (त्यहाँ दुई पक्षका बीचमा) तरबार पऱ्यो र हाम्रो नुनको शेषले (गर्दा हामीबाट झुकेका) पन्त (को सहयोगले गर्दा) बाह्रै वर्ष (को उमेरमा मेरा भाइ दलमर्दन शाहले (शङ्कमणि) रानाको थाप्लोमा 'जेठी तरबार' हान्यो र नुवाकोटलाई सिद्ध गरी (हामीले हर्ष) बढाइँ गऱ्यौं र ककनी (एवम्) शिवपुरीमा (पनि) ठाना(हरू) हाली काठमाडौं उपत्यकालाई हामीले चारैतिरबाट) मोर्चा लगाएर राखिरहेका थियौं ।

मलाई परशुराम थापाले "नेपालमा हान्न आउनू" भनी हात दिइराखेको थियो । (तर उसले त्यसै बेला) आफ्नो भाइलाई "लाखबिसी पुऱ्याउनू र बाइसे एवम् चौबीसे (राज्यका राजाहरूलाई) उचाली (गोर्खा राज्यलाई) पछाडि (बाट) हान्न लगाउनू" भनी पठाएछ । मैले थाहा पाएँ र "(त्यो अहिले) कहाँ पुगिरहेको छ त ?" भनी सोद्धा "(त्यो अहिले) पोखराको हटियामा डेरा गरी बसिरहेको छ" भन्ने सुनें र "(त्यसो भए त्यहाँ गएर) त्यसलाई बैठ्याएर आउन (तिमीहरूमध्ये)...

... *को सकौला भनि सल्लाह गर्दा कसैले पनि ठहराउन सकेन र मैले भन्या[२०५] झागल गुरू सक्ला भनि डाकी अह्राई मेरो कंमरको कोताषान्[२०६] दियां र गयो र पुगि गाइनेको भेष गरि हातमा बल्छी[२०७]को टागो लि काषिमा सारंगी च्यापि २/४ धार्निको सहर[२०८] लैगी अरू उसका लस्कर[२०९]हरू भात षान्या बषत्मा अवसर हेरि बैठाइ आयो र पछाडि सुद्ध गरि नेपाल षोल्याई पुरूब पछिमका दुनिञां[२१०] हात गरि नेपाल लियाथ्या ॥*

— — — — — —

कसैले सकौला त ? भनी सल्लाह गर्दा (त्यहाँ रहेका) कसैले पनि (यसै गर्ने भनी) ठहऱ्याउन सकेनन् र मैले (आफैंले यो काम त) झागल गुरूङले (अवश्य पनि) सक्ला भन्ने (निश्चय गरी उसलाई) डाकी अह्राई मेरो

(आफ्नै) कम्मर (मा बाँधिरहे)को 'कोताखान' दिएँ र (ऊ यहाँबाट) गयो र त्यहाँ पुगी गाइनेको भेष (धारण) गरी हातमा (माछा मार्ने बल्छी)को टाँगो लिई काखमा सारङ्गी च्यापेर दुईचार धार्नीको सहर (माछोलाई साथमा) लिई उसका अन्य लस्करहरू भात खान लागिरहेको समयमा (उपयुक्त) अवसर हेरी (उसलाई) बैठ्याइआएको हो । (यसरी) पछाडि(तर्फ) निर्बिघ्न तुल्याई नेपाल (राज्यमा आक्रमण गर्नका निमित्त बाटो) खुलाई पूर्व तथा पश्चिमका (सबै) जनतालाई हात लिई (मैले) नेपाल (राज्य)लाई (आफ्नो कब्जामा) लिएको थिएँ ।

उप्रान्त ॥ यो राजे दुई ढुंगाको तरूल[२११] जस्तोरहेछ. चीन वादशाहसित ठुलो घाहा[२१२] राष्नु. दषिनको समुन्द्रका बादशाह[२१३]सित घाहा ता राषनु. तर त्यो महाचतुर छ हिन्दुस्थाना[२१४] दबाई राषेछ. सरजिमी[२१५]मा परिरहेछ हिन्दुस्थाना जाग्यो भन्या कठिन पर्ला भनि किल्ला षोजन आउन्या छ. सन्धीसर्पन्[२१६] हेरि गढि तुल्याई राष्नु[२१७] र रस्ता रस्तामा भाजा[२१८] हालि राष्नु र यक दिन त्यो बल[२१९] आउन्या छ. जाइ[२२०] कटक् नगर्नु. झिकी[२२१] कटक् गर्नु. र...

– – – – – –

उप्रान्त यो (नेपाल) राज्य (भनेको) दुई ढुङ्गा (को बीच)को तरूल जस्तो रहेछ (आफ्नो देशदेखि उत्तरतर्फका) चीनका बादशाहसित (सधैं) ठूलो घा (=मित्रता) राख्नू । दक्षिण(तर्फ)का समुद्रका बादशाहसित (भने) घात राख्नू, तर त्यो अत्यन्त चतुरो छ । (त्यसले अहिले) हिन्दुस्थानलाई (बलपूर्वक) दबाइराखेको छ । समतल जमिनमा (पनि) परिरहेको छ । (यसैले हिन्दुस्थानीहरू) जागे भने (आफूलाई त्यहाँ रहन) कठिन पर्ला भनी (आफ्ना निमित्त सुरक्षित) किल्ला(को) खोजी गर्न (त्यो यतातर्फ कुनै न कुनै दिन) आउनेछ । (यसैले आफ्ना) सन्धिसर्पनहरू हेरी गढी (तथा गौंडाहरूलाई तम्तयार) तुल्याइराख्नू र बाटाघाटाहरूमा भाँजाहरू (पनि) हालिराख्नू । एक न एक दिन त्यो बल (यहाँ अवश्य पनि) आउनेछ ।

... चुरेघाटि[२२२] मा षुपै काटिन्या छ. पाच सात पुस्तालाई षजना[२२३] पनि मिल्नेछ. श्री गंगाजिको साध पनि लाग्नै छ, लडाईमा पुकेन[२२४] भन्या लोलोपोतो[२२५]अनेक कल-छल[२२६] गरिकन पनि...

यो नेपालको तषत[२२७] किल्ला हो. यो किल्ला पायो भन्या चारै बादसाह[२२८] लाई वह्राला लाउनैछ. (यो) इस्वरले रचना गन्याको किल्ला रहेछ. स्वधनुपर्नै[२२९] रहेनछ. सिवपुरि[२३०] १, फुल्चोक्[२३१] २, चण्डागिरि[२३२] ३, महादेउपोषरि[२३३] ४, पालु[२३४] ५, दाप्चा[२३५] ६, काहुल्या[२३६] ७, ईनमा पनि किला पकी बनाउनु. ...

— — — — — —

(त्यति बेला त्यहाँ) गएर लडाइँ नगर्नू, झिकेर (= पहाडी प्रदेशमा ल्याएर मात्र) लडाइँ गर्नू । (यसो गरेमा) चुरे (पहाडका) घाँटी(हरू)मा (त्यो शक्ति) खुबै काटिनेछ । (यसो गर्न सकेमा हाम्रो) पाँचसात पुस्तासम्मलाई (पुग्ने खरखजाना) (पनि) मिल्नेछ । श्री गङ्गा (नदीसम्म हाम्रो देश)को साँध पनि लाग्नेछ । लडाइँमा (लड्न) सकेन भने लोलोपोतो तथा (अन्य) अनकौं छलकपट(हरू) गरेर भए पनि (त्यस शक्तिले यहाँ आउने प्रयास गर्नेछ) ।

(यो) नेपालको तखत (भनेको एउटा प्राकृतिक) किल्ला हो । यस किल्ला(लाई त्यसले) पायो भने (संसारका चारै ओटा बादशाहलाई ओरालो लगाइदिनेछ । (यथार्थमा यो राज्य) ईश्वरले (आफैंले नै) रचना गरेको किल्ला रहेछ । सोध्नुपर्ने रहेनछ । शिवपुरी(मा)- १, फूलचोकी (मा) - १, चन्द्रागिरि(मा) - १, महादेवपोखरी(मा) - १, पालुङ(मा) - १, दाप्चा(मा) - १, (र) काहुले(मा) - एक (समेत गरी) यी (सातै ठाउँ) मा किल्ला पनि पक्की बनाउनू ।

... किल्लापिछे तोप लम्छट्[२३७] गरि राषीदिनु र जति भन्ज्यां[२३८] ई छन्. भन्ज्यांपीछे यक यक फलामे ढोका[२३९] बनाई ढोकापिछे यक यक तोप लम्छट्[२४०] गरि राषीदिनु र पपांच सिपाहि राषीदिनु र यस्व भयापछि चेवा गर्न्या चर्चा गर्न्या भागन्या नास्न्या.[२४१] ढुकुवा.[२४२] फसादि.[२४३] षुनि[२४४] यस्ताहरूको पनि केही चल्नेछैन. चारै बादसाही चढाइँ गरि आयो भन्या पनि कसैको केही चल्न्य रहनछ.

उप्रान्त राजा राम शाह[२४५] ले बाध्याको थिति पनि हेरिसके. राजा जयेथिति मल्ले[२४६] (मल्लले) बाध्याको थिति पनि हेरिसकैं. राजा महीन्द्रमल्ल[२४७] ले बाध्याको थिती पनि हेरिसकें. इस्वर[२४८] ले दियो भन्या

म पनि यस्ता बन्देज[२४९]को बाऱ्ह हजार[२५०]को थिति बांधि जाला भन्या अवीलाषा[२५१] थियो.

— — — — — —

किल्लैपिच्छे तोप (हरूलाई) लमछट गरी राखिदिनू । (माथि उल्लेख भएका) जति (पनि) भन्ज्याङ्हरू छन् (तिनमा) भन्ज्याङैपिच्छे एकएक ओटा फलामे ढोकाहरू बनाई ढोकैपिच्छे एकएक ओटा तोपहरू लमछट् गरी राखिदिनू र (ढोकैपिच्छे) पाँचपाँच (जना) सिपाहीहरू (पनि) राखिदिनू । यसो गरेमा चेवा गर्ने, चर्चा गर्ने, भाग्ने, हराउने, ढुकुवा (बस्ने, दङ्गा) - फसादी (गर्ने तथा) खुन (गर्ने)हरूको पनि केही चल्नेछैन । (यसो गर्न सकेमा संसारमा रहेका) चार ओटै बादशाहहरूले (यहाँ एकैपटक) चढाइँ गरेर आए भने पनि कसैको केही चल्ने रहेनछ ।

उप्रान्त (पहिलेका) राजा राम शाहले बाँधेका स्थिति (बन्देजहरू) हेरिसकें, राजा जयस्थिति मल्लले बाँधेका स्थिति (बन्देजहरू) हेरिसकें (र) राजा महेन्द्र मल्लले बाँधेका स्थिति (बन्देजहरू) पनि हेरिसकें । (यसैले) ईश्वरले दिए भने (अब) म (आफैंले) पनि यस्ता (स्थिति) बन्देजको बाह्र हजार घरधुरी (भएका गोर्खालीहरू)को स्थिति (बन्देज पनि) बाँधेर जाउँला भन्ने (मेरो पनि) अभिलाषा (रहेको) थियो ।

पुरुव पछिम्को[२५२] रस्ता[२५३] बन्ध गरि नेपालको रस्ता चलाई दिउँला, आफ्ना आफ्ना जात विसेषको कर्म गर्नु (भन्ने) भन्देज गरि जाला (भन्ने पनि मेरो मनमा अभिलाषा रहेको थियो) ।

यो तिन सहर[२५४] भन्याको चिस्व ढुंगो[२५५] रहेछ. षेलषाल[२५६] मात्र ठुलो रहेछ. कुप[२५७] को पनि पानि षान्याछेउ बुधि[२५८] पनि हुँदैन. सुरो[२५९] पनि हुँदैन. षेलषाल मात्रै हंदो रहेछ. **मेरा मनसुवा ता दहचोक्मा दरबार बनाउला र चारै दिसा थरघर[२६०]को. गुरू प्रोहित. भैयाद. भरादार. मिर उमराउ[२६१] को घर बनाई छुट्टा दरबार बनाउला र ई तिन सहरमा ता दरबारबाट स्वषसयल[२६२]लाई मात्रै जाला भंन्या यस्तो अविलाषा[२६३] थीयो.**

— — — — — —

पूर्व तथा पश्चिमका बाटा(हरू) बन्द गराई नेपालको बाटोलाई (मात्र) चलाइदिउँला, (देशका सबैले) आआफ्ना जातअनुसारका काम (हरू) गर्नू

भन्ने बन्देज (पनि) बाँधेर जाउँला (भन्ने मेरो मनको अभिलाषा रहेको थियो । तर मेरो (मनमा रहेको) यो अभिलाषा मनको मनैमा रहिरह्यो ।

(उपत्यकाभित्र रहेका) यी तीन सहरहरू भनेका (त) चिसा ढुङ्गा (हरू जस्ता पो) रहेछन् । यहाँ त खेलखाल मात्र धेरै (हुँदा) रहेछन् । कुवा (इनार)को पानी खानेहरूको त बुद्धि हुने (रहेनछ र यस्ता मानिसहरू) शूरा पनि हुँदा (रहेनछन्) । यहाँ त खेलखालहरू मात्रै (धेरै हुने) रहेछ । मेरो मनसुवा त दहचोक(को डाँडा)मा (आफ्नो) दरबार बनाउँला र (दरबारका) चारै दिशामा थरघरका, गुरूपुरोहित(हरूका), भैयाद(हरूका), भारदार(हरूका) र मिरउमराव(हरूका पनि) घर(हरू)मा त (आफ्नो) दरबारबाट (बेलाबखत) सुखसयललाई मात्र जाउँला भन्ने अभिलाषा (रहेको) थियो ।

— — — — — —

उप्रान्त ॥ देस[२६४]का माहाजन्[२६५]लाई गोडप्रसाह[२६६]देषी उभो[२६७] आउन नदिनु. देसका माहाजन्हरू हाम्रा मलुकमा आया भन्या दुनिआं कंगाल गरि छाड्दछन्. हामीले च्यांगापांगा[२६८] लाई[२६९] तिन सहर नेपाल[२७०] र नौलाष् किरायत[२७१] र हिन्दुपतिको राज[२७२] अर्ज्यथ्येउ.[२७३] देसका कपरा लगाउनलाई मन्हाई[२७४] गरिदिनु. आफ्ना देसका कपरा बन्न जान्यालाई नमना देषाई सधाउनु[२७५] र बन्न लाउनु र यस्व भया नगद देस जादैन.

आफ्ना देसको जिनीस्[२७६] जरिबुटि[२७७] देस लैजानु र नगद षैचनु.[२७८] नगत षैचि राषनु र प्रजा मोटा[२७९] भया दर्बार[२८०] बलियो रहन्छ. राजा भंडार भन्याका रैतानहरू[२८१] हुन्.

उप्रान्त (वि)देशका महाजन(हरू)लाई पर्सागढीदेखि उभो आउन नदिनू । विदेशका महाजनहरू हाम्रा मुलुकमा आए भने (उनीहरूले यहाँका) जनतालाई कङ्गाल (नै) गराई छोड्छन् । हामीले च्याँगापाँगा लगाएर (नै यो) तीन सहर नेपाल, नौ लाख किराँत र हिन्दुपतिको राज्य (पनि) आर्जन गरेका थियौं । (यसैले नेपाली जनतालाई) विदेशी कपडा लगाउन मनाही गरिदिनू । आफ्नै देशका कपडा बुन्न जान्ने (मानिसहरू) लगाई नमुना देखाएर सिकाउनू र बुन्न लगाउनू । यसो भए(मा आफ्नो देशको) नगद विदेशमा जान पाउँदैन ।

आफ्नो देशका जिनिस (तथा अन्य) जडीबुटी(हरू पनि) विदेश(तर्फ) लैजानू र (त्यहाँबाट) नगद (रकम आफ्नो देशतर्फ) खैंचनू । नगद (रकम जरी हुन्छ आफ्नै देशमा) खैंचिराख्नू । प्रजा मोटा (=समर्थ) भए (भने) दरबार (पनि) बलियो रहन्छ । राजाका भँडार भनेका रैतीहरू (नै) हुन् ।

मुलुकमा ईजारा[२८२]पनि नदिनु. सर्षारबाट अमानित्[२८३] राषि सर्षारिया तहसिल[२८४] राषी सलवसाल्[२८५]को कचा[२८६] लिनु. क्या चुनी सिपाई भया. क्या भैभारदार भया. इनलाई दवलथ[२८७] कमाउन नदिनु. आदमी हेरि हुर्मत्[२८८] मात्रै राषीदिनु. क्यान भनौला. दवलथ भयाकाले तरबारमा पसि मर्न मार्न सकैनन् र हरिप[२८९]को चमक्[२९०] हुन्छ. सिपाहि भैभारदारले स्वष[२९१] गरेनन् भन्या चारै षुट्[२९२](मा) मेरा तरबार बज्नैछ. स्वषमा पसो भन्या[२९३].

मेरा साना दुषले आर्ज्याको[२९४] मुलुक होइन. सबै जात[२९५]को फुलबारि हो. सबैलाई चेतना भया. यो फुल्बारि[२९६]हो । सबैलाई चेतना भया. यो फुल्बारिको छोटा बडा चारै जात छत्तिसै वर्न[२९७]ले (यसलाई सम्भार गर्नुपर्छ).

— — — — — —

देशमा इजारा पनि (कसैलाई) नदिनू । सरकारबाट नै अमानतमा सरकारिया तहसिल (अड्डा) राखी सामसालैको कच्चावारी (हिसाब) लिने गर्नू । चुनिएका (राम्राराम्रा) सिपाही भए (पनि र) भाइभारदार (हरू नै) भए (पनि) यिनी(हरू कसै)लाई (पनि धन) दैलत(हरू) कमाउन नदिनू । मानिस(हरू) हेरी (उनीहरूको औगातअनुसार) हुर्मत मात्रै राखिदिने गर्नू । किन ? (भनी) भनौंला । (किनभने) दौलत भएका (मानिसहरू) तरबार (हरूको काम) मा पसी (स्वयम्) मर्न तथा (विपक्षीहरूलाई) मार्न (पनि अग्रसर हुन) सक्नेछैनन् । (यसो भएमा देशमा) हरिप (हरू)को चमक (हुने) हुन्छ । सिपाही(हरू तथा अन्य) भाइभारदार(हरू)ले पनि सोख (सयलहरू) गरेनन् भने चारैखुटमा मेरो तरबार बज्नेछ । (देशका सिपाही तथा भाइभारदारहरू) सोख(सयल)मा पसे भने (अनर्थ हुनेछ) ।

(यो) मेरो सानो दुःखले आर्जिएको मुलुक होइन । (यस मुलुकको आर्जनमा देशका) विभिन्न जात तथा जातिका धेरै नागरिकहरूको परिश्रम

परिरहेको छ । यसैले यो मुलुक सबै जात तथा जातिहरूको (साझा) फूलबारी हो । सबैलाई (यस कुराको) चेतना भए (राम्रो हुने थियो) । यस फूलबारीलाई सानाठूला चार वर्ण छत्तीसै जात(का जनता)ले (समान रूपले सम्भार गर्नुपर्छ) ।

यो असिल् हिन्दुस्थाना[२९८] हो. आफ्ना कुलाधर्म[२९९] नछोड्नु. ष्वामित्[३००] को नुन्[३०१] को उधार गर्नु. कालुकबर्दार[३०२]का सन्तानलाई कबर्दारि नछुउनु. दषिन[३०३]को घाहा सिवराम बस्न्यात्का सन्तानलाई नछुटाउनु. भोट[३०४]को घांहा[३०५] कालु पाडेका सन्तानलाई नछुटाउनु.

पाडे बस्न्यात् पंथ भैयाद[३०६] मग्र[३०७]लाई मारातप्[३०८] दिदा आलोपालो गरि षान दिनु. ई मेरा नुन् गुन्[३०९]का स्वझा[३१०] सेवक हुन्.[३११] ईनीहरूको जीव[३१२]जान्या बिराम[३१३] गर्‍याको भया पनि आफूले नमार्नु. बरू मारातप् दिएर लडाञीमा झोसिदिनु[३१४]र जिव जोगाई आयो भन्या बढिया भयो. मरि गयो भन्या आफुले मार्नु(भन्दा) अर्कैबाट मारिदियाको बढिया हुन्छ. तब राजाले सेवकलाई घर[३१५] मा नमार्नु.

— — — — — —

यो वास्तविक हिन्दुस्थान हो । (यहाँका नागरिकहरूले) आफ्ना कुलका (परम्परागत) धर्म(हरूलाई कहिल्यै पनि) नछोड्नू । (आफ्ना) ख्वामित (हरू)को नुनको उद्धार (सबैले) गर्ने गर्नू । कालु कपर्दारका सन्तानलाई कपर्दारी(को पदबाट) नछुटाउनू । भोट(सँग)को घा (राख्ने कामबाट) कालु पाँडेका सन्तानलाई (कहिल्यै पनि) नछुटाउनू ।

पाँडे, बस्नेत, पन्त, भैयाद (तथा) मगर (आदि भाइभारदार हरूलाई) 'माराताप' दिंदा (पनि) पालैपालो गरी खान दिने गर्नू । (किनकि) यिनीहरू (भनेका) मेरा नुन तथा गुनका सोझा सेवक(हरू) हुन् । यिनीहरूले ज्यान (नै) जाने गरी बिराम गरेका भए पनि (यिनीहरूलाई) आफूले नमार्नू । बरू 'माराताप' दिएर लडाइँमा झोसिदिनू । (यसरी सोझिदिंदा उसले आफ्नो) जिउलाई जोगाइआयो भने बढिया (नै) भयो । मरेर (नै) गयो भने (पनि) आफूले मार्नुभन्दा अर्कैबाट मारिएको बढिया हुन्छ । यसैले राजाले (आफ्ना) सेवक(हरू)लाई (आफ्नो) देशमा (कहिल्यै पनि) नमार्नू ।

तब राजाले ठुलो निञा[३१६] निसाफ हेर्नु. अंन्याय मुलुकमा हुन नदिनु. निञानिसाप बिगार्‍र्या भन्याको घुस्[३१७] दिन्या र घुस षान्या (हुन्).

ईन दुईको ता धनजिव[३१८] गरि लियाको पनि पाप छैन. ई राजाका महासतुर[३१९] हुन्.

उप्रान्त ॥ जढ कुरो[३२०] राजालाई चाहीन्या सिपाहिहरूको घर षेत् मिलाईदिनु र मल् जल् गर्छन् र दुवै बोटि[३२१] भित्र हाल्न पाउछन् र कबिला[३२२]को निर्फिक्रि[३२३]हुन्छ. ढोका[३२४]मा भया पनि गौडा[३२५]मा भया पनि सिपाहिहरूको छाति बलियो रहन्छ.[३२६] पजनि[३२७] गर्दामा पनि सये नाल[३२८]का कम्पनी[३२९] जमाउनु र सये नालका सुबेदार[३३०] चार पाच लडाउीमा जस पाई आयाका यस्ता आफुले जाचि सुबेदार हाल्नु.[३३१] सुबेदारले पनि सातपगरि[३३२] दुई चार बाढ[३३३] षायाका यस्ता सातपगरि.

– – – – – –

राजाले (देशमा) न्याय तथा निसाफ राम्ररी हेर्ने गर्नू । मुलुकमा (कुनै पनि किसिमका) अन्याय हुन नदिनू । (देशमा) न्याय (तथा) निसाफ बिगार्ने भनेका घुस दिने तथा घुस खाने (व्यक्तिहरू नै) हुन् । यी दुई (थरी व्यक्तिहरू)को त धन तथा जिउ (नै जफत गरी) लिएमा पनि पाप (लाग्ने) छैन । यी (दुई थरी व्यक्तिहरू त) राजाका महाशत्रु (नै) हुन् ।

उप्रान्त जड कुरा राजालाई (खास) चाहिने (भनेका) सिपाहीहरू (नै हुन् । यिनीहरूका निमित्त) घर (तथा) खेत(हरू) मिलाइदिनू । (यसो भएमा त्यस जमिनमा उनीहरूले आफैंले मलजल गर्छन् र दुवै बोटी(हरू आफ्नै घर) भित्र हाल्न पाउँछन् । (यसो भएमा) कविल(हरू)को (चिन्ताबाट उनीहरू) निष्फिक्री हुन्छन् । (राजाको) ढोकामा रहे पनि (गढी तथा) गौडामा रहे पनि सिंपाहीहरूको छाती बलियो रहने हुन्छ ।

(सैनिकहरूको) पजनी गर्दामा पनि (एक) सय नालको 'कम्पनी' बनाउने गर्नू । एक सय नाल (भए)को (कम्पनीका निमित्त एक जना सुबेदार (को हिसाबले भर्ना गर्दा) चारपाँच लडाइँमा जस पाइआएका (व्यक्ति) लाई (मात्र) आफूले (नै) जाँची सुबेदार (को पदमा) हाल्नू । सुबेदारले पनि (आफूअन्तर्गत रहने) 'सातपगरी'(हरू भर्ना गर्दा लडाइँमा) दुईचार प्रहार(हरू) खाएका (अनुभवी व्यक्तिहरूलाई मात्र हेरेर) सातपगरीहरूमा...

– – – – – –

... हाल्नु. सातपगरिले स्वद्र हुदा[३३४] हाल्दा आफुसित मेर्ने मार्न्य जाची १६ हुदा हाल्नु. १६ हुदाले पनि आफुसित मेर्न मार्न्य जाची सिपाही हालि आफ्ना आफ्ना पट्टि[३३५] भर्ना गर्नु. पट्टीपट्टिमा सिपाहि पनि षस् मगर गुरू[३३६] ठकुरि इनै चार जात मात्रै षिचोला गरि हाल्नु र तर्वार पर्दा साह्रो[३३७] हुन्छ.

लुहा[३३८] च्यापन्या[३३९] पनि इनै चार जात[३४०] मात्रै हुन् र तरबार पर्दा साह्रो हुन्छ र बैरि[३४१] त क्या इन्द्र[३४२] को आसन् पनि डगाईछ[३४३]. हजारौं धना[३४४] हजारौं पथर्कला.[३४५] हजारौं षुडा.[३४६] हजारौं तोप[३४७] भया इन्द्रको आसन पनि डगाईछ.

हाल्नू । 'सातपगरी'हरूले (पनि आफूअन्तर्गत रहने) १६ 'हुद्दा'(हरू) भर्ना गर्दा आफूसित मर्न (तथा विपक्षीहरूलाई) मार्न(का) निमित्त पनि तयार हुने वा नहुने राम्रोसँग) जाँची (योग्य देखिएमा मात्र) १६ हुद्दा (हरूमा) भर्ना गर्नू । (यसै गरी) १६ हुद्दाहरूले पनि आफूसित मर्न वा विपक्षीहरूलाई मार्न(का निमित्त तयार हुने वा नहुने राम्रोसँग) जाँची सिपाही (हरूमा) भर्ना गरेर आआफ्ना 'पट्टि' (हरू) भर्ना गर्नू । पट्टीपट्टीमा सिपाही (हरू भर्ना गर्दा पनि खस, मगर, गुरूङ (तथा) ठकुरी यिनै चार (थरी) जातलाई मात्र छ्यासमिस गरी भर्ना गर्ने गर्नू । (यसो गरेमा) विपक्षीहरूसँग तरबार(को काम आइ) पर्दा आफ्नो बल दह्रिलो हुने हुन्छ । हातहतियारहरू भिर्ने (पनि यथार्थमा माथि उल्लेख भएका) यिनै चार जात(हरू) मात्र हुन् । (यिनीहरूलाई सशक्त तुल्याएमा मात्र) तरबार (को काम आइ) पर्दा आफ्नो दह्रिलो हुने हुन्छ र (यसो गरेमा) वैरी (हरूको) त के (कुरा ? स्वयम् देवराज) इन्द्रको आसन(लाई) पनि (सजिलैसँग) डगाउन सकिन्छ । हजारौं धनु, हजारौं बन्दुक, हजारौं खुँडा (र) हजारौं तोप(हरू) जम्मा (गर्न) सकिएमा इन्द्रको आसन(लाई) पनि डगाउन सकिन्छ ।

लडाञीमा पनि हान्न्या[३४८] र सष दिन्या[३४९] ई दुवै बरोबर हुन्. जागिर दिदा बितल्[३५०] दिदा दुवैलाई बरोबर दिनु. मन्यो भन्या उस्का छोरा षुडा हान्न्या नहुन्ज्याल् मरवट्[३५१] दिनु. षुडा हान्न्या भयापछि जागिरमा उकालिदिनु[३५२] र राजाले विवेक राषीदिया देसदेस[३५३]का सिपाहि पनि आसा राखी आउन्छन् र यस्व भया तरवारिया[३५४] सिपाहि हात लाग्छन्.[३५५]

राजाका सार[३५६] भन्याको सिपाहि र रैति[३५७]हरू हुन्. राजा चतुर[३५८] भया सिपाहि र रैति हात हात गरि राष्नु र हुल्कुल्[३५९] हुन पाउँदैन । सिपाहि भन्याको तिषारि राषनु.[३६०] तिषारिराष्याका सिपाहि कसैका मलाजामा[३६१] पस्तैनन् र आफ्नु काज[३६२] फत्य[३६३] हुन्छ.

— — — — — —

लडाइँ (का कामहरू)मा पनि (हरियारहरूले) प्रहार गर्ने तथा साथ दिने यी दुवै (थरी) बराबर (नै) हुन् । जागिर दिँदा (तथा) वितलब दिँदा (पनि यी) दुवै (थरी) लाई बराबरी (गरी) दिनू । (कदाचित् ऊ लडाइँमा) मऱ्यो भने उसको छोरो (समर्थ भएर) खुँडा हान्न (समर्थ) नभएसम्म (उसको परिवारलाई) 'मर ओटै' दिनू । खुँडा हान्न (सक्ने) भएपछि (भने उसलाई) जागीरमा उकालिदिनू । (यसरी) राजाले (आफ्ना सैनिकहरूमाथि) विवेक राखिदिएमा देशविदेशका सिपाही(हरू) पनि (नोकरीको) आशा राखी (यहाँ) आउनेछन् र यसो भएमा तरबारीया सिपाही(हरूलाई आफ्नो) हातमा पार्न सकिनेछ ।

राजाका सार भनेका सिपाही तथा रैतीहरू (नै) हुन् । राजाहरू चतुर भएमा सिपाही तथा रैतीहरूलाई (पनि) हात लिइराख्नू । (यसो भएमा देशमा) हुलकुल हुन पाउँदैन । (आफ्ना भएका) सिपाहीहरूलाई (सधैं नै) तिखारी राख्नू । तिखारी राखेका सिपाहीहरू कसैको मुलाहिजामा पस्दैनन् र आफ्नो काम (पनि) फत्य हुन्छ ।

— — — — — —

गुरूं मगर षान्ज्यादा[३६४] भैयाद[३६५] भारदार मिर उमराउ[३६६] थरघर[३६७] पुराना पुराना जाची घुंडा[३६८] गौंडा[३६९] मा राषनु. पुर्‍व पछिम्का षस बाहुन्[३७०] लाई दरबारमा पैठ्[३७१] हुन नदिनु. क्यान भनौला बाहिडा[३७२] मान्छ्याले दरबारमा विथिति[३७३]गराउछन्.

राजाको हुकुम जफत[३७४] गरि राषनु. मैले तिं थुम्[३७५] का बऱ्हाहा उमराउ[३७६]लाई ईन्द्रवज्र[३७७] तुल्याई राष्याथ्या: नगरा[३७८] निसान[३७९] पनि दिई राष्याथ्यां. बाह्रबिसको गाडो[३८०] बाधी दियाको थीयो र सल्ल्यान्[३८१] लिग्लीग्[३८२] धादिं[३८३]का मुहुडा[३८४] मा जाहा जाहा काज पर्थ्यो. फत्य गर्थ्या र यो अैस्वर्जे[३८५] गऱ्याको हो.

— — — — — —

गुरूङ, मगर, खानज्यादा, भैयाद, भारदार, मिरउमराव (तथा) थरघरहरू पुरानापुराना जाँची घुँडा (तथा) गौडा(हरू)मा (पनि) राख्ने गर्नू । पूर्व (तथा) पश्चिमका खस (एवम्) बाहुनहरूलाई दरबारमा पैठ हुन नदिनू । किन ? (भनी) भनौला । बाहिरका मान्छे(हरू)ले दरबारमा बेथिति गराउँछन् ।

राजाको हुकुम(लाई) जफत गरी (आफ्नै अधीनमा राखि) राख्नू । मैले तीन थुमका वराह उमराव(हरू)लाई (देवराज) इन्द्र(को) बज्र (जस्तै बलियो) तुल्याएर राखिरहेको थिएँ । (तिनीहरूलाई छुट्टै) नगरा तथा निशान(हरू) पनि दिइराखेको थिएँ । (यस्तै तिनीहरूलाई) बाइबीसमा गाँठा(हरू पनि) बाँधिदिएको थिएँ । (यसैले) जहाँ (जहाँ तिनीहरूको) काम पर्थ्यो (त्यहाँत्यहाँ तिनीहरूले त्यस कामलाई) फत्य नै पारिदिन्थे र (यसबाट नै मैले अहिले) यस ऐश्वर्य(लाई उपभोग) गरिरहेको हूँ ।

– – – – – –

आफ्ना घर[३८६]का पुराना सेवक जाची हजुर[३८७]मा हरोदम्[३८८] राषी दरोबस्त[३८९] बाधि घर बलियो राषनु. यस्व भया दरबार बलियो रहन्छ. राजाको चतुराई भया सिपाही रैति हात गरि राषनु.[३९०] कसैका मलाजा[३९१] पछि गुण[३९२] पछी लाग्नु नदिनु. नुन्[३९३] पछि लाउनु.

उप्रान्त ॥ टक्सार[३९४] पनि चोषो चलाउनु.[३९५] अदालथ[३९६]मा पनि ठकुरि[३९७]जाचि डिष्ठा[३९८] राष्नु. मगर जांचि विचारि[३९९] थापनु.[४००] कचहरि[४०१] पिछे यक् यक् पण्डित राषी निआसास्त्र[४०२] बमोजिम् अदालथ चलाउनु. अदालथको पैसा दरबारभित्र नहाल्नु.[४०३]

– – – – – –

आफ्ना घरका पुराना सेवक(हरूलाई) जाँची (उनीहरूलाई आफ्ना) हजुरमा हरदम राखी बन्दोबस्त(हरू) बाँधी (आफ्नो) देशलाई (सदैव) बलियो राख्नू । यसो भए(मा मात्र) दरबार बलियो रहन्छ । राजाहरूमा चतुऱ्याइँ भए (आफ्ना) सिपाही तथा रैतीलाई (पनि सधैं नै) आफ्नो हातमा (लिइ) राख्नू । कसैको मुलाहिजाको पछि र गुनको पछि (पनि) लाग्न नदिनू । नुनको पछि (मात्र) लगाउनू ।

उप्रान्त, टक्सार(लाई) चोखो चलाउनू । अदालतमा (कर्मचारीहरू भर्ना गर्दा) पनि 'ठकुरी'(हरूमध्येबाट) जाँची 'डिठ्ठा' (को पदमा)

राख्नू । (यसै गरी) मगर(हरूमध्येबाट जाँची) 'विचारी'(को पदमा) थपना गर्नू । कचहरी(हरू)पिच्छे एकएक (जना) पण्डित राखी न्यायशास्त्रबमोजिम अदालत चलाउनू । अदालतका पैसा(हरू) दरबारभित्र नहुल्नू ।

– – – – – –

.... फकिर[४०४] फकिडा[४०५] अतित[४०६] जोगि[४०७] सन्न्यासि[४०८] ब्राह्मणहरू इनैलाई दक्षिना[४०९] भोजन[४१०] चलाईदिनु.[४११] उप्रेका[४१२] पैसा दक्षिना चलाई धोती रूमाल चलाईदिनु. यस्व भया असत्य[४१३]को दोस्[४१४] लाग्दैन.

षानी[४१५] भयाका ठाउमा गाउ भया पनि गाउ[४१६] अरू जग्गामा सारिकन पनि षानि चलाउनु. गह्रौ[४१७] बन्या जग्गामा घर भया पनि घर अरू जग्गामा सारि कुलो काटि[४१८] षेत[४१९] बनाई अबाद गर्नू.

उप्रान्त ॥ कोही वेलामा हात दिना[४२०]मा पस्या र मलाई झिकाया[४२१] र पछाडि दगा दिया र महादुष[४२२] गरि पछाडि सुद्ध[४२३] गरि नेपाललाई मुर्चा[४२४] लाआथ्याः

– – – – – –

(बरू) फकिर, फकिडा, अतिथि, जोगी, सन्न्यासी (तथा) ब्राह्मणहरूलाई दक्षिणा (एवम्) भोजन(हरूका निमित्त) प्रयोग गरिदिनू । उब्रिएको पैसा (पनि) दक्षिणा(का निमित्त) चढाई धोती (एवम्) रूमाल(का निमित्त) चलाइदिनू । यसो भए(मा) असत्यको दोष लाग्नेछैन ।

खानी भएको ठाउँमा गाउँ (बसिरहेको) भए (त्यस गाउँ)लाई अरू ठाउँमा सारेर (भए पनि त्यहाँ रहेको) खानी (लाई) चलाउनू । (यस्तै) खेत बन्न सक्ने जग्गामा घर(हरू बसिरहेका) भए (ती) घर(हरू)लाई अन्यत्र (उपयुक्त ठाउँमा) सारी कुलो काटेर खेत बनाई आबाद गर्ने गर्नू ।

उप्रान्त (पहिले) कुनै बेलामा (भक्तपुर राज्यका राजा रणजित मल्लले) हात दिनमा पसी मलाई (आफ्नो देशमा) झिकाएका र पछाडि (भने) दगा दिएका थिए । (यस अवस्थामा) ठूलो दुःख गरी (मैले) पछाडि (तर्फ) शुद्ध लगाएर (मात्र) नेपालमाथि (चारैतर्फबाट) मोर्चा लगाइदिएको थिएँ ।

जयप्रकास मल्लाका मतलप्[४२५]लाई दषिन[४२६]बाट नागा[४२७] झिकाया र नेपालभित्र पस्न नदि सातगाउ[४२८] भित्रैमा भिजाआं.[४२९]

कास्मेरिषान्[४३०] नवाफ मकवानपुरमा चढ्यो र छअबिस्[४३१] षोडा[४३२]ले काटि[४३३]घर्काइ[४३४] सिवाना कटाई आञां. तिन् चार पल्टन् लिएर सिडुलिगढि[४३५]मा हांडीसाहेब[४३६] चढ्यो र वावाही पनि काटि पर्थर्कला[४३७] च्याति[४३८] ल्याञा र लषनै[४३९]बाट तिन मुस्ल्मा[४४०] मेरो चाकरिलाई नुवाकोटमा पिछा परि आयाका थिया. ....

– – – – – –

(राजा) जयप्रकाश मल्ल(ले उन)को आफ्नो मतलबका निमित्त दक्षिण (तिर)बाट 'नागा' (सैनिकहरूलाई) भिकाएका(का थिए) । मैले ती (सबै) नागा सैनिकहरूलाई नेपालभित्र पस्न नै नदिई सात-गाउँभित्र नै (रगतले) भिजाइदिएको थिएँ ।

(यसै गरी) 'कासिमअली खाँ' (नाम भएको एक जना) नवाफ (पनि) मकवानपुर (को गढी)मा चढ्यो र एक सय बीस जना खुँडाधारी सैनिकहरूलाई (पठाएर) (त्यसलाई) काटी (त्यसका सैनिकहरूलाई त्यहाँबाट) घर्काई (आफ्नो देशको) सिमाना (भन्दा पारिपट्टि) कटाएर आएको थिएँ । (यस घटनाको केही वर्षपछि) तीनचार पल्टन(हरू)लिई सिन्धुलीगढीमा 'हार्डिङ' (नाम भएको अर्को एक जना अङ्ग्रज) साहेब पनि चढ्यो र त्यहाँ पनि (उसका सैनिकहरूलाई) काटी (उसका) पत्थरकला(हरू)लाई (त्यहाँबाट) खोसेर ल्याएको थिएँ । (त्यति नै बेला) लखनउबाट तीन (जना) मुसलमान (कालिगडहरू) मेरो चाकडीका निमित्त नुवाकोटमा पिछा पर्न आएका थिए ।

... ***ईनै बन्दुकको तुल कलायेत[४४१] तिनै मुसरमानले जान्याको रहेछ र सेष जरवर ममतकि भोषार्सि तिनै जनालाई अजिटनी[४४२] दियाँ र तिलंगा[४४३] सधायाको हो.***

नेपालको किताप[४४४] हेर्दा तुर्काना[४४५] मंग्रात्[४४६] मुग्लाना[४४७] हुन्या रहेछ र तुरकाना अघि भैगयेछ.[४४८] मगरात्को राजा मै हुं. मुग्लानाको दोस्[४४९] मेट्नालाई आधा थुम मेटि[४५०] कंपनी जमायाको[४५१] हो. आधा षुडा[४५२] आधा पथरकला[४५३]बनायाको हो.

– – – – – –

(कासिमअली खाँ तथा अङ्ग्रेजहरूसँगबाट खोसेर ल्याइएका) यिनै बन्दुक(हरू)को तुलकलायत(को काम) तिनै मुसलमानहरूले जानेका

रहेछन् र 'शेखजोराबर', 'ममतकि' र 'भेखार्सिङ' (नाम भएका) यी तीनै जना (मुसलमान)लाई (मैले पल्टनमा) अजिटनी दिएर राखेको थिएँ र (यिनीहरूकै सहयोगबाट आफ्नो देशमा) तिलङ्गा (सैनिकहरूलाई) सधाएको हूँ । नेपालको किताब(लाई) हेर्दा (यो देश) तुर्कना, मगराँत तथा मुगलाना (पनि) हुन्छ (भन्ने लेखिएको रहेछ । यसमध्ये) तुर्कना अगाडि (नै) भइसके(को रहेछ) (मगराँत हुनेछ भन्ने भनाइको सम्बन्धमा) मगराँतको राजा (भनेको) म (नै) हुँ । (यसैले यो दोष पनि अहिलेसम्ममा मेटिइसकियो) । (एक पटक) मुगलान (बन्छ भन्ने भनाइ)को दोष मेट्नलाई (मैले आफ्नो राज्यमा भएका थुमहरूमध्ये) आधा थुम(हरूलाई) मासेर (भए पनि मुगलानलाई (मैले आफ्नो राज्यमा भएका थुमहरूमध्ये) आधा थुम (हरूलाई) मासेर (भए पनि मुगलानामा जस्तै यहाँ पनि सेनाका) कम्पनीहरू जमाएको हूँ । (यसैअनुसार) आधा खुँडा(हरू बोक्ने) र आधा पत्थरकला(हरू बोक्ने सैनिकहरू) बनाएको हूँ ।

\- - - - - -

... सहे[४५४] नाल[४५५]का कम्पनी[४५६]ले छरितो हुन्छ र यस्व भया सये नालका कम्पनिले हजार जवान्लाई पाउछ.[४५७] किल्ला किल्लापिछे यक् यक् कम्पनी राषी गर्षा[४५८] बाडिदिनु र जगेरा बाधी[४५९] भरि राष्नु.[४६०]

उप्रान्तः ॥ः मलाई यवटा[४६१] कुराको संध्यह[४६२] लागिरहेछ. कुन् कुरो भन्या मुगलाना[४६३] नजिकै रहेछ. तेस् जग्गामा छोकडा[४६४] पत्रीया[४६५] रह्याछन्. चित्रकार भन्याको[४६६] कोठामा ढोल्क[४६७] सितार[४६८] राग[४६९] तान्[४७०] मा भुल्नन्.

\- - - - - -

(एक) सय नालको (एक) कम्पनी(को हिसाब)ले (सैनिकहरूको सङ्गठन गर्दा यस्तो कम्पनी) छरितो हुने रहेछ र यसो भएमा (एक) सय नालको कम्पनीले (एक हजार जवानसम्म)लाई (पनि सजिलै) भ्याउने रहेछ । किल्लाकिल्ला(हरू) पिच्छे एकएक कम्पनी (सैनिकहरू) राखी (उनीहरूको खान्गीका निमित्त) 'गर्खा'(हरू) बाँडिदिनू र जगेडामा (रहेका सैनिकहरूको लागत) बाँधी (जीविका चलाउनका निमित्त उनीहरूलाई आवश्यक खर्चहरू नियमित रूपमा) भरिराख्ने गर्नू ।

उप्रान्त मलाई एउटा (गम्भीर) कुराको सन्देह लागिरहेको छ । कुन कुरा भने (नेपालबाट) मुगलान नजिकैमा रहेछ । त्यस ठाउँमा छोकडा तथा पत्रिया(हरू पनि धेरै हुँदा) रहेछन् । (हाम्रा नवयुवाहरू त्यस्ता ठाउँहरूमा पुगी) चित्रकारी गरिएका कोठा(हरू)मा (पुगेर) ढोलक एवम् सितारका राग (तथा) तान(हरू)मा भुल्लान् (कि भन्ने मलाई अहिले ठूलो चिन्ता लागिरहेको छ) ।

राग तान्मा बडो ठुलो मोहो[४७१] हुन्छ र दवलथ[४७२] पनि षोलिन्छ, देसको भेद[४७३] पनि तिनेले लैजान्छन् र हरिप[४७४]ले दगा[४७५] गर्छ. रागको अभ्यास पनि कसैले नगर्नु. तिन जात[४७६]लाई पहाड आमफदरफ्[४७७] पनि कसैले नषाल्नु[४७८]अथवा फागुलाई यक् दुई गरी झिकि[४७९] चाढै विदा गराईदिनु र देसको भेद पनि पाउदैनन्.

आफ्ना स्वषसयेललाई ता सास्त्रबमोजिम्[४८०]को तिनै सहर नेपाल[४८१]को नेवार[४८२]हरूको नाच झिकाई हेऱ्या पनि हुन्छ. ईनमा ता दियाको पनि आफ्नै देसमा रहंछ. यस्व भया आफ्नु देस गमन[४८३] रहन्छ ॥ ॥ ॥ ॥

— — — — — —

राग(तथा) तानहरूमा (मानिसको) ठूलो मोह (रहेको) हुन्छ र (राग तथा तानका यस्ता जमघटहरूमा) दौलत(का थैलीहरू) पनि प्रशस्त मात्रामा) खोलिने हुन्छ । (यसले गर्दा आफ्ना) देशका भेद(हरू) पनि तिनीहरूले (सजिलैसँग) लैजाने गर्छन् र (आफ्नो देशमाथि) हरिपहरूले दगा गर्ने गर्दछ(न्) ।

(यसैले) राग (तथा तान)को अभ्यास (देशमा) कसैले (पनि) नगर्नू । (छोकडा, पत्रिया तथा गायक यी) तीन (थरी) जातलाई (त) पहाड (तर्फ) आवतजावत (गर्ने बाटो) पनि कसैले नखोल्नू । अथवा (केही गरी खोलिहाले पनि) फागु(को पर्वसम्म)लाई एकदुई (जना) गरी झिकाएर (तिनीहरूलाई) चाँडै नै (यहाँबाट) बिदा गराइदिनू । (यसो गरेमा उनीहरूले हाम्रो देशको भेद पनि पाउनेछैनन् ।

हाम्रा आफ्नो सुखसयललाई त (आफ्नै) शास्त्र(हरू) अनुसारका तीन सहर नेपालका नेवारका नाच(हरूलाई) झिकाई हेरे पनि हुन्छ । यिनीहरूलाई त दिएको पनि आफ्नै देशमा (सुरक्षित) रहने हुन्छ । यसो भए(मा) आफ्नो देश (पनि अगम्य रहने हुन्छ ।

परिशिष्ट (क)

(टिप्पणी तथा व्याख्याहरू)

१. 'श्रीकालिका सहाय' यो वाक्य श्री ५ पृथ्वीनारायण शाहको राज्यकालदेखि श्री ५ राजेन्द्रवीरविक्रम शाहको राज्यकालसम्मका नेपालका प्रत्येक आधिकारिक लेखापढीका कागजमा उठानमा लेखिने प्रचलित चलिआएको थियो । यसै प्रचलनअनुसार यहाँ पनि प्रस्तुत विषयवस्तुमा प्रवेश गर्नुभन्दा पहिले सर्वप्रथम यस वाक्यको उल्लेख गरिएको पाइन्छ । आफ्नो देशकी अधिष्ठात्री श्री गोरखकाली सधैं आफ्नी सहायक भएर रहिरहून् भन्ने कामना गर्दै यहाँ यस वाक्यको प्रयोग भएको पाइन्छ ।

२. गोरखा राज्यका नागरिकहरू भगवती 'गोरक्षकाली' वा 'गोरखकाली'का जति उपासक रहँदै आएका थिए, आफ्ना देशका अधिष्ठान गुरू 'गोरक्षनाथ' वा 'गोरखनाथ'प्रति पनि यिनीहरू उत्तिकै अनुरक्त रहँदै आएका थिए । गुरू 'गोरक्षनाथ' वा 'गोरखनाथ'को नामबाट नै त्यस क्षेत्रको नाम 'गोरखा' रहन गएको पाइन्छ । नाथ सम्प्रदायमा प्रचलित रहिआएको मान्यताअनुसार गुरू गोरक्षनाथ वा गोरखनाथ भगवान् शिवका नै अवतार रहेका थिए । यसैले "मानवका रूपमा जन्म लिएका शिवस्वरूप गुरू गोरखनाथ पनि सधैं नै अफ्ना सहायक भएर रहिरहून्" भन्ने कामना गर्दै यहाँ "शिव गोरक्ष सहाय" यस वाक्यको प्रयोग भएको पाइन्छ ।

३. पुगनपुग ३ वर्षजति राज्य गरी वि.सं. १८३४ को मार्ग महिनामा श्री ५ प्रतापसिंह शाहको २६ वर्षको कलिलो उमेरमा नै देहान्त भएको थियो । यसपछि यिनलाई 'स्वर्गवासी महाराज' र यिनका पिता श्री ५ पृथ्वीनारायण शाहलाई 'बूढा महाराजाधिराज' वा 'बूढा महाराज' भन्न थालिएको थियो । 'बूढा महाराजाधिराज' वा 'बूढा महाराज'लाई नै पछिपछि श्रद्धापूर्वक 'बडामहाराजाधिराज' वा 'बडामहाराज' भन्न थालिएको पाइन्छ ।

४. प्राचीन समयमा नेपाल अधिराज्य विस्तृत भूभागहरूमा फैलिएर रहेको थियो । पछि भने यो राज्य खण्डित भएर मध्ययुगको अन्त्यसम्ममा

यस अधिराज्यभित्र नै वर्तमान काठमाडौं उपत्यका तथा यिनका आसपासका क्षेत्रहरूमा काठमाडौं, भक्तपुर र ललितपुर गरी तीन ओटा अलगअलग स्वतन्त्र राज्यहरू स्थापित हुन आइपुगेका थिए । यहाँ 'तीन सहर नेपाल' भनेर यस क्षेत्रमा स्थापित भएका उपर्युक्त तीन ओटै मल्ल राज्यहरूको सामूहिक स्वरूपतर्फ सङ्केत गरिएको पाइन्छ ।

५. छिमेकमा रहेका अन्य सबै हिन्दू राज्यहरूको करिबकरिब अन्त्य भई भारतमा विधर्मी मुगलहरूको साम्राज्य स्थापित भइसकेकाले 'विजयपुर' राज्यका सनातन धर्मावलम्बी सेन राजाहरूले 'मकवानपुर' एक 'चौदण्डी' राज्यका अन्य सेन राजाहरूले पनि धारण गर्न थालिरहेको पाइन्छ । अहिलेको ओल्लो किरौँत तथा पल्लो किरौँतमा रहेका पहाडी भूभागहरूका साथसाथै नारायणी नदीदेखि कन्काई नदीसम्मका सम्पूर्ण तराई क्षेत्रहरू यिनै तीन ओटा स्वतन्त्र सेन राज्यहरूका राज्य क्षेत्रहरूभित्र आएका थिए । मकवानपुरको सेन राज्य वि.सं. १८१९ मा, 'चौदण्डी'को सेन राज्य वि.सं. १८३० मा र 'विजयपुर'को सेन राज्य वि.सं १८३१ मा नेपाल अधिराज्यमा समाहित हुन आइपुगेका थिए । 'हिन्दुपतिको राज्य' भनेर यहाँ उपर्युक्त तीन ओटै सेन राज्यहरूको सामूहिक स्वरूपतर्फ सङ्केत गरिएको पाइन्छ ।

६. वर्तमान काठमाडौं उपत्यका तथा यसका आसपासका क्षेत्रमा फैलिएर रहेका तीन ओटै मल्ल राज्यहरूमा आफ्नो अधिकार स्थापित भइसकेपछि आफ्ना छोरा युवराज प्रतापसिंह शाहलाई आफ्ना प्रतिनिधिका रूपमा राजधानी काठमाडौंमा राखेर राजा श्री ५ पृथ्वीनारायण शाहले यसपछिको आफ्नो अधिकांश समय नुवाकोटमा रहेको राजभवनमा नै बिताउँदै आइरहेका थिए । पश्चिमतर्फ रहेका आफ्ना विरोधी चौबीसे राज्यका राजाहरूका गतिवविधिहरूलाई निगरानी गर्दै रहनुपर्ने भएकाले यिनका निमित्त यति बेला यसो गर्नु आवश्यक पनि हुन आएको थियो ।

चौदण्डी तथा विजयपुरका सेन राज्यहरूमा आफ्नो अधिकार पूर्ण रूपमा स्थापित भइसकेपछि अब तत्कालै पश्चिमतर्फ रहेका छिमेकी

चौबीसे राज्यहरूमाथि पनि ध्यान दिइहाल्न अत्यावश्यक भइसकेको छ भन्ने श्री ५ पृथ्वीनारायण शाहले अनुभव गरिरहेका थिए । यही उद्देश्यअनुसार वि.सं. १८३१ को मङ्सिर महिना लाग्दा वा नलाग्दा नै यिनी राजधानी काठमाडौं सहरबाट नुवाकोटमा रहेको आफ्नो राजभवनमा पुगिसकेका थिए । एकाध महिना त त्यहाँ यिनको यत्तिकै बितेको थियो । केही दिनपछि यिनी त्यहीँ नै बिरामी परेका थिए ।

यसै अवस्थामा यिनले त्यहाँ त्यति बेला आफ्नो नजिकमा रहेका गुरू, पुरोहित, ददा तथा अन्य भाइभारदारलाई अगाडि आफ्नो जीवनकालमा घटेका मुख्यमुख्य घटना, आफ्ना अनुभव तथा मनमा लागेका अन्य उल्लेख्य कुराहरू पनि प्रस्तुत उपदेशका रूपमा विस्तारपूर्वक सुनाएका थिए । सम्भवतः यसपछि त यिनको रोग झन्झन् बढ्दै आएको थियो । सम्भव भएसम्मका यावत् किसिमका औषधि तथा उपचार पनि गरिए । तर रोग भने निको हुन सकेन । रोग असाध्य देखाएपछि यिनलाई नजिकैमा रहेको त्रिशूली नदीको देवीघाटमा लगिएको थियो । वि.सं. १८३१ को पौष शुक्ल दशमी माघे सङ्क्रान्तिका दिन सूर्योदयकालमा त्यहीँ नै यिनको देहान्त भएको पाइन्छ । यसैले यिनको यस पटकको नुवाकोटको यात्रा 'पछिल्लो पटकको नुवाकोट यात्रा' हुन आएको हो ।

७. यति बेला नेपालमा तीन ओटा 'नुवाकोट'हरू प्रसिद्ध रहेका थिए । 'नयाँ किल्ला'को अर्थ दिने नेवारी भाषाको 'न्हयू कोट' वा नेपाली भाषाको 'नयाँ कोट' शब्दबाट अपभ्रंश भएर नै 'नुवाकोट' शब्द बन्न आएको पाइन्छ । यहाँ उल्लेख भएको 'नुवाकोट' ओल्लो नुवाकोट अर्थात् राजधानी काठमाडौंबाट उत्तरपश्चिम ३७ किलोमिटरजति पैदल मार्गको दूरीमा 'त्रिशूली' नदीको बायाँ किनारामा डाँडाको टुप्पामा रहेको प्रसिद्ध बस्ती हो । यति बेला निर्माण भएको नुवाकोट दरबार यहाँ अझैसम्म पनि रही नै रहेको छ ।

८. गोरखा राज्यका संस्थापक 'राजा द्रव्य शाह' मानिएका छन् । वि.सं. १६१६ मा यिनले यस राज्यको स्थापना गराएका थिए । यिनलाई यो राज्य स्थापना गराउनमा सहयोग गर्न त्यति बेला

सक्रिय भएका नागरिकहरूमा 'गणेश पाँडे', 'नारायण अर्याल', 'सर्वेश्वर खनाल', 'भगीरथ पन्त', 'गङ्गाराम राना', तथा 'केशव बोहोरा'हरू मुख्य रहेका थिए । यसैले राजा द्रव्य शाहले पछि नारायण अर्याललाई आफ्ना 'गुरू' सर्वेश्वर खनाललाई 'पुरोहित', गणेश पाँडेलाई 'काजी' वा 'मन्त्री', भगीरथ पन्तलाई 'सरदार' सेनापति, केशव बोहोरालाई जग्गाजमिनका व्यवस्थापक र गङ्गाराम रानालाई न्याय विभागका प्रमुखका रूपमा नियुक्त गरिदिएका थिए ।

भनिन्छ, राजा द्रव्य शाहले आफ्ना उपर्युक्त भारदारका सन्तानलाई गोरखा राज्यको भारदारी सभाबाट कहिल्यै पनि नहटाउनू भनी आफ्ना उत्तराधिकारीहरूलाई निर्देशन पनि दिएर गएका थिए । 'राम शाह'को राज्यकालपछि त ६ थरी थर भएका यिनै भारदारका सन्तानहरू 'छथरी' भनेर चिनिन थालेका थिए र बोलिचालीको भाषामा यिनीहरूका निमित्त 'थरघर' भन्ने चलन प्रचलित हुन थालेको थियो । पछिपछि भने उपर्युक्त ६ थरी थरहरूभन्दा बाहेकका अन्य थरका व्यक्तिहरूलाई पनि 'थरघर'हरूमा समावेश गराइन थालिएको थियो । 'थरघर'को प्रचलन नेपाल अधिराज्यमा एकीकरणको अभियान भन्दा पछिसम्म पनि प्रचलित रहेको पाइन्छ ।

९. बूढापाका व्यक्तिहरूले आफूहरूले आफूले जानेका वा सुनेका घतलाग्दा कुराहरू आफ्ना छोरा वा नातिहरूलाई सुनाएर गएका हुन्छन् । यसैले बूढापाका पुराना व्यक्तिहरू मरेपछि उनीहरूले जानेका वा सुनेका कुराहरू उनका नयाँ पुस्ताका व्यक्तिहरूमा स्वाभाविक रूपमा सर्ने गर्छन् । अघिल्ला पुस्ताका व्यक्तिहरूले सुनाएर गएका कुराहरू उनीहरूले आफूभन्दा पछिका नयाँ पुस्ताका व्यक्तिहरूलाई सुनाउँछन् र यसबाट नै पुराना कुराहरू पुस्ता दरपुस्तासम्म पनि क्रमिक रूपमा सर्दै जान्छन् भन्ने यस भनाइको अभिप्राय देखिन्छ ।

१०. श्री ५ पृथ्वीनारायण शाहका मुमाहरू यथार्थमा चार जना रहेका थिए । तर यिनकी जेठी मुमा 'खाँची' राज्यकी राजकन्या 'चन्द्रप्रभावती'को गर्भबाट कुनै पनि सन्तान पैदा नभई तीन ओटा मुमाहरूबाट मात्र सन्तान पैदा भएकाले यहाँ "हाम्रा मुमाहरू तीन हुन्" भनी भनिएको पाइन्छ ।

११. श्री ५ पृथ्वीनारायण शाहका चार जना भाइ रहेका थिए । यसैले यिनी तथा यिनका भाइहरूलाई गोरखा राज्यमा स्नेहपूर्वक 'पाँच पाण्डवहरूको अवतार' भन्ने प्रचलित रहेको थियो । यसैअनुसार यहाँ स्वयम् श्री ५ पृथ्वीनारायण शाहले पनि आफू तथा आफ्ना चार भाइहरूलाई 'पाँच पाण्डवको अवतार'का रूपमा चित्रित गरेको पाइन्छ ।

राजा 'नरभूपाल शाह'की चार ओटी रानीहरूमध्ये 'पाल्पा' राज्यकी राजकन्या माहिली महारानी कौशल्यावतीको गर्भबाट जेठा छोरा युवराज श्री ५ पृथ्वीनारायण शाह तथा साहिँला छोरा राजकुमार दलमर्दन शाहको जन्म भएको थियो । 'पर्वत' राज्यकी राजकन्या साहिँली महारानी 'बुद्धिमती'को तर्फबाट यिनका कान्छा छोरा राजकुमार शूरप्रताप शाह पैदा भएका थिए । यस्तै 'तनहुँ' राज्यकी राजकन्या कान्छी महारानी 'सुभद्रावती'को गर्भबाट माहिला छोरा राजकुमार महोद्दामकीर्ति शाह तथा काहिँला छोरा राजकुमार दलजित शाहको पनि जन्म भएको पाइएको छ ।

१२. वर्तमान काठमाडौं उपत्यकाभन्दा दक्षिणतर्फ नारायणी तथा कमला नदीको बीचमा भित्री मधेस तथा तराई क्षेत्रहरूमा समेत फैलिएर रहेको सेन राज्य यिनताक 'मकवानपुर' राज्यको नामले प्रसिद्ध रहेको थियो । यसै राज्यका प्रभावशाली राजा महाराज हेमकर्ण सेनकी छोरी राजकुमारी 'इन्द्रकुमारी'सँग वि.सं. १७९५ को आसपासतिर युवराज पृथ्वीनारायण शाहको पहिलो विवाह सुसम्पन्न भएको पाइन्छ ।

१३. संस्कृत भाषाको 'दुहितृ' शब्दबाट नेपाली भाषामा 'दुलही' तथा 'डोला' शब्द बनेकोमा कुनै पनि सन्देह छैन । विवाहका निमित्त जग्गेमा उपस्थापित गराइने कन्या 'दुलही' भन्ने चलन नेपाली समाजमा अझैसम्म पनि प्रचलनमा रहेको पाइन्छ । दुलही बनाउनका निमित्त खोजबिन गरी विवाह नभएसम्मका लागि आफन्तकहाँ ल्याएर सुरक्षित रूपमा राखिएकी कन्यालाई यिनताक 'डोला' भन्ने चलन प्रचलित रहेको थियो । यहाँ भने युवराज पृथ्वीनारायण शाहबाट विवाह भइसकेकी तर विधिपूर्वक द्विरागमन नगराइएकी आफ्नी विवाहिता युवराज्ञी इन्द्रकुमारीका निमित्त पनि 'डोला' शब्दको नै प्रयोग भएको पाइन्छ ।

यिनताक कन्याहरूको सानै उमेरमा विवाह हुने, विवाह विधि सम्पन्न भइसकेपछि पनि एकाध वर्ष उनीहरूलाई माइतीघरमा नै राखिराख्ने र पछि उमेर पुगेपछि शुभमुहूर्त विचार गरी द्विरागमन विधिलाई सम्पन्न गराएर मात्र घरमा पठाउने चलन वैदिक सनातन धर्मावलम्बी हिन्दू समाजमा प्रचलित रहेको थियो । यसै प्रचलनअनुसार युवराज पृथ्वीनरायण शाहको पनि सानै उमेरमा शुभविवाह सम्पन्न भएको र यिनले पनि आफ्नी दुलही युवराज्ञी इन्द्रकुमारीलाई उनको माइतीघर मकवानपुर राज्यको राजभवनमा नै छोडेर आएका थिए ।

१४. यति बेला युवराज पृथ्वीनारायण शाह आफ्नो किशोरावस्थामा भर्खरै मात्र प्रवेश गरेका थिए । यिनताक राजा नरभूपाल शाह अस्वस्थ्य रहेकाले यिनकी महारानी चन्द्रप्रभावतीदेवीले नै 'चौतारा'को पदभारलाई ग्रहण गरी गोरखा राज्यको राजकाज आफैंले नै सम्हालिरहेकी थिइन् । विवाह विधि सम्पन्न गरी युवराज पृथ्वीनारायण शाह मकवानपुर राज्यबाट आफ्नो देशमा फर्किएर आएका थिए । यसको एकाध वर्षपछि आफ्नी विवाहिता युवराज्ञीलाई मकवानपुर राज्यको राजभवनबाट आफ्नो राजभवनमा विधिपूर्वक ल्याउने उद्देश्यका साथ यिनी आफ्ना दलबलहरूसहित फेरि पनि मकवानपुर राज्यको राजधानीमा पुगेका पाइन्छन् । त्यहाँ पुग्दा राजा हेमकर्ण सेनले त यिनलाई आफ्ना ज्वाइँका रूपमा आदर तथा सम्मानका साथ राखेका थिए तर यिनका छोरा युवराज दिग्बन्धन सेन तथा त्यस राज्यका प्रभावशाली मन्त्री काजी कनकसिंह बानियाँले भने यिनीप्रति अभद्र व्यवहारहरू प्रदर्शन गरिदिएकाले आफ्ना जेठानहरूका यस किसिमका दुर्व्यहारहरूबाट यिनी क्रुद्ध बन्न आएका थिए ।

वास्तवमा राजकुमारी इन्द्रकुमारीलाई विवाहमा दाइजोमा दिइएका उपहारहरूलाई लिएर दुई पक्षका बीचमा यस्तो अनपेक्षित खटपट पैदा हुन आएको थियो । राजा हेमकर्ण सेनले आफ्नी छोरीको शुभविवाह सम्पन्न हुँदा रोबरवाफहरू देखाएर आफ्नी छोरीलाई गजमोतीको बहुमूल्य हार पहिऱ्याइदिएका थिए र दुलाहा तथा दुलही दुवैलाई एकदन्ता हात्तीमा सवार गराई अन्माइदिएका थिए । शुभविवाह सम्पन्न

हुँदा वर तथा वधूलाई अर्पण गरिएका हुनाले उपर्युक्त दुई ओटै वस्तु आफ्ना नै हुन्छन् भन्ने युवराज पृथ्वीनारायण शाह तथा यिनका सहयोगीहरूको पनि मान्यता रहेको थियो । राजा हेमकर्ण सेन पनि सम्भवतः उक्त दुई ओटै वस्तु आफ्नी छोरीलाई दिने पक्षमा थिए । तर युवराज दिग्बन्धन सेन भने यसमा सहमत हुन सकिरहेका थिएनन् । यसै अनबनले गर्दा युवराज दिग्बन्धन सेनले आफ्ना बहिनीज्वाइँ युवराज पृथ्वीनारायण शाहप्रति अभद्र व्यवहारहरू प्रदर्शन गरिदिएका थिए । आफ्ना जेठानका यस किसिमका अभद्र व्यवहारहरूबाट युवराज पृथ्वीनारायण शाह क्रुद्ध हुनु स्वाभाविक नै हुन आएको थियो ।

युवराज पृथ्वीनारायण शाह पनि युवराज दिग्बन्धन सेनभन्दा कुनै कुरामा कत्ति पनि कम थिएनन् । यसैले "एकदन्ता हात्ती तथा नौलखा हीराको हार पनि दिन्छौ भने तत्कालै देऊ, दिएमा डोला पनि लिएर जाउँला, दिँदैनौ भने उक्त दुवै थरी सामानहरू बलपूर्वक नै भए पनि खोसेर लिई जाउँला, यहाँबाट रित्तो हात भने कुनै हालतमा पनि फर्कनेछैनौँ" भनी यिनले युवराज दिग्बन्धन सेनलाई धम्की नै दिएका थिए । यस किसिमको कठोर आग्रहले गर्दा यिनका आफ्ना सासूससुरा तथा जेठानसँग पनि विरोध पर्न आयो र आफ्ना सासू तथा ससुरासँग औपचारिक रूपमा बिदासम्म पनि नभई यिनी त्यहाँबाट यत्तिकै स्वदेशतर्फ फर्किएर आए ।

मकवानपुर राज्यबाट स्वदेशतर्फ फर्केर आउँदा युवराज पृथ्वीनारायण शाहका निमित्त केही दिनका लागि फुर्सद मिलिरहेको थियो । यसैले आफ्ना साथमा गएका अन्य दलबलहरूलाई गोरखातर्फ पठाएर कान्तिपुर, भक्तपुर तथा ललितपुर राज्यका राजधानीका रौनकहरूलाई एक पटक टाढैबाट भए पनि अवलोकन गर्ने चाहनाअनुसार भानु अर्याल, कुलानन्द ढकाल तथा आफ्ना अन्य केही अन्तरङ्ग सहयोगीहरूलाई पनि साथमा लिई मकवानपुर राज्यको राजधानीबाट राप्ती नदीको किनारैकिनार काठमाडौं उपत्यकाको दक्षिणपश्चिम दिशामा रहेको चन्द्रागिरि पर्वतशिखरतर्फ उकालो लागेका थिए । यसै यात्राकालको चर्चा यहाँ गरिएको हो ।

यस घटनाको एकाध वर्षपछि भारततिरबाट 'अभिमानसिंह' नामक एक जना राजपूत क्षत्रियकी कन्यालाई 'डोला'का रूपमा मगाएर गोरखा राज्यको राजधानीमा नै युवराज पृथ्वीनारायण शाहको औपचारिक रूपमा दोस्रो विवाह सम्पन्न गराइएको थियो । यिनै राजपूतकन्या नै पछि 'महारानी नरेन्द्रलक्ष्मी'को नामले प्रसिद्ध हुन आएकी थिइन् ।

१५. एउटा मात्र दाँत भएकाले पार्वतीपुत्र भगवान् श्री गणेश 'एकदन्त'का नामले पनि प्रसिद्ध रहँदै आइरहेका छन् । यसैअनुसार एउटा मात्र बाहिरी दाँत भएका एकदन्ता हात्तीहरू मङ्गलकारक हुन्छन् भन्ने मान्यता वैदिक सनातन धर्मावलम्बी हिन्दू समाजमा परम्परादेखि नै चल्दै आइरहेको छ । यसै मान्यताअनुसार यस्ता दुर्लभ हात्तीहरूलाई विशेष महत्त्वका साथ पहिलेदेखि नै सबैले श्रद्धापूर्वक अँगाल्दै आइरहेका थिए । राजा हेमकर्ण सेनको राजभवनमा पनि एउटा यस्तै हात्ती थियो । आफ्नी छोरीको शुभविवाह सम्पन्न हुँदा उनले आफ्नी छोरीलाई यसै हात्तीमा सवार गराएर अन्माइदिएका थिए ।

१६. आफ्नी छोरीको शुभविवाह सम्पन्न हुँदा राजा हेमकर्ण सेनले उनलाई एउटा विशिष्ट किसिमको हार पनि पहिऱ्याइदिएका थिए । त्यस हारलाई 'गोरखा राजवंशावली'मा 'चन्द्रहार' भनिएको पाइन्छ । 'यस हारको चमकले गर्दा त्यस ठाउँमा रातको अँध्यारोमा पनि बत्ती नै बाल्नुपरेको थिएन' भनी उक्त वंशावलीमा उल्लेख गरिएको पाइन्छ । यो कुरा निकै नै अतिरञ्जित देखिन्छ तापनि राजा हेमकर्ण सेनले विवाहमा आफ्नी छोरीलाई एउटा बहुमूल्य हार पहिऱ्याइदिएकामा भने कुनै पनि सन्देह छैन ।

यहाँ भने त्यस हारलाई 'नौलखा हीराको हार' भनिएको छ । 'नौलखा' भन्ने एउटा पारिभाषित शब्द मात्र हो । बहुमूल्य वस्तुको अर्थमा यहाँ 'नौलखा' विशेषण प्रयोग भएको पाइन्छ । मकवानपुर राज्यका तराई क्षेत्रहरूमा नियताक हात्तीहरू प्रशस्त मात्रामा पाइन्थे । यसैले यो हार पनि सम्भवतः गज मोतीको हार नै थियो । विवाह हुँदा आफ्नी दुलहीलाई पहिऱ्याइएको हुनाले यो हार पनि आफ्नो नै हुन्छ भन्ने युवराज पृथ्वीनारायण शाह तथा यिनका सहयोगीहरूको पनि मान्यता रहेको पाइन्छ ।

१७. यिनको वास्तविक नाम 'भानु अर्याल' थियो । ज्योतिष शास्त्रका ज्ञाता भएकाले यिनी 'ज्योतिषी' वा 'जैसी'को नामले विशेष प्रसिद्ध रहेका थिए । यसैअनुसार उपाध्याय वर्गका ब्राह्मण भए पनि यिनलाई यहाँ 'भानु जैसी' भनिएको हो ।

१८. राजभवन वा किल्लाहरूलाई आफ्ना विपक्षीका आक्रमणहरूबाट सुरक्षा गर्नका निमित्त वरिपरि गहिरा तथा फराकिला र मिलेसम्ममा पानीसमेत जमाएर राख्न हुने गरी बनाइने दुर्लङ्घ्य खाल्टाहरूलाई 'खात', 'परिखाल' वा 'खावा' भन्ने चलन चलिआएको थियो । संस्कृत, भाषाको 'परिखात' शब्दबाट नै नेपाली भाषामा 'पर्खाल' शब्द बनेको पाइन्छ । यहाँ भने 'चेपे' नदीलाई नै गोरखा राज्यको राजधानीको सुरक्षाका निमित्त प्रकृतिद्धारा नै बनाइएको 'परिखात', 'पर्खाल' वा 'खावा'का रूपमा परिकल्पना गरिएको पाइन्छ ।

१९. आफ्नो राज्यलाई स्थापना गर्ने क्रममा गोरखा राज्यका संस्थापक राजा द्रव्य शाहले लिगलिगमा रहेको प्रसिद्ध कोट अर्थात् किल्लामा सर्वप्रथम आफ्नो नियन्त्रण स्थापित गरेका थिए । गोरखा दरबारबाट पश्चिमतर्फ चेपे नदीको दायाँ किनारामा यस कोटको अवस्थिति अहिलेसम्म पनि रहिरहेको पाइन्छ ।

२०. 'आड' शब्दको शाब्दिक अर्थ हुन्छ– 'अडिन वा बस्नका निमित्त सुविधा पर्ने ठाउँ ।' 'ढुङ्गाको आड माटोलाई, माटाको आड ढुङ्गालाई' भन्ने उखान नेपाली समाजमा अझैसम्म पनि प्रचलित रहेको छ । ठूलाठूला ढुङ्गा तथा काठका सत्तरीहरूको पनि प्रयोग भई किल्लाका रूपमा सैनिकहरूलाई आश्रय वा आड दिन बलियोसँग बनाइएका बासस्थलहरूलाई यिनताक 'आड' भन्ने चलन प्रचलित रहेको थियो । यहाँ पनि 'आड' भनेर 'लिगलिग'मा बनाइएको यस्तै 'कोट' अर्थात् किल्लातर्फ सङ्केत गरिएको पाइन्छ ।

२१. वैदिक सनातन धर्मावलम्बी हिन्दूहरूको मान्यताअनुसार 'छत्र', 'ध्वज', 'चामर' तथा 'कार्मुक'हरू राजाका राजकीय चिह्नहरूका रूपमा मानिँदै आइएका थिए । कुनै पनि छत्र, ध्वज, चामर वा कार्मुक (धनु)हरूलाई देख्नेबित्तिकै यी राजकीय चिह्नहरू ककसका हुन् भन्ने सजिलैसँग

पहिचान गर्न सकिने प्रचलन चलिआएको थियो । आआफ्ना यस्ता राजकीय चिह्नहरूलाई लिएर नै राजाहरू विजय अभियानहरूमा निस्कने गर्थे । यसैले लडाइँका मैदानहरूमा कुनै पनि राजाको छत्र, ध्वज, चामर वा कामर्कुहरूमध्ये कुनै एकलाई भाँचिदिनुको अर्थ हुन्थ्यो, ती राजामाथि सहज रूपमा नै विजय प्राप्त गर्नु । छत्र भङ्ग भएपछि अर्थात् राजाको प्रतीक चिह्न नष्ट भएपछि राजाले आफूलाई असहाय भएको अनुभव गरी आफ्नो हारलाई स्वीकार गर्ने गर्थे ।

२२. ससाना केटाकेटीहरूलाई डर देखाएर तर्साउनका निमित्त कल्पना गरिएको डरलाग्दो, तर निरीह प्राणी विशेष नै हाम्रो नेपाली समाजमा 'हाउ'को नामले प्रसिद्ध रहँदै आइरहेको छ । यथार्थमा यस जन्तु विशेषको न अस्तित्व रहेको हुन्छ, न त कुनै आकारप्रकार नै । यस्ता कल्पित प्राणी विशेषले पैदा गराइदिने भय वा डरलाई नै नेपाली भाषामा 'हाउगुजी' वा 'हौवा' भनेर भन्ने चलन प्रचलित रहँदै आइरहेको छ ।

२३. जुन समयमा एउटा शक्तिशाली राज्यका रूपमा गोरखा राज्यको उत्थान तथा विकास पनि भइरहेको थियो, त्यति बेलासम्ममा कर्णाली नदीका प्रस्रवण क्षेत्रहरूमा सल्यान राज्यदेखि बझाङ राज्यसम्ममा २२ ओटा ससाना स्वतन्त्र राज्यहरू स्थापित भइसकेका थिए । यिनै राज्यहरू गोरखा राज्यमा सामूहिक रूपमा 'बाइसे राज्य'हरूका नामले प्रसिद्ध रहेका थिए । बाइसे राज्यहरूमा निम्नाङ्कित राज्यहरू रहेका पाइन्छन् : (१) 'रूकुमकोट' (२) 'रोल्पा', (३) ' सल्यान' (४) 'दाङ' (५) 'मुसिकोट' (६) 'लिल्लिकोट' (७) 'माल्नेटा', (८) 'फलावाङ', (९) 'गर्भाकोट', (१०) 'जाजरकोट', (११) 'जहारी', (१२) 'बाँफी', (१३) 'दुल्लु', (१४) 'दैलेख', (१५) 'घोतान', (१६) 'अछाम', (१७) 'विमकोट', (१८) 'दर्लाकोट', (१९) 'बझाङ', (२०) 'बाजुरा', (२१) 'थलहरा' र (२२) 'गजुर' ।

२४. कर्णाली नदीका प्रस्रवण क्षेत्रहरूमा जसरी २२ ओटा स्वतन्त्र राज्यहरू रहेका थिए, त्यसैगरी खण्डकी नदीका प्रस्रवण क्षेत्रमा तनहुँ राज्यदेखि प्युठान राज्यसम्म यस्तै २४ ओटा ससाना स्वतन्त्र राज्यहरू रहेका

पाइन्छन् । यी सबै स्वतन्त्र राज्यहरूको स्थापना भइसकेपछि, सबैभन्दा पछि, गोरखा राज्यको स्थापना भएकाले यस राज्यका नागरिकहरू आफ्नो राज्य क्षेत्रभन्दा बाहिर रहेका अन्य राज्यहरूलाई बोलीचालीका भाषामा सामूहिक रूपमा 'चौबीसे' भनेर भन्ने गर्थे । चौबीसे राज्यहरूमा निम्नाङ्कित राज्यहरू रहेका पाइन्छन् :

(१) 'लमजुङ', (२) 'कास्की', (३) 'नुवाकोट (पल्लो)', (४) 'सतहुँ', (५) 'गरहुँ', (६) 'भीरकोट', (७) 'ढोर', (८) 'पैयुँ', (९) 'तनहुँ', (१०) 'रिसिङ', (११) 'घिरिङ', (१८) 'गलकोट', (१९) 'मुसिकोट' (ओल्लो), (२०) 'धुर्कोट', (२१) 'इस्मा', (२२) 'प्युठाना', (२३) 'खुमरी' र (२४) 'बिभरी' ।

२५ 'कुरूक्षेत्रको मेला' भनेर यहाँ उहिले द्वापरयुगको अन्त्यमा कुरूक्षेत्रमा भएको कौरव तथा पाण्डव पक्षका सैनिकहरूको जमघट तथा उनीहरूका बीचमा भएको लडाइँ जस्तै भीषण लडाइँ भनी भन्न खोजिएको पाइन्छ ।

२६. प्राकृतिक जीवनचक्रअनुसार भ्यागुतोलाई सर्पले र सर्पलाई गरूडले खाइदिने भएकोले नै यसो भनिएको हो । यहाँ युवराज पृथ्वीनारायण शाहका मामा तथा पाल्पा राज्यका युवराज उद्योत सेनले लमजुङ राज्यलाई 'गरूड' गोरखा राज्यलाई 'सर्प' र काठमाडौं उपत्यका तथा यसका आसपासका क्षेत्रहरूमा फैलिएर रहेका तीन ओटा मल्ल राज्यहरूलाई 'भ्यागुता'हरूका रूपमा प्रस्तुत गरेका छन् ।

२७. गोरखा राज्यका संस्थापक राजा द्रव्य शाहलाई उनको राज्य स्थापना गराउनमा विशेष सहयोग गर्ने त्यस क्षेत्रमा त्यति बेलाका ६ जना प्रमुख व्यक्तिहरूमा 'गणेश पाँडे' नै प्रमुख रहेका थिए भन्ने चर्चा यसभन्दा पहिले पनि भइसकेको छ । 'कालु पाँडे' यिनकै वंशमा पाँचौं पुस्तामा जन्मिएका भीमराज पाँडेका छोरा थिए । गणेश पाँडे विशुद्ध उपाध्याय वर्गका ब्राह्मण थिए । तर कालु पाँडे भने क्षत्रियका रूपमा उपस्थित भएका पाइएका छन् ।

२८. शास्त्र भनेर यहाँ वैदिक सनातन धर्मावलम्बी हिन्दूहरूका प्रसिद्ध धर्मशास्त्रहरूलाई लिइएकोमा कुनै पनि सन्देह छैन । हिन्दूहरूको

प्रतिष्ठित धर्मशास्त्र 'मनुस्मृति'मा : 'राजाहरूले आफ्नो राज्यमा राम्ररी परीक्षा गरेर मात्र शास्त्रहरू जान्ने शूर, वीर, पराक्रमी तथा कुलीनवर्गका सात वा आठ जना विशिष्ट व्यक्तिहरूलाई 'मन्त्री'को पदमा नियुक्त गर्नु' भनी भनिएको पाइन्छ । जस्तै :

'मौलाञ्छास्त्रविदः शूराँल्लब्धलक्षान् कुलोद्‌भवान् ।
सचिवान् सप्त चाष्टौ वा प्रकुर्वीत परीक्षितान् ॥' - ७/५४

यस्तै 'कामन्दकीय नीतिसार'मा पनि कुलीन, योग्य तथा इमानदार व्यक्तिहरूलाई मात्र मन्त्रीको पदमा नियुक्त गर्नू भनी भनिएको पाइन्छ । जस्तै :

"कुलिनाः शुचयः शूराः, श्रुतवन्तोऽनुरागिणः ।
दण्डनीतिप्रयोक्तार, सचिवाः स्यूर्महीपतेः ॥" ४/२५

'महाभारत'को 'शान्तिपर्व'मा पनि "मन्त्री पदका दाबेदार व्यक्तिहरूले आफूले अवलम्बन गर्न खोजेका नीति तथा कार्यक्रमहरू राज्यका सर्वसाधारण नागरिकहरूको समक्षमा प्रस्तुत गरी आफूले प्रस्तुत गर्न खोजेका नीति तथा कार्यक्रमहरूलाई सर्वसाधारण नागरिकहरूबाट अनुमोदन गराउनु आवश्यक छ" भनी उल्लेख गरिएको पाइन्छ । जस्तै :

"अष्टानां मन्त्रिणां मध्ये मन्त्रं राजोपधारयेत् ।
ततः सम्प्रेषयेद्राष्ट्रे राष्ट्रियाय च दर्शयेत् ॥
अनेन व्यवहारेण द्रष्टव्यास्ते प्रजा सदा ।" ८५/११

राजा राम शाहको राज्यकालदेखि नै गोरखा राज्यमा यिनै धर्मशास्त्रीय मान्यताअनुसार मर्यादित किसिमले राज्यव्यवस्थाहरू सञ्चालित हुँदै आइरहेका थिए । राजा पृथ्वीनारायण शाहले पनि यसै परम्पराको अनुसरण गर्दै आफ्ना जनताबाट अत्यावश्यक सहमति प्राप्त गरेर मात्र कालु पाँडेलाई 'काजी'को पदमा नियुक्त गरेको पाइन्छ । आफूले विराज बखेतीलाई 'काजी'को पदमा नियुक्त गर्न चाहेको तर जनताको चाहना भने यस पदमा कालु पाँडेलाई नियुक्त गर्न उपयुक्त हुन्छ भन्ने देखिएकाले आफूले कालु पाँडेलाई नियुक्त गरेको चर्चा यहाँ यिनले स्पष्ट रूपमा नै गरेका छन् । यसबाट राजतन्त्रात्मक शासन व्यवस्था

लागू भए पनि यति बेला गोरखा राज्यमा निरङ्कुश शासन व्यवस्था थिएन भन्ने प्रमाणित हुन आएको छ ।

२९. तीर्थयात्रीका निमित्त काशीतर्फ प्रस्थान गर्दा राजा पृथ्वीनारायण शाहले आफ्ना समवयस्क एवम् सहकर्मी विराज बखेतीलाई पनि साथैमा लिएर गएका थिए । यस यात्राकालमा विराज बखेतीले राजा पृथ्वीनारायण शाहलाई आफ्ना सुझबुझका परिचयहरू राम्रैसँग गराइदिएका थिए । यसैले यिनलाई नै आफ्नो मन्त्री वा 'काजी' बनाउने राजा पृथ्वीनारायण शाहको भित्री योजना थियो । तर गोरखा राज्यको शासन व्यवस्था पहिलेदेखि नै मर्यादित रहँदै आइरहेकाले आफूले चाहे पनि आफ्ना जनताले यिनलाई मन्त्री वा 'काजी'का रूपमा स्वीकार गर्न आनाकानी गरिदिएकाले कालु पाँडेलाई 'काजी'को पदमा नियुक्त गर्न यिनी बाध्य भएका थिए ।

३०. दाहिने हातमा खुकुरी, खुँडा वा तरबार लिएको अवस्थामा शत्रुहरूद्वारा हुन सक्ने यस्तै किसिमका हातहतियारको प्रहारलाई रोक्ने बाटुलो, सानो नाङ्लाको आकार भएको छाला वा धातुका पाताहरूले बनेको वस्तु नै यिनताक 'ढाल'को नामले प्रसिद्ध रहेको थियो । गैंडाका छालाले बनेका ढालहरू यिनताक उत्तम किसिमका मानिने गरेका थिए । 'ढाल-तरबार'हरू यिनताक लडाका सैनिकहरूका युगल हतियारहरूका रूपमा परिचित रहेका थिए ।

३१. "पाँडेको ढाल र बस्नेतको तरबार गरी मैले नेपालमाथि चढाइँ गरेको हुँ" भनी यहाँ राजा पृथ्वीनारायण शाहले आफ्ना मन्त्री वा काजी परिवारका पाँडे तथा सेनापति परिवारका बस्नेतहरूका बीचमा आपसमा सर्वात्मना हेलमेल गराई दुवै परिवारका समर्थ व्यक्तिहरूलाई लडाइँका मैदानहरूमा आपसमा कुममा कुम जुधाएर सहभागी गराई मैले तात्कालिक नेपाल राज्यमाथि आक्रमण गराएको हुँ भनी भन्न खोजिएको पाइन्छ ।

३२. 'गौटानको बिराइ' भनेर यहाँ गोरखा राज्यको राजधानीदेखि पर तथा लमजुङ राज्यको राज्य क्षेत्रदेखि वर, चेपे नदीको वारि तथा दरौंदी नदीका पारि 'लिगलिग कोट'का आसपासमा

रहेका 'गोप्लिङ', 'खोप्लाङ', 'छोप्राक', 'भसिकोट' तथा 'गाइखुर' आदि त्यति बेला भर्खरै मात्र आबाद भएका बिरौटा जमिनहरूतर्फ लक्षित गरिएको पाइन्छ ।

३३. चौबीसे राज्यका राजाहरूले आआफ्नो राज्यका सीमा क्षेत्रका पायक परेका ठाउँहरूमा डाँडाडाँडा वा थुमथुममा 'गढी' वा 'आड'हरू बनाएर आआफ्नो राज्यलाई विपक्षी सैनिकका आक्रमणबाट बचाइराख्नका निमित्त हरसम्भव प्रयासहरू गर्दै आइरहेका थिए । यस्ता हरेक थुमहरूका निमित्त निजामती सेवातर्फका एकएक जना 'द्वारे' तथा सैनिक सेवातर्फका एकएक जना 'उमराव'हरू पनि नियुक्त गरिएका हुन्थे । हरेक थुममा प्रायः स्थायी रूपमा नै गढी वा किल्लाहरू पनि बनाइएका हुन्थे । गढी वा किल्ला बन्न नसकेका थुमहरूमा भने अस्थायी किसिमले बलियोसँग 'आड'हरू बनाइएका हुन्थे ।

यस्ता गढी वा 'आड'हरूको सुरक्षाका निमित्त आवश्यक मात्रामा सैनिकहरू पनि राखिएका हुन्थे । काम परेका बेलामा उपस्थित हुने गरी यति बेला 'खुँडा' (खुँला हान्न सक्ने मानिस) र यति जना 'बल' (बलको काम गर्न सक्ने मानिस)हरूलाई हरहमेसा गढी वा आडहरूमा तम्तयार गराइराख्नू भन्ने राज्यको तर्फबाट सबै थुमका 'उमराव'हरूलाई निर्देशन दिइएको हुन्थ्यो । 'गढी' वा 'आड'हरूमा स्थायी रूपमा रहने सैनिकका प्रमुख पदाधिकारी यिनताक 'उमरा' वा 'उमराव'हरूको नामले प्रसिद्ध रहने गरेका थिए । अरबी भाषाको 'अमीर' शब्दको बहुवचन रूप नै 'उमरा' वा 'उमराव' भएको पाइन्छ । 'बराह उमराव' भनेर यहाँ बराह वा बँदेल जस्ता शक्तिशाली 'उमराव' भनी भन्न खोजिएको देखिन्छ ।

प्रत्येक थुममा 'गढी' वा 'आड'हरूका आसपासमा रहेका जमिनहरू त्यस गढीमा तैनाथ रहने सैनिकहरूलाई जागिर वा खान्कीहरूका रूपमा दिइएका हुन्थे । गढीको सुरक्षाका निमित्त आवश्यक सैनिकहरू भर्ना गर्ने, थपघट गर्ने र भर्ना गरिएका सैनिकहरूका निमित्त वार्षिक खान्कीहरू तोक्ने अधिकार पनि यिनै 'उमरा' वा 'उमराव'हरूलाई दिइएको हुन्थ्यो । एउटै गढीमा लामो समयसम्म स्थायी रूपमा

रहिरहँदा यस्ता उमरावहरू यदाकदा भ्रष्टाचारहरूमा लिप्त रहेका पनि पाइन्थे । यस्ता उमरा वा उमरावहरूलाई आवश्यकताअनुसार विपक्षीहरूसँग लडाइँ लड्ने वा सम्झौताहरू गर्ने अधिकार पनि दिइएको हुन्थ्यो । 'पर्वत' राज्यका तात्कालिक राजा कीर्तिबम मल्लले आफ्ना एक जना भारदारलाई लेखेको एउटा पत्रमा उनले "उमरावहरूले कटक गर्न्या बल ल्यायाको छ कि ? देश बुझ्याउन्या बल ल्यायाको छ, त्यो पनि (तिमीले राम्ररी) विचार गर" भनी उल्लेख गरेका छन् ।

किल्लाहरूमा स्थायी रूपमा रहने यस्ता 'उमरा' वा 'उमराव'हरूमा भ्रष्टाचार भएको गन्ध पाएर नै होला, राजा पृथ्वीनारायण शाहले पछिपछि यस्ता 'उमरा' वा 'उमराव'हरूको प्रत्येक वर्ष पजनी गर्ने परम्परा पनि बसालिदिएको पाइन्छ ।

३४. 'पूजापाठ' भनेर यहाँ देवदेवीहरूलाई प्रसन्न पार्न भक्तिपूर्वक गरिने पूजा, अर्चना तथा स्तोत्र वा मन्त्रका पाठकहरूतर्फ नै सङ्केत गरिएको पाइन्छ ।

३५. गोरखा राज्यका देवमन्दिरहरूमा 'राना' थर भएका मगरहरू पुजारीका रूपमा कार्यरत रहने परम्परा पहिलेदेखि नै चलिआएको थियो । मगरहरूको जनआबादी बढी भएकाले मगराँतमा यस्तो परम्परा हुनुलाई अस्वाभाविक पनि मान्न सकिन्न । यसैअनुसार 'सल्ल्यानकोट'मा रहेकी भगवती त्रिपुरासुन्दरीका पुजारी पनि 'राना' थर भएका मगरहरू नै रहँदै आइरहेका थिए । यसैले यहाँ सल्ल्यानकोटकी माइका पुजारीलाई 'पुजारी राना' भनेर भनिएको पाइन्छ ।

३६. चाँदी, तामा वा पित्तल आदि धातुहरूबाट बनाइएको अनुहार हेर्न हुने आजभोलि चलनचल्तीमा रहेको 'ऐना'को प्रचलन सुरू हुनुभन्दा पहिले व्यापक रूपमा प्रचलनमा रहेको ऐना जस्तै वस्तु यिनताक 'आर्सी'को नामले प्रसिद्ध रहेको थियो । पुराना देवमन्दिरहरूमा देवदेवीका नित्य पूजाहरूमा 'आर्सी'को प्रयोग अझैसम्म पनि हुँदै आइरहेको पाइन्छ ।

३७. देश, देवदेवी वा महत्त्वपूर्ण व्यक्तिहरूको विशेष पहिचानका निमित्त निर्धारित गरिएका, छोटा वा लामा काठ, बाँस वा लठ्ठीहरूमा टाँसिने, तोकिएका रूपरङ तथा आकारका धातु वा कपडाका टुक्राहरू

नै सामान्यतया 'ध्वजा' वा 'झन्डा'हरूका नामले प्रसिद्ध रहँदै आइरहेका छन् । यसैअनुसार दुई ओटा पताकाहरू भएको, सूर्य तथा चन्द्रमाको आकृति अङ्कित, नीलो किनारा भएको रातो सिम्रिक रङको ध्वजा वा झन्डा नै हाम्रो नेपाल अधिराज्यको राष्ट्रिय पहिचान, प्रतीक वा चिह्न हो । विशेष चाडपर्व वा पूजाआजाहरूमा भने माङ्गलिक चिह्न वा प्रतीकका रूपमा शोभाका लागि खास कुनै चिह्न वा आकृति नभएका तीनकुने राता, सेता तथा पहेंला 'ध्वजा' वा 'पताका'हरू टाङ्ने चलन पनि परम्परादेखि चलिआएको छ ।

३८. 'ग्यामी राना' भनेर यहाँ भूतपूर्व काजीतर्फ सङ्केत गरिएको पाइन्छ । यथार्थमा 'राना' थर भएका मगरहरूको नै एउटा उपवर्ग 'ग्यामी' हो । यो व्यक्तिविशेषको नाम होइन । जयन्त राना गोरखा राज्यमा राजा नरभूपाल शाहको राज्यकालमा 'काजी' तथा सेनापतिका रूपमा कार्यरत रहेका थिए । राजा नरभूपाल शाहको शासनकालको अन्तिम समयतिर यिनकै नेतृत्वमा गोरखा राज्यको तर्फबाट कान्तिपुर राज्यको नुवाकोट इलाकामाथि नियन्त्रण स्थापित गर्ने प्रयास हुँदा सफलता प्राप्त हुन सकेको थिएन । यसैले "यिनी भित्रभित्रै कान्तिपुर राज्यका राजा जयप्रकाश मल्लसँग मिलिरहेकाले नै नुवाकोट प्रदेशमाथि नियन्त्रण स्थापित गर्न नसकिएको हो" भन्ने आरोप लगाई यिनलाई गोरखा राज्यबाट निकाला गरिएको थियो ।

यसपछि यिनी राजा जयप्रकाश मल्लको आश्रयमा आई कान्तिपुर राज्यका 'उमराव'का रूपमा नियुक्त भएर नुवाकोट इलाकाकै संरक्षक भएर रहन थालेका थिए । यसैले राजा पृथ्वीनारायण शाहले यहाँ "तँ हाम्रो आफ्नै हाम्रो आफ्नै घरको ग्यामी होस्, नुवाकोट हामीलाई छाडिदे, हामीसँग मिल्न आइज" भनी यिनलाई सन्देश पठाएका हुन् । तर यिनले आफ्नो नुनको सोझो गर्दै आफूले नुन खाइरहेका कान्तिपुर राज्यका राजा जयप्रकाश मल्लमाथि विश्वासघात गर्न चाहेनन् । राजा पृथ्वीनारायण शाहको दृष्टिमा भने यिनले यसो गर्नु अक्षम्य अपराध ठहरिएको थियो । यसै अपराधमा यिनी पछि बेलकोट इलाकामा गोरखाली सैनिकहरूको नियन्त्रण स्थापित भएपछि राजा पृथ्वीनारायण शाहकै आदेशअनुसार छाला काटिएर निर्दयतापूर्वक मारिएका थिए ।

३९. *"हाम्रो नुनको शेषले झुकाइदिने पन्त"* भनेर यहाँ "मेरो नुन, अर्थात् नुन परेका दानापानी खाएका गुनहरूले गर्दा आफ्ना कर्तव्यहरूप्रति सचेत भएर नम्रतापूर्वक सधैं हाम्रा अगाडि झुकेर रहिरहने पन्तको सहयोगबाट" भनी भन्न खोजिएको पाइन्छ । 'पन्त' भनेर यहाँ कसलाई भन्न खोजिएको हो ? स्पष्ट रूपमा खुल्न सकिरहेको छैन तापनि यस सैनिक अभियानमा हरिहर पन्त सहभागी भएर आएकाले सम्भवतः यिनलाई नै भन्न खोजिएको हो ।

४०. लडाइँका क्रममा घातक हातहतियारहरूको जुन अन्तिम निर्णायक प्रहारले गर्दा आफ्नो पक्षलाई विजय प्राप्त हुन्थ्यो, त्यही प्रहारलाई नै यिनताक 'जेठी तरबार' भन्ने चलन प्रचलित रहेको पाइन्छ । यस्ता 'जेठी तरबार'का प्रहारहरू प्रायः प्रतिपक्षी सेनाका सेनापतिहरूमाथि नै हुने गर्थे । यसैअनुसार यहाँ पनि प्रतिपक्षी सेनाका सेनानायक जयन्त रानाका प्रतिनिधिका रूपमा महामण्डलको दुर्गम किल्लामा कार्यरत रहेका उनका छोरा शङ्खमणि रानाको थाप्लामा 'जेठी तरबार'को घातक प्रहार गर्ने अवसर लडाइँमा सहभागी रहेका अन्य सैनिकहरूको सहयोगमा राजा पृथ्वीनारायण शाहले साहिँला भाइ राजकुमार दलमर्दन शाहले प्राप्त गरेका थिए । राजा पृथ्वीनारायण शाहले यहाँ यिनलाई १२ वर्षका थिए भनी भनेका छन् । तर उपलब्ध अन्य प्रमाणहरूका आधारमा यति बेला यिनी १३ वर्षमा हिँडिरहेका पाइन्छन् । नुवाकोट गढीका संरक्षक भएर रहेका उमराव जयन्त राना भने यति बेला सम्भवतः आवश्यक सैन्य व्यवस्थाका निमित्त राजधानी काठमाडौंमा आइरहेका थिए ।

४१. काजी जयन्त राना गोरखा राज्यबाट निकाला भएर आउनुभन्दा पहिले कान्तिपुर राज्यको तर्फबाट नुवाकोट इलाकाका संरक्षक भएर 'बगाले' थर भएका काशीराम थापा बसिरहेका थिए । राजा जयप्रकाश मल्लसँग खटपट पैदा भएपछि यिनी कान्तिपुर राज्यबाट पलायित भई भक्तपुर राज्यका राजा रणजितसिंह मल्लको आश्रयमा आएर बस्न थालेका पाइएका छन् । यिनका भाइ परशुराम थापा पनि काठमाडौं उपत्यकाका मल्ल राजाहरूलाई सहयोग गर्न लागिपरिरहेका

थिए । यी दुवै दाजुभाइको मूलघर सिन्धुपाल्चोक वा काभ्रेपलाञ्चोक इलाकातिर कतै भएको सङ्केत पाइन्छ ।

४२. 'बाइसे' तथा 'चौबीसे' राज्यका राजाहरूमा आआफ्ना लाभ तथा हानिहरूलाई दृष्टिगत गरी युद्धकालमा एकअर्का देशका राजाहरूलाई सैन्य सहयोग उपलब्ध गराउने प्रचलन परम्परादेखि नै चलिआएको थियो । यसरी सैन्य सहयोग उपलब्ध गराउँदा प्रत्यक्ष रूपमा सैनिक नै पठाउन नसकिएला तर सैन्य सहयोगको प्रतीकका रूपमा नगद रकम पठाउने चलन पनि चलिआएको थियो । यसरी सहयोग उपलब्ध गराउँदा समर्थ राजाहरूले सामान्यतया एक लाख तथा एकबीसा रूपैयाँ उपलब्ध गराउने प्रचलन चलिआएको थियो । ससाना पहाडी राज्यका राजाहरू भने यति धेरै रूपैयाँ एकै पटक जम्मा गर्न सक्दैनथे । यसैले आर्थिक रूपमा कमजोर रहेका पहाडी राज्यका राजाहरू आफ्ना मित्र राजाहरूलाई यसभन्दा कम रकम पनि उपलब्ध गराउने गर्थे । तर जति नै रकम पठाइए पनि सैन्य सहयोगका रूपमा यसरी पठाइने रकमहरू यिनताक 'लाखबीसी' वा 'लाखाबीसी'को नामले प्रसिद्ध रहने गरेका थिए ।

४३. नेपाल अधिराज्यलाई 'दुई ढुङ्गाको बीचको तरूल' भनेर यहाँ राजा पृथ्वीनारायण शाहले अत्यन्त नै मार्मिक दृष्टान्त दिएका छन् । नेपाल अधिराज्यले आफ्नो अस्तित्वलाई सधैं अक्षुण्ण रूपमा जोगाइराख्न चाहने हो भने आफ्ना दुवैतर्फका दुई ओटा ठूला ढुङ्गाहरू अर्थात् चीन तथा भारत दुवै छिमेकी देशहरूलाई आआफ्ना ठाउँबाट कत्ति पनि विचलित हुन नदिई सन्तुलित रूपमा राखिराख्नु आवश्यक छ भन्ने यस भनाइको सारतत्त्व रहेको पाइन्छ ।

४४. 'समुद्रका बादशाह' भनेर यहाँ 'इस्ट इन्डिया कम्पनी'का संस्थापक अङ्ग्रेजी पदाधिकारीहरूप्रति लक्षित गरिएको पाइन्छ । यहाँ राजा पृथ्वीनारायण शाहले "अङ्ग्रेजहरूसँग मैत्री सम्बन्ध त राख्नू तर तराईका मैदानहरूमा ओर्लिएर उनीहरूमाथि आक्रमण भने कदापि नगर्नु, उनीहरू कदाचित आफ्नो देशमाथि आइलागे भने उनीहरूलाई भित्री मधेससम्म सरासर आउन दिई त्यहाँबाट यहाँका पहाडी

क्षेत्रहरूभित्र प्रवेश गर्नेबित्तिकै गुरिल्ला युद्ध गरी उनीहरूलाई त्यहाँबाट बलपूर्वक नै धपाइदिनू" भनी निर्देशन दिएको पाइन्छ । यति मात्र होइन, यहाँ यिनले "त्यो अत्यन्त नै चतुरो जाति भएकाले लडाईँझगडा नगरी छलकपटहरू गरेर भए पनि हाम्रो देशभित्र आउन सक्छ, यसैले पहिले नै सन्धिसर्पनहरू हेरी उचित ठाउँमा आवश्यक मात्रामा किल्लाहरू बनाई बाटाघाटामा, ठाउँठाउँमा भाँजाहरू हालिराख्नू" भन्ने पनि निर्देशन दिएका छन् ।

४५. फारसी भाषामा *'सरजमिन'* शब्दको अर्थ हुन्छ, खास जमिन । यसैअनुसार सम्बद्ध जमिनमा गएर त्यस जमिनको सम्बन्धमा आवश्यक जाँचपडताल गर्ने कामलाई कानुनी भाषामा अचेल पनि 'सरजमिन गर्ने' नै भनिन्छ । तर यहाँ भने उत्तरी भारतमा सम्म परेका समतल मैदानहरूको अर्थमा 'सरजमिन' शब्दको प्रयोग भएको पाइन्छ ।

४६. 'चार बादशाह' भनेर यहाँ यिनताक संसारभरमा प्रसिद्ध रहेका 'बेलायत', 'रूस', 'चीन' तथा 'रोम'का गरी चार ओटा राष्ट्रका बादशाहहरूतर्फ लक्षित गरिएकोमा कुनै पनि सन्देश छैन ।

४७. यिनताक बाहिरबाट काठमाडौं उपत्यकाभित्र प्रवेश गर्ने चार ओटा भन्ज्याङ वा नाकाहरू सामान्य बोलीचालीको भाषामा *'चार भन्ज्याङ'*को नामले प्रसिद्ध रहेका थिए । यसरी प्रसिद्ध रहेका चार ओटा भन्ज्याङ वा नाकाहरू यसअनुसार रहेका थिए– (१) 'साँगा भन्ज्याङ', (२) 'थानकोट भन्ज्याङ', (३) 'पाँचमाने भन्ज्याङ' र (४) 'फर्पिङ भन्ज्याङ' ।

यहाँ भने राजा पृथ्वीनारायण शाहले उपर्युक्त चार ओटा प्रसिद्ध नाका वा भन्ज्याङहरूमा 'पालुङ', 'दाप्चा' तथा 'काहुले'मा रहेका अन्य तीन ओटा महत्त्वपूर्ण नाका वा भन्ज्याङहरूलाई पनि मिलाएर काठमाडौं उपत्यकाभित्र प्रवेश गर्ने प्रमुख भन्ज्याङ वा नाकाहरू यथार्थमा चार ओटा मात्र नभएर सात ओटा छन् भनी निर्धारण गरी यस उपत्यकाको सुरक्षाका निमित्त उपर्युक्त सात ओटै भन्ज्याङ वा नाकाहरूमा पक्की किल्लाहरू बनाउनू भनी निर्देशन दिएको पाइन्छ ।

४८. राजा पृथ्वीनारायण शाहको यसै परिकल्पनाअनुसार पछिपछि तराईतिरबाट नेपालका पहाडी प्रदेशहरूभित्र प्रवेश गर्ने मुख्यमुख्य नाका वा प्रवेश मार्गहरू अनेकौं गढी वा किल्लाहरू बनाइएका थिए र यस्ता गढी वा किल्लाहरूमा पक्की फलामे ढोकाहरू पनि बनाइएका हुन्थे । यिनमा 'सिन्धुलीगढी' तथा 'चिसापानीगढी'मा रहेका फलामे ढोकाहरू पछि राजा राजेन्द्रविक्रम शाहको राज्यकालसम्म पनि कायमै रहिरहेका पाइन्छन् । यसैले त्यति बेलाका कवि यदुनाथ पोखरेलले आफ्ना कविताहरूमा यस्ता गढीहरूका बारेमा यसरी वर्णन गरेका पाइन्छ :

"पैवागढ् सिन्धुलीमहाँ तखतमा किल्ला त पक्क बनी ।
पत्थरका गढ त्यो उचाइ छ अति ढोका फलाम्का त्यही ॥
चीसापानी गढी बढी तखतमा उँचा पऱ्याको अति ।
शीशागढ भनी नाउँ चौखुटमहाँ प्रख्यात् नजान्नू गति ॥
किल्ला जब्बरमा समुर्चल अति लोहा कि ढोका तहाँ ॥"

('पुराना कवि र कविता'बाट)

४९. राजा पृथ्वीनारायण शाहको राज्यकालसम्म पनि गोरखा राज्यमा १२ हजार घरधुरी रहेका छन् भन्ने जनधारणा रहिआएकाले यो राज्य 'बाह्र हजार गोरखा'को नामले प्रसिद्ध रहँदै आइरहेको थियो । जनसङ्ख्याको वृद्धि तथा राज्यका सीमा क्षेत्रहरूको निरन्तरको विस्तारले गर्दा पनि यस सङ्ख्यामा क्रमिक रूपमा वृद्धि हुँदै आई राजा पृथ्वीनारायण शाहको जीवनकालको अन्तिम समयसम्ममा नेपाल अधिराज्यमा तीन लाखभन्दा बढी घरधुरीहरू पुगिसकेका छन् भनी मानिएको थियो । तर आफ्नो पुरानै अभ्यासअनुसार यहाँ राजा पृथ्वीनारायण शाहले आफ्नो एकीकृत नेपाल अधिराज्यलाई पनि 'बाह्र हजार गोर्खा'को नामले नै चिनाएका छन् ।

५०. नेपालका मल्ल राजाहरूले खास गरी कान्तिपुर राज्यका अन्तिम मल्ल राजा जयप्रकाश मल्लले युद्धकालमा आफ्ना 'मोहर'का सिक्काहरूमा प्रशस्त मात्रामा कसरहरू मिसाएर कम गुणस्तरका सिक्काहरू ढालिदिने गरेका थिए र तिब्बतका निमित्त तिब्बती लिपिमा ढालिएका

यस्ता धेरै सिक्काहरू तिब्बतमा पुगिरहेका थिए । यस्तै कम गुणस्तरका खोटा सिक्काहरूले गर्दा राजा पृथ्वीनारायण शाहको जीवनकालको अन्तिम समयतिर व्यापारसम्बन्धी विषयलाई लिएर तिब्बतसँग नेपालको निकै नै कटुता उत्पन्न हुन आइरहेको थियो ।

शुद्ध चाँदीका सिक्काहरूलाई आधार मानेर यस्तै शुद्ध चाँदीका सिक्काहरूका माध्यमबाट मात्र व्यापार गर्नु उपयुक्त हुन्छ र यस्ता सिक्काहरूबाट नै आपसमा विश्वासको वातावरण सिर्जना गराउन सकिन्छ भन्ने राजा पृथ्वीनारायण शाहको मान्यता रहिआएको थियो । आफ्नो यस्तै मान्यताअनुसार पछि उपत्यकाभित्रका तीन ओटै मल्ल राज्यहरूमाथि आफ्नो नियन्त्रण स्थापित भइसकेपछि युद्धकालमा नेपालका मल्ल राजाहरूको तर्फबाट ढालिएका कम गुणस्तरका चाँदीका सिक्काहरूलाई त्यस्ता सिक्काहरूमा रहेका चाँदीका गुण, स्तर एवम् परिमाणहरूका आधारमा यिनले शुद्ध चाँदीका सिक्काहरूमा परिवर्तन पनि गराइसकेका थिए । तिब्बतमा पुगेका कम गुणस्तरका सिक्काहरूलाई पनि यसरी नै सटही गराइदिनुपर्छ भन्ने यिनको सोचाइ रहेको थियो ।

तिब्बतको भारतसँगको व्यापारसम्बन्ध यिनताक खास गरी नेपाली व्यापारीहरूकै नियन्त्रणमा रहिआएको थियो । यस किसिमको व्यापारका निमित्त नेपाली व्यापारीहरूका नेपाल, भारत तथा तिब्बतमा पनि अनेकौं व्यापार कोठीहरू सञ्चालन भइरहेका थिए । तर पछि नेपालभन्दा बाहिरका सन्न्यासी तथा वैरागी व्यापारीहरूले पनि कुती तथा केरूङभन्दा बाहेकका नेपालकै अन्य नाकाहरूबाट पनि लुकीछिपी तिब्बतमा मालसामानहरूको आयात तथा निर्यात पनि गराउन थालिरहेका थिए ।

यिनीहरूका यस किसिमका अवैध गतिविधिहरूले गर्दा नेपाली व्यापारीहरूको तिब्बतसँगको परम्परागत व्यापारमा अवरोध सिर्जना हुन थालिसकेको थियो । यसबाट राजस्वको असुलीमा पनि कमी आइरहेको थियो । यसैले यहाँ राजा पृथ्वीनारायण शाहले पूर्व तथा पश्चिमका अन्य अवैध बाटाघाटालाई बन्द गराउने चाहना राखेको

स्पष्ट रूपमा नै देखिन आएको छ । यहाँ पूर्व भनेर खास गरी सिक्किम राज्यतर्फका र पश्चिम भनेर मुस्ताङ वा जुम्ला राज्यतर्फका बाटाघाटातर्फ सङ्केत गरेको देखिन्छ ।

५१. यिनताक 'देश' वा 'राष्ट्र'को अर्थमा 'ढुङ्गा' शब्द प्रचलनमा आइरहेको थियो । आजभोलिको भाषामा हामी *"हामीले आफ्नो देशको भलो चिताउनुपर्छ"* भनी भन्ने गर्छौं । तर यही वाक्यलाई राजा पृथ्वीनारायण शाहको जीवनकालमा *"हामीले आफ्नो ढुङ्गाको सोझो चिताउनुपर्छ"* भनी भन्नुपर्ने चलन प्रचलित रहेको थियो । यसै प्रचलनअनुसार यहाँ 'चिसो ढुङ्गो' भनेर सेलाएको अर्थात् कत्ति पनि रौनक नभएको भनी उपत्यकाभित्र रहेका तीन ओटा मल्ल राज्यहरूको समूहलाई निस्तेज राज्यहरू भनी भन्न खोजिएको स्पष्ट रूपमा नै देखिन आएको छ ।

नेपाल अधिराज्यलाई "दुई ढुङ्गाका बीचको तरूल" भनेर भन्नुको तात्पर्य पनि यही नै हो । "दुई ओटा ढुङ्गाको बीचमा च्यापिएर रहेको तरूल" भनी यहाँ नेपाल अधिराज्यलाई चीन तथा भारतरूपी दुई ओटा शक्तिशाली राष्ट्रका बीचमा च्यापिएर रहेको तर आफ्नो पृथक् अस्तित्व भएको एउटा स्वतन्त्र राष्ट्र भनेर भन्न खोजिएकोमा कुनै पनि सन्देह छैन।

५२. यिनताक तराईतिरबाट नेपालका मध्यभागमा पहाडी प्रदेशहरूभित्र प्रवेश गर्ने प्रमुख प्रवेशमार्गका रूपमा रहेको प्रसिद्ध नाकामा 'पर्सागढी'को अवस्थित रहेको थियो । यसैले नै यहाँ "नेपालभित्र प्रवेश गर्न नदिनू" भन्ने अर्थमा "पर्सागढीबाट माथितिर आउन नदिनू" भनी भनिएको पाइन्छ । अहिले यस सुप्रसिद्ध गढीका खण्डहरहरू मात्र बाँकी बचेर रहेका छन् । भगवान् पारसनाथको नामबाट नै यस क्षेत्रको नाम 'परसुवा' वा 'पर्सा' भएको र 'पर्सा'मा बनेको गढी भएकाले नै यस गढीलाई 'गढपर्सा', 'गढपर्सुवा' वा 'पर्सागढी' भनिने गरेको पाइन्छ । पर्सा जिल्लामा रहेको 'महुवन' नामक ठाउँमा भगवान् 'पारसनाथ'का प्राचीन मन्दिरका अवशेषहरू अझैसम्म पनि पाइन्छन् ।

५३. 'स्वदेशी' अर्थात् आफ्नै देशमा बुनिएका मर्दाना व्यक्तिहरूले पहिरने खस्रा खाँडीका कपडाहरूलाई यिनताक 'त्याँगा' भन्ने चलन प्रचलित रहेको

थियो । यसै गरी 'हर्रो', 'मजिठो' वा 'कोगिटा'का रङहरूले रङ्गाइएका खाँडीका कपडाहरू यिनताक 'पाँगा'का नामले प्रसिद्ध रहेका थिए । यिनताक यहाँका पहाडी क्षेत्रका मध्यम वर्गका नागरिकहरू यस्तै खाँडीका कपडाहरू पहिरने गर्थे । 'च्याँगा पाँगाहरू लगाई' भनेर यहाँ सामान्य खस्रा किसिमका खाँडीका कपडाहरू पहिरिई, तडकभडक केही नदेखाएर भनी भन्न खोजिएको पाइन्छ ।

"खस्रा तथा मोटा भए पनि स्वदेशी कपडाहरू मात्र प्रयोग गर्नु उचित हुन्छ, मैले स्वयम् यस्तै कपडाहरू प्रयोग गर्दै आइरहेको छु, विलासी विदेशी कपडाहरूको प्रयोग गर्नु देशको स्वावलम्बनका निमित्त घातक हुन्छ" भन्ने राजा पृथ्वीनारायण शाहको आशय रहेको पाइन्छ ।

५४. काठमाडौं, पाटन तथा भक्तपुर गरी तीन ओटा अलगअलग राजधानी भएका काठमाडौं उपत्यका तथा यसका आसपासका क्षेत्रहरूमा फैलिएर रहेका तीन ओटा स्वतन्त्र मल्ल राज्यहरू तिनताक 'तीन सहर नेपाल'को नामले प्रसिद्ध रहेका थिए ।

५५. दूधकोसी नदीभन्दा पूर्वतर्फ रहेका नेपाल अधिराज्यका भूभागहरू अझैसम्म पनि सामान्य बोलीचालीको भाषामा 'ओल्लो किराँत' तथा 'पल्लो किराँत'को नामले प्रसिद्ध रहँदै आइरहेका छन् । नेपाल अधिराज्यभित्र समाहित हुनुभन्दा पहिले यी प्रदेशहरू 'चौदण्डी' तथा 'विजयपुर' नामक दुई ओटा स्वतन्त्र सेन राज्यका अधीनमा रहँदै आइरहेका थिए । गोरखा राज्यका घरधुरीहरू बाह्र हजार रहेका छन् भन्ने मान्यता रहिआए जस्तै यति बेला सम्पूर्ण किराँत प्रदेशमा नौ लाख घरधुरी रहेका छन् भन्ने जनधारणा रहिआएको थियो । यसैअनुसार यहाँ पनि पूर्वी नेपालमा रहेको किराँत प्रदेशलाई 'नौलाख किराँत' भनिएको पाइन्छ ।

५६. 'सबै जातको फूलबारी' भनेर यहाँ नवगठित नेपाल अधिराज्यमा रहेका सानाठूला तथा धनीगरिब सबै नेपाली नागरिकहरूको साझा एवम् सुन्दर फूलबारीका रूपमा परिकल्पना गरिएको पाइन्छ । नेपाली मात्रको राष्ट्रिय एकताका निमित्त यसभन्दा राम्रो परिकल्पना अर्को के पो गर्न सकिन्थ्यो र ? राजा पृथ्वीनारायण शाहको यस किसिमको

मार्मिक अभिव्यक्तिले गर्दा नेपाली मात्रलाई आफ्नो राष्ट्रिय एकताको सुदृढीकरणका निमित्त अवश्य पनि सदैव प्रेरणा प्रदान गरिरहन्छ भन्नेमा कुनै पनि सन्देह छैन ।

५७. 'चार वर्ण छत्तीस जात' भन्नुपर्नेमा यहाँ भ्रमवश 'चार जात छत्तीस वर्ण' भनिएको पाइन्छ । चार वर्ण भनेर सनातन वैदिक धर्मावलम्बी हिन्दूका वर्णव्यवस्थाअनुसारका 'ब्राह्मण', 'क्षत्रिय', 'वैश्य' तथा 'शूद्र' गरी चार ओटा वर्ण वा श्रेणीहरूलाई लक्षित गरिएकोमा कुनै पनि सन्देह छैन । यसै गरी 'छत्तीस जात' भनेर यति बेला नेपाली समाजमा प्रचलित रहेका मगर, गुरूङ, राई, लिम्बू, सुनुवार, सार्की, कामी तथा दमाईं आदि अनेकौं जात तथा जातिहरूतर्फ सङ्केत गरिएको पाइन्छ ।

५८. आफ्ना कुनै पनि सेनापति लडाइँको मैदानमा दिवङ्गत भएमा उसका कुनै पनि पुरूष सन्तान उमेरको हिसाबले सैनिक सेवामा प्रवेश पाउन समर्थ नभएसम्मका लागि उसका जहानपरिवारहरूको भरणपोषणका निमित्त राज्यको तर्फबाट प्रदान गरिने 'खान्की'लाई नै यिनताक 'मानाचामल' भनिने चलन प्रचलित रहेको थियो ।

५९. शिरमा कपडाको पगरी बाँध्ने अधिकारप्राप्त भएका पल्टनका तल्ला तहका सात थरी सैनिक पदाधिकारीहरू यिनताक 'सात पगरी'का नामले प्रसिद्ध रहेका थिए । 'सात पगरी'हरूमा सम्भवतः 'जमादार', 'सार्जड', 'निशान', 'अजिटन', 'भाट', 'पुरोहित' तथा 'बाजा नाइके' गरी सात थरी दर्जाका सैनिक पदाधिकारीहरू रहने गरेका पाइन्छन् ।

६०. राजा पृथ्वीनारायण शाहले आफ्ना प्रमुख मन्त्री 'काजी' कालु पाँडे, 'सरदार' शिवरामसिंह बस्नेत, 'काजी' वंशराज पाँडे, 'सरदार' तुलाराम पाँडे 'काजी' केहरसिंह बस्नेत, 'बख्सी' अभिमानसिंह बस्नेत, 'काजी' श्रीहर्ष पन्त, 'चौतारा' रणरूद्र शाह (भैयाद) र कालिदास खड्का (मगर) आदि अनेकौं भाइभारदारले आफूलाई लगाएका गुनहरूलाई बिर्सन सकिरहेका थिएनन् । यसैले नै यिनले यहाँ : "पाँडे, बस्नेत, पन्त, भैयाद र मगरहरूलाई 'मरातापं' (मरेबापतको खान्की) दिंदा आलोपालो गरी दिनू (किनभने) यिनीहरू भनेका मेरा नुन तथा गुनका सोझा सेवकहरू हुन्" भनी भनेका हुन् ।

६१. ठकुरी वा राजपूतहरूभन्दा बाहेक जनै लगाउने तागाधारी अन्य क्षत्रियहरूलाई यिनताक 'खस' भन्ने चलन प्रचलित रहेको थियो । यसैले यिनताक 'खसबाहुन'को सामान्य अर्थ हुन्थ्यो छेत्री तथा बाहुनहरू । नेपालका पहाडी समाजहरूमा वैश्य वर्गको उपस्थिति थिएन । लुगा धुने 'धोबी' तथा तेल पेल्ने 'तेली'को काम पनि यिनीहरू आआफैं गर्ने गर्थे । यसैअनुसार गोरखा राज्यका सबै नागरिकहरू धोबी तथा तेलीका रूपमा पनि सक्रिय रहेकाले गोरखा राज्यका निमित्त "बाह्र हजार धोबी तथा बाह्र हजार तेलीहरूको देश" भन्ने भनाइ पनि प्रसिद्ध रहेको थियो ।

६२. '*तीनथुम*' भनेर यहाँ गोरखा राज्यका 'लिगलिग', 'सल्यान' तथा 'धादिङ'मा रहेका तीन ओटा प्रमुख थुमहरूतर्फ सङ्केत गरिएको पाइन्छ । यी तीन प्रमुख थुमहरूमा रहेका त्यहाँका तीन ओटा प्रसिद्ध गढीहरूले नै गोरखा राज्यलाई परम्परादेखि नै सुरक्षा प्रदान गर्दै आइरहेका थिए । उपर्युक्त तीन ओटा थुमहरूमा रहेका पुराना गढीहरूलाई बलियो बनाएर राख्न सकिएकाले नै नेपाल अधिराज्यको एकीकरण कार्यको शुभारम्भ गर्न सम्भव भएको हो भन्ने यहाँ राजा पृथ्वीनारायण शाहको मनसाय रहेको पाइन्छ ।

६३. "टक्सारलाई चोखो चलाउने" अर्थात् चाँदीका चोखा सिक्काहरूको मात्र प्रचलनलाई सधैंका निमित्त सर्वथा बन्द गराउने भन्ने राजा पृथ्वीनारायण शाहको आर्थिक नीति रहेको थियो । यसै नीतिअनुसार काठमाडौं उपत्यकामाथि आफ्नो नियन्त्रण स्थापित नहुँदै यिनले आफ्नो नामबाट चोखा चाँदीका सिक्काहरूलाई प्रसारित पनि गराइसकेका थिए । तीन ओटै मल्ल राज्यहरूमाथि आफ्नो नियन्त्रण स्थापित भइसकेपछि यिनले यस क्षेत्रमा प्रचलनमा रहेका यस्ता कम गुणस्तरका पुराना सिक्काहरूलाई चलनचल्तीबाट हटाई यस्ता सिक्काहरूका बदलामा चाँदीका गुणस्तर तथा परिमाणअनुसार आफ्नो नामबाट प्रसारित भएका चोखा चाँदीका सिक्काहरू सटही पनि गराइसकेका थिए ।

तिब्बतमा पुगेका तिब्बती लिपिमा ढालिएका कमसल खालका नेपाली सिक्काहरूलाई पनि यसरी नै शुद्ध चाँदीका सिक्काहरूमा

परिणत गराउनु आवश्यक छ, यसबाट नै व्यापारमा विश्वासको वातावरण सिर्जना गराउन सकिन्छ भन्ने राजा पृथ्वीनारायण शाहको सोचाइ रहेको पाइएको छ । तर आफूहरूलाई प्रत्यक्ष नोक्सान हुने गरी तिब्बतमा आइपुगेका यस्ता कम गुणस्तरका नेपाली सिक्काहरूलाई कम मूल्यमा सटही गराउन तिब्बती पदाधिकारीहरू किन पो चाहन्थे ? कम गुणस्तरका सिक्काहरूलाई पनि नयाँ शुद्ध चाँदीका सिक्काहरूकै बराबरीमा स्वीकार गरिनुपर्छ भन्ने उनीहरूको आग्रह रहेको थियो । नेपाल सरकार भने उनीहरूको यस आग्रहमा सहमत हुन सकिरहेको थिएन । यसले गर्दा दुई पक्षका बीचमा विवाद पैदा भई यही विवाद बढ्दै आएर तिब्बतसँगको परम्परागत व्यापार करिबकरिब अवरूद्ध भइरहेको थियो ।

६४. यिनताक नेपालमा रहेका ठकुरी तथा मगरहरू अत्यन्त नै सीधासादा, इमानदार तथा कर्तव्यपरायण जातिका रूपमा परिचित रहेका थिए । यिनीहरू लोभलालचमा कुनै हालतमा पनि फस्दैनन् र यिनीहरूबाट अन्याय पनि हुन सक्दैन भने जनधारणा रहिआएको थियो । हुन पनि यिनताकसम्म ठकुरी तथा मगरहरू अहिलेका जस्ता लोभी तथा लालची पनि थिएनन् ।

आफ्नो अधिराज्यमा रहेका सबै अड्डा तथा अदालतहरू स्वच्छ रहून्, देशका सबै नागरिकहरूले न्याय तथा इन्साफ पनि पाऊन् र अड्डा तथा अदालतहरूभित्र घुसको लेनदेन कुनै हालतमा पनि चल्न नपाओस् भन्ने सदाशय राख्दै राजा पृथ्वीनारायण शाहले नेपालमा रहेका प्रायः सबैजसो अड्डाहरू ठकुरी तथा मगरहरूकै जिम्मामा छाडिदिने परम्परा बसाउन खोजेको देखिन्छ । अदालतमा ठकुरीहरूलाई 'डिट्ठा' तथा मगरहरूलाई 'बिचारी' बनाउनू भनी निर्देशन दिनुको आशय पनि यही नै हो ।

६५. भक्तपुर राज्यका राजा रणजित मल्लले "कान्तिपुर राज्यमाथि आक्रमण गर्न यता आउनुहोस्, मेरो तर्फबाट तपाईंलाई आवश्यक सैनिक सहयोग अवश्य पनि उपलब्ध हुनेछ" भनी पहिले त राजा पृथ्वीनारायण शाहलाई विशेष आग्रहका साथ आमन्त्रण गरेर काठमाडौं उपत्यकातर्फ

बोलाएका थिए तर यहाँ आइपुगिसकेपछि भने कान्तिपुर राज्यका राजा जयप्रकाश मल्लको दबाबमा परी यिनले राजा पृथ्वीनारायण शाहलाई असहयोग गरिदिएका थिए । यसै घटनातर्फ सङ्केत गर्दै यहाँ उनै उद्गारहरू व्यक्त भएका हुन् ।

'पछाडि शुद्ध गरी' भनेर यहाँ गोरखा राज्यभन्दा पश्चिमतर्फ रहेका 'लमजुङ', 'तनहुँ' तथा 'कास्की' आदि चौबीसे राज्यका राजाहरूको तर्फबाट हुने सम्भावित आक्रमणका खतराहरूबाट निरापद् भई भनी भन्न खोजिएको पाइन्छ ।

६६. गोरखा राज्यका सैनिकहरूका विरूद्धमा हतियारधारी नागा वैरागी सैनिकहरूलाई यथार्थमा कान्तिपुर राज्यका राजा जयप्रकाश मल्लले बोलाएका थिए । यस कामका निमित्त राजा रणजित मल्लले पनि भित्रभित्रै राजा जयप्रकाश मल्ललाई प्रेरित गरिरहेका हुँदा हुन् । तर राजा पृथ्वीनारायण शाहले यहाँ आफ्ना मीतबाबा राजा रणजित मल्लप्रति आदरभाव प्रकट गरी यिनलाई कुनै दोष नदिएर यसको सम्पूर्ण दोष राजा जयप्रकाश मल्लमाथि नै थोपरिदिएको पाइन्छ ।

'गुलाब राय' नामक एक जना नागा वैरागीमाथि राजा पृथ्वीनारायण शाहले पहिलेदेखि नै आदरभावहरू प्रकट गर्दै आइरहेका थिए । तर पछि उनी राजा पृथ्वीनारायण शाहदेखि असन्तुष्ट भई यिनको विरूद्धमा विद्रोही बन्न आइपुगेका थिए । राजा जयप्रकाश मल्लको आग्रहअनुसार यिनै गुलाब रायले भक्तपुर राज्यलाई गोरखाली सैनिकहरूको कठोर नाकाबन्दीबाट मुक्त गराउन भनी पाँच सय जनाजति हतियारधारी नागा वैरागीहरूलाई सिन्धुलीगढीको बाटो गरी भक्तपुर राज्यतर्फ पठाइदिएको पाइन्छ ।

मकवानपुर राज्यको विघटन भई त्यहाँका राजा दिगबन्धन सेन पक्राउमा परेदेखि नै यिनका नजिकका बन्धु एवम् चौदण्डी राज्यका राजा कर्ण सेन र गोरखाली राजा पृथ्वीनारायण शाहका परम विरोधीका रूपमा उपस्थित हुन आइपुगेका थिए । मकवानपुर राज्यको विघटनपछि अब विघटन हुने पालो चौदण्डी राज्यको नै आइपुगेकाले यिनी यसरी गोरखालीहरूका विरोधी बन्नु स्वाभाविक नै हुन आएको

थियो । यसैले कान्तिपुर राज्यका राजा जयप्रकाश मल्ललाई यिनको गुमेको राज्य पुनः फिर्ता गराइदिनका निमित्त राजा कर्ण सेनले आफ्नो तर्फबाट भरमग्दुर प्रयासहरू गर्दै आइरहेका थिए । यिनका यस किसिमका प्रयासहरू त यतिन्जेलसम्ममा प्रायः सबै नै व्यर्थ भइसकेको थियो । यथार्थमा यतिन्जेलसम्ममा राजा जयप्रकाश मल्ल आफ्नो राज्यबाट सत्ताच्युत भएर भक्तपुर राज्यमा गएर बसिरहेका थिए । यसैले यति बेला राजा पृथ्वीनारायण शाहको हत्या नै गराइदिने योजनामा राजा जयप्रकाश मल्लका साथै राजा कर्ण सेन पनि अग्रसर भइरहेको झलक पाइन्छ ।

तर गोरखाली सैनिकहरूले कायम गराएको कडा सुरक्षा व्यवस्थाले गर्दा बाहिरिया मानिसहरूलाई पठाएर यो काम सम्पन्न गराउनु सम्भव थिएन । यसैले काठमाडौं उपत्यकाभित्र रहेका राजा पृथ्वीनारायण शाहदेखि असन्तुष्ट रहँदै आइरहेका व्यक्तिहरूबाट नै यो काम सफलतापूर्वक सम्पन्न गराउने भन्ने निर्णय राजा जयप्रकाश मल्ल तथा यिनका सहयोगीहरूले पनि गरेका थिए । सम्भवतः यस गुप्त अभियानमा भक्तपुर राज्यका राजा रणजित मल्लका छोराहरूको पनि सहभागिता रहेको थियो । एउटै स्वार्थले गर्दा यतिन्जेलसम्ममा उपर्युक्त सबै व्यक्तिहरूका बीचमा मैत्री सम्बन्ध स्थापित भइसकेको थियो । यिनीहरूले ललितपुर राज्यका भूतपूर्व प्रमान वा मन्त्रीहरूलाई पनि आफ्नो राजनीतिक गुटमा सहभागी गराइसकेका थिए ।

यिनीहरू सबैको आपसी सल्लाह तथा सहमतिअनुसार राजा पृथ्वीनारायण शाहको निर्मम हत्या नै गराइदिने गुप्त योजना भित्रभित्रै तयार भइरहेको थियो । राजा जयप्रकाश मल्लले पहिले झिकाएका नगरकोटे सैनिकहरू यिनताक काम नपाएर लगभग यत्तिकै बेकार बसिरहेका थिए । यिनीहरूलाई नै माध्यम बनाएर आफ्नो निर्धारित योजनालाई सफल तुल्याउने सत्ताच्युत राजा जयप्रकाश मल्लले भित्रभित्रै तयार गरिरहेका थिए । यस किसिमको षड्यन्त्र भइरहेको छ भन्ने छनक सम्भवतः राजा पृथ्वीनारायण शाहलाई पनि मिलिरहेको थियो । यिनताक 'सरदार' कालिदास खड्का गोरखा राज्यको तर्फबाट

भक्तपुर क्षेत्रका सैनिक प्रशासकका रूपमा कार्यरत रहेकाले सम्भवतः यसै षड्यन्त्रको छनक पाएर नै यस सम्बन्धमा विशेष कुराहरू बुझ्न भनी राजा पृथ्वीनारायण शाह यस दिन स्वयम् नै भक्तपुरतर्फ गएका थिए । यो वि.सं. १८२५ को शिवरात्रिको दिन थियो (फागुन २७ गते) ।

यस सम्बन्धमा अन्यअन्य व्यक्तिहरूमाथि शङ्का भइरहेको थियो । आफ्ना जेजति भएका हातहतियारलाई बुझाएर ज्याला मजदुरीको पेसामा संलग्न भइसकेका भूतपूर्व नगरकोटे सैनिकहरूमाथि कसैको पनि ध्यान जान सकिरहेको थिएन ।

यता राजा पृथ्वीनारायण शाह भक्तपुर राज्यमा गएको थाहा पाएर यिनी त्यहाँबाट फर्केर काठमाडौं सहरतर्फ आउँदा बीचबाटोमा नै यिनको निर्मम हत्या गराइदिने योजना षड्यन्त्रकारीहरूले झटपट त्यसै दिन तयार गरेका थिए । आफ्ना भारदारहरूसँग आवश्यक परामर्शहरू गरी राजा पृथ्वीनारायण शाह म्यानामा सवार भएर बेलुकीपख भक्तपुरबाट काठमाडौंतर्फ फर्कंदै थिए । बाटामा फाँटका सुन्दर हरियालीका दृश्यहरूलाई हेर्दै यिनी 'ह्वाङह्वाङ पाटी'को आसपासमा आइपुगेका मात्र के थिए, केही हतियारधारी नगरकोटे सैनिकहरूका साथ घोडामा सवार भएका यिनीहरूका 'सरदार' भवानीसिंह एकाएक त्यहीँ नै देखा परे । यिनले घोडाबाट नओर्लीकन नै राजा पृथ्वीनारायण शाहलाई सलाम गरिदिए । यसबाट राजा पृथ्वीनारायण शाहलाई शङ्का भयो र यिनले आफ्ना अङ्गरक्षक काजी श्रीहर्ष पन्तलाई यी नगरकोटे सरदारलाई त्यहीँ पक्रिहाल्न कडा आदेश जारी गरिदिए ।

नगरकोटे 'सरदार' भवानीसिंह पनि कम चतुर व्यक्ति थिएनन् । राजा पृथ्वीनारायण शाहले दिएको कठोर आदेशलाई सुन्नेबित्तिकै उनले अप्रत्याशित रूपमा राजा पृथ्वीनारायण शाहमाथि नै तरबारले घातक प्रहार गरिहाले । तर संयोगले गर्दा यिनले प्रहार गरेको तरबार राजा पृथ्वीनारायण शाहलाई नलागी उनी चढेको म्यानाको डाँठमा गएर ठोक्किएकाले उनले गरेको प्रहार भने यत्तिकै व्यर्थ भयो । यस अकल्पित घटनाबाट त्रस्त भएका राजा पृथ्वीनारायण शाहका अङ्गरक्षक काजी श्रीहर्ष पन्तले फूर्तिका साथ सरदार भवानीसिंहलाई

त्यहीँ नै विद्युत्गतिले काटिदिएकाले नगरकोटे सैनिकहरू त्यहाँबाट यत्रतत्र भागाभाग गर्न विवश भए । काजी श्रीहर्ष पन्तको सजगता तथा फूर्तिबाट प्रभावित भएका राजा पृथ्वीनारायण शाहले यिनलाई त्यहीँ नै 'बिजुली पन्त' भन्ने नयाँ नाम दिएकाले यसपछि यिनी यसै नामले विशेष प्रसिद्ध रहेका पाइन्छन् ।

पछि भक्तपुर राज्यमाथि नियन्त्रण स्थापित भइसकेपछि पुगनपुग एक महिनाजति लगाएर यस षड्यन्त्रमाथि सावधानीका साथ छानबिन हुँदा सत्ताच्युत राजा जयप्रकाश मल्ल, राजा कर्ण सेन, पदच्युत राजकुमार अवधुतसिंह तथा ललितपुर राज्यका सत्ताच्युत केही 'प्रमान' वा मन्त्रीहरूको पनि यस कुटिल षड्यन्त्रमा हात रहेको पाइएको थियो । नगरकोटे सैनिकका सेनापति 'सरदार' भवानीसिंहले त्यति बेला प्रयोग गरेको घोडा पक्रिएबाट नै यस षड्यन्त्रका सबै रहस्यहरू सहजै उद्घाटित भएका थिए । राजा कर्ण सेन प्रवासमा रहेका, पदच्युत राजकुमार अवधुतसिंह आफ्ना पिताका साथ तीर्थवासका निमित्त काशीमा पुगिसकेकाले यी दुई व्यक्तिहरूलाई यस अपराधमा तुरून्त नै दण्ड दिइहाल्न सम्भव भएन । ललितपुर राज्यका देवीदास आदि ६ जना पदच्युत 'प्रमान' वा काजीहरू भने यसै अपराधमा पक्रिए र काटिए पनि (वि.सं. १८२७ चैत्र ११ गते) । भूतपूर्व नगरकोटे सैनिकहरू नेपालभित्र रहेसम्म यहाँ यस किसिमका कुटिल षड्यन्त्रहरू निरन्तर चल्दै रहने सम्भावनालाई देखी राजा पृथ्वीनारायण शाहले यसपछि भेटिएसम्मका भूतपूर्व नगरकोटे सैनिकहरूलाई पक्रिई निर्दयतापूर्वक कटाइदिएका थिए । केही भूतपूर्व नगरकोटे सैनिकहरू भने भेष बदलेर यति बेला येनकेन आफ्नो ज्यानलाई बचाउन सफल भएका थिए ।

६७. 'पलासी'मा सुप्रसिद्ध युद्ध हुँदा इस्ट इन्डिया कम्पनीका अङ्ग्रेज पदाधिकारीहरूले बङ्गालका 'नबाब' शिराजुद्दौलाका सैनिकहरूलाई युद्धका मैदानहरूमा षड्यन्त्रपूर्वक हराइदिएका थिए । यिनका सेनापति जाफरअली खाँ (मिर जाफर)लाई षड्यन्त्रपूर्वक आफ्नो पक्षमा मिलाउन सफल भएकाले नै इस्ट इन्डिया कम्पनीका अङ्ग्रेज पदाधिकारीहरूलाई यो अप्रत्याशित सफलता हासिल भएको थियो । यसपछि अङ्ग्रेज

पदाधिकारीहरूद्वारा जाफरअली खाँ नै बङ्गालका 'नबाब' बनाइएका थिए । तर यिनीबाट आफूले चिताएअनुसारका कामहरू सम्पन्न गराउन नसकिएकाले यसको केही समयपछि इस्ट इन्डिया कम्पनीका अङ्ग्रेज पदाधिकारीहरूले यिनको बदलामा यिनैका सेनापति कासिमअली खाँ (मिर कासिम)लाई नै त्यस रियासतका नयाँ 'नबाब'का रूपमा स्थापित गराइदिएका थिए । तर कासिमअली खाँ पनि सधैं नै इस्ट इन्डिया कम्पनीका अनुकूल भएर रहिरहन सकेनन् । कम्पनी सरकारसँग विरोध बढ्दै आएपछि यिनी आफ्नो राज्य वा रियासतको राजधानीलाई बङ्गालको 'मुर्सियाबाद'बाट बिहारको 'मुगेर' सहरमा स्थानान्तरित गराउन विवश भएका थिए ।

यिनले 'ग्रेगरी' नामक नयाँ नाम गरेका एक जना आर्मेनियम सैनिक अफिसरलाई 'गुरगिन खाँ' भन्ने नयाँ नाम प्रदान गरी आफ्ना सैनिकहरूलाई युरोपिय ढाँचाबाट तालिम दिने प्रमुख प्रशिक्षकका रूपमा नियुक्त गरेर राखेका थिए । अङ्ग्रेज पदाधिकारीहरूकै देखासिकी गरी कासिमअली खाँले पनि आफ्नो देशमा बन्दुक, तोप तथा गोलाबारूदहरू पनि धमाधम बनाउन थालिरहेका थिए । यसै स्थितिमा वि.सं. १८१४ मा 'पानीपन'मा भएको अर्को एउटा युद्धमा अन्य भारतीय राज्यका राजाहरूसँग मिली इस्ट इन्डिया कम्पनीका अङ्ग्रेज सैनिकहरूसँग सशस्त्र मुकाबिला गर्न भनी यिनी अग्रसर भएका थिए । तर यस युद्धमा पनि भारतीय राजाहरूको पक्षको नै हार हुन गएकाले यस युद्धपछि यिनी हतप्रभ तथा निस्तेज पनि भई यत्तिकै बसिरहेका पाइन्छन् ।

श्री ५ पृथ्वीनारायण शाहद्वारा पदच्युत गराइएका मकवानी राजा दिग्बन्धन सेनले यसै अवस्थामा गोरखालीहरूका विरूद्धमा आक्रमणका निमित्त आग्रह गर्न भनी मुङ्गेर सहरमा यिनीकहाँ आफ्ना मानिसहरू पठाएका थिए । राजा दिग्बन्धन सेनकै आग्रहअनुसार 'कासिमअली खाँ'ले आफ्ना सेनापति 'गुरगिन खाँ' (ग्रेगरी)लाई एउटा ठूलो सैन्यदलका साथ नेपालमा आक्रमण गर्न भनी पठाइदिए । गुरगिन खाँले नेपालमाथि अप्रत्याशित रूपमा आक्रमण गर्दा दुई पक्षका बीचमा

जोडदार भिडन्त प्रारम्भ भएको थियो (वि.सं. १८१९ माघ १० गते) । यस भिडन्तमा कासिमअली खाँका पक्षमा १७ सय जनाजति भारतीय सैनिकहरू हताहत भएका पाइन्छन् । यसै लडाइँमा 'छबीस' अर्थात् एक सय २० जना खुँडाधारी गोरखाली सैनिकहरूले 'कास्मेरी खाँ नवाफ' अर्थात् 'नबाब कासिमअली खाँ'का सैनिकहरूलाई त्यहाँबाट बलपूर्वक 'घर्काई' नेपालबाटै धपाइदिएको उल्लेख यहाँ गर्वका साथ गरिएको पाइन्छ ।

यस लडाइँमा गोरखाली सैनिकहरूले कासिमअली खाँका ५ सय नालजति बन्दुकहरू हात पारेका थिए । यिनै बन्दुकहरूका आधारमा श्री ५ पृथ्वीनारायण शाहले यसै वर्ष 'श्रीनाथ' तथा 'कालिबक्स' नामक दुई ओटा सैनिक 'कम्पनी'हरूको सङ्गठन गराएको उल्लेख अन्यत्र पनि पाइन्छ ।

६८. राजा जयप्रकाश मल्लको आग्रहअनुसार इस्ट इन्डिया कम्पनीका अङ्ग्रेज पदाधिकारीहरूले पनि 'कप्तान किनलक'को नेतृत्वमा वि.सं. १८२४ को आश्विन महिनामा पूर्वी नेपालको 'सिन्धुलीगढी'मा जोडदार आक्रमण गरिदिएका थिए (आश्विन ९ गते) । यस आक्रमणमा पनि २४-२५ सयजति विपक्षी सैनिकहरू सहभागी रहेका पाइन्छन् । आक्रमणकारी विपक्षी सैनिकमध्ये दुईअढाइ सयजति गोरा अङ्ग्रेज र बाँकी भने भारतीयमूलका सैनिकहरू रहेको सङ्केत प्राप्त हुन आएको छ ।

यस आक्रमणमा विपक्षी सैनिकहरू 'सिन्धुलीगढी'सम्म त प्रायः बिनाप्रतिरोध सजिलैसँग आइपुगेका थिए । विपक्षीहरूको आक्रमण हुन आँटेको खबर थाहा पाएर गोरखाली सेनापतिहरूले त्यहाँ रहेको किल्लाबाट आफ्ना सैनिकहरूलाई पहिले नै हटाइसकेका थिए (वि.सं. १८२४ आश्विन ८ गते) ।

भोलिपल्ट बिहान सबेरै अङ्ग्रेज सैनिकहरू त्यहाँबाट निर्धक्कका साथ 'खुर्कोट'तर्फ उकालो लागिरहेका थिए । त्यहाँ सुरूमा नै डेढ कोसजतिको 'पौवागढी'को ठाडो उकालो रहेको थियो । शत्रुसैनिकहरूको ताँती त्यसै उकालोमा निर्धक्कका साथ सुस्तसुस्त उकालो लागिरहेको थियो । त्यसै उकालोमा शत्रुसैनिकहरूको ताँतीमाथि बीचभागबाट

प्रहार गर्न भनी पाँच सय जनाजति नेपाली सैनिकहरूका साथ सिकारी 'वंशु गुरूङ' घाट लगाएर बसिरहेका थिए। विपक्षी सैनिकहरू कथंकदाचित 'पौवागढी'मा नै उत्रिइहालेमा उनीहरूमाथि सामुन्नेबाटै प्रहार गर्न भनी काजी वंशराज पाँडे तथा सरदार वीरभद्र उपाध्यायहरू पनि आआफ्ना सैनिकहरूका साथ त्यहीँ नै सन्नद्ध भएर बसिरहेका थिए।

उता विपक्षी सैनिकहरूका भने रसदपानीका भारीहरू बोक्ने भरियाहरू नै सबैभन्दा पहिले अघिअघि लागिरहेका थिए। भरियाहरूका पछिपछि आफ्ना सैनिकहरूको नेतृत्व गर्दै अङ्ग्रेज अफिसर 'हार्किङ' पनि खुर्कोटतर्फ उकालो लागिरहेका थिए। कप्तान 'किनलक' पनि आफ्नो नेतृत्वमा रहेका सैनिकहरूलाई हौसला प्रदान गर्दै आइरहेका थिए। भारी बोक्ने भरियाहरूलाई त गोरखाली सैनिकहरूले 'पौवागढी'तर्फ सजिलै उक्लन दिए तर 'हार्किङ'को नेतृत्वमा रहेका अङ्ग्रेज सैनिकहरूलाई देख्नेबित्तिकै त्यस सैन्यदलमाथि सिरानमा 'सरदार' वीरभद्र उपाध्यायको नेतृत्वमा रहेका नेपाली सैनिकहरूले एकाएक नै आक्रमण गरिदिए। नेपाली सैनिकहरूको अप्रत्याशित रूपमा भएको आक्रमणले गर्दा आफ्ना बन्दुक फ्याँकी आआफ्ना ज्यान जोगाउन सबै विपक्षी सैनिकहरू विवश भए। यसै अवसरमा बीचबाट सिकारी 'वंशु गुरूङ'का सैनिकहरूले शत्रुसैनिकहरूको पङ्क्तिको 'ढाड'मा हानेर शत्रुसैनिकका पङ्क्तिहरूलाई त्यहाँबाट तितरबितर तुल्याइदिँदा बीचमा रहेका विपक्षी सैनिकहरू पनि त्यहाँबाट भागाभाग गर्न विवश भएका थिए। उति नै बेला उनीहरूलाई अरिङ्गाल र बच्छ्युँका गोलाहरूले पनि उत्तिकै दुःख दिइरहेका थिए।

कप्तान किनलकको नेतृत्वमा रहेका पछिपछि आइरहेका विपक्षी सैनिकहरूको पनि यही नै हबिगत भइरहेको थियो। 'काजी' वंशराज पाँडेको नेतृत्वमा रहेका गोरखाली सैनिकले यिनीहरूलाई निरन्तर दपेटा दिइरहेका थिए। फलतः आक्रान्त सबै अङ्ग्रेज सैनिकहरू त्यहाँबाट भागाभाग गर्न विवश गए। यस लडाइँमा गोरखाली सैनिकका खुकुरी एवम् खुँडाहरूले १५ सयभन्दा बढी शत्रुसैनिकलाई हताहत तुल्याइदिएका थिए। यस शक्ति सङ्घर्षमा गोरखाली पक्षका पनि निकै सैनिकहरूले वीरगति प्राप्त गरेको पाइन्छ।

'सिन्धुलीगढी' तथा यसको आसपासमा भएको यसै लडाइँलाई यहाँ श्री ५ पृथ्वीनारायण शाहले *"सिन्धुलीगढीमा हाँकी साहेब चढ्यो र वाहीँ पनि काटी च्याती ल्याञां"* भनी भनेका हुन् । यसै लडाइँमा हात पारिएका बन्दुकहरूले श्री ५ पृथ्वीनारायण शाहद्वारा यसै वर्ष 'गोरख', 'बर्दवानी' तथा 'सबुज' नामक अन्य तीन ओटा बन्दुकधारी सैनिक कम्पनीहरूको पनि गठन गराइएको पाइन्छ ।

नबाब 'कासिमअली खाँ' तथा अङ्ग्रेजहरूका आक्रमणकारी सैनिकहरूलाई आफूले बलपूर्वक भगाइदिएको चर्चा श्री ५ पृथ्वीनारायण शाहले आफ्नो वसन्त वा वसन्तपुर नामक राजभवनको दक्षिणी मोहडामा रहेको वि.सं. १८२६ चैत शुक्ल पञ्चमी (चैत २१ गते, तदनुसार ३१ मार्च इ.सं. १७७०)को एक शिलालेखमा गर्वका साथ यसरी गराएका छन् :

"कास्मल्लीखाँ प्रयातो वरूणदिशि जितो यस्य भल्लप्रहारा -
दार्त्तो मत्तः क्षेणेन क्षणमपि न रणे स्थातुमीशः फिरङ्गी ॥"

अर्थात् जसका (सैनिकका) भालाका प्रहारहरूले गर्दा घाइते भएका 'कास्मल्ली खाँ' (कासिमअली खाँ) लडाइँमा पराजित भई पश्चिमतर्फ भागेर गएको थियो र केही समयका निमित्त घमन्ड चढेको 'फिरिङ्गी' (अङ्ग्रेज) पनि जसका (सैनिकका) अगाडि एकछिन पनि टिक्न सकेको थिएन (यस्ता यशस्वी नेपालकेशरी महाराज श्री ५ पृथ्वीनारायण शाह यसै राजभवनमा शोभायमान भएर रहिबक्सेको छ ।)

६९. 'भेखार्सिङ' शब्दको खास शुद्ध अरबिक रूप थाहा हुन सकिरहेको छैन । 'शेष जरबर'को शुद्ध रूप भने 'शेख जोराबर' भएको झलक पाइन्छ । वि.सं. १८१२ मा 'शेख जोराबर' नाम भएका एक जना मुसलमान कालिगडबाट १८०१ रूपैयाँ सापटी लिई राजा श्री ५ पृथ्वीनारायण शाहले उनलाई केही जग्गाजमिनहरू रजबन्धकीका रूपमा दिएको एउटा कागत प्राप्त भएको छ । यहाँ उल्लेख भएका 'शेख जोराबर' देखिन आएका छन् । 'ममतकी'को शुद्ध अरबिक रूप 'मुहम्मदतकी' भएको झलक पाइन्छ । वि.सं. १८४६ मा तिब्बतसँग भएको लडाइँमा त्यहाँ जाने नेपाली सैनिकहरूमा 'मुहम्मदतकी' नाम

भएका एक जना व्यक्ति पनि 'अजिटन' भएर गएका पाइन्छन् । यहाँ नाम उल्लेख भएका 'ममतकी' यिनै 'मुहम्मदतकी' भएको अनुमान हुन्छ ।

७०. अङ्ग्रेजहरूले भारतमा आएर सर्वप्रथम दक्षिणी भारतको आन्ध्र प्रदेशको 'तैलङ्गाना'मा त्यहाँका स्थानीय भारतीय नागरिकलाई आफ्ना सैनिकहरूका रूपमा भर्न गर्न प्रारम्भ गरेका थिए । सैनिक बर्दीहरू पहिरने बन्दुकधारी यस्ता सैनिकहरू पछिपछि बङ्गाल तथा बिहार प्रान्तहरूमा पनि भर्ना गरिन थालेकाले त्यहाँका निवासीहरूले तालिमप्राप्त यस्ता बर्दीधारी सैनिकहरूलाई 'तिलङ्गाना सैनिक' वा 'तिलङ्गा सैनिक' भनी भन्न थालेका थिए । यसैले बर्दी लगाएका तालिमप्राप्त बन्दुकधारी सैनिकहरूका निमित्त त्यसै समयदेखि समग्र उत्तरी भारतमा 'तिलङ्गा सैनिक' भन्ने चलन प्रचलित हुन थालेको पाइन्छ ।

७१. यहाँ पनि 'तिलङ्गा' भनेर तालिप्राप्त बन्दुकधारी सैनिकका 'कम्पनी' वा 'पल्टन'हरूलाई सङ्केत गरिएकोमा कुनै पनि सन्देह छैन। काठमाडौं सहरको असन बजारमा बालकुमारीको मन्दिरअगाडि रहेको 'बख्सी' अभिमानसिंह बस्नेतको 'मानमन्दिर' नामक भवन स्थानीय जनताका बीचमा अझैसम्म पनि 'तिलङ्गा भवन' वा 'तिलङ्गा घर'को नामले प्रसिद्ध रहिआएको छ । यस भवनको मोहोडामा बन्दुकधारी तिलङ्गा सैनिकहरूले कवाज खेलिरहेको दृश्य अङ्कित भएकाले नै यो भवन 'तिलङ्गा भवन'को नामले प्रसिद्ध हुन आएको पाइन्छ ।

७२. मगर जातिको आबादी व्यापक रूपमा फैलिएर रहेकाले चौबीसे राज्यका भूभागहरू यिनताक 'मगराँत'को नामले प्रसिद्ध रहेका थिए । गोरखा राज्यमा पनि मगर जातिका आबादीहरू बाक्लैसँग फैलिएर रहेकाले यस राज्यका नागरिकहरूले पनि अफूलाई मगराँतभित्रका नै सम्झदै आइरहेका थिए । यसै कारण यहाँ पनि श्री ५ पृथ्वीनारायण शाहबाट "मगराँतको राजा म नै हूँ" भनी आफ्नो उद्‌गार व्यक्त गरिएको पाइन्छ ।

७३. यिनताक नेपालका पहाडी राज्यहरूमा डाँडाडाँडा वा थुमथुममा 'उमराव' वा 'सरदार'हरूका नेतृत्वमा सैनिकहरू तैनाथ रहिरहेका हुन्थे भन्ने सामान्य चर्चा यसभन्दा अगाडि पनि भइसकेको छ । गोरखा राज्यमा सुरूसुरूमा ७ ओटा मात्र थुमहरू रहेको पाइएका छन् । जस्तै : (१) 'लिग्लिग', (२) 'हर्मी', (३) 'लकाङ', (४) 'मिर्कोट', (५) 'घ्यौराली', (६) 'धुवाँकोट' र (७) 'च्याङ्ली' ।

राज्य क्षेत्रको विस्तार हुँदै आएअनुसार पछिपछि यस राज्यमा अन्य थुमहरू पनि थप हुँदै आएका पाइन्छन् । 'कासिमअली खाँ' तथा अङ्ग्रेजका पनि पर्याप्त सङ्ख्यामा बन्दुकहरू हात परेपछि राजा श्री ५ पृथ्वीनारायण शाहले ढालतरबार एवम् धनुषबाणहरू धारण गर्ने आफ्ना राज्यका थुमथुमका गढी गौंडाहरूमा तैनाथ रहँदै आएका पुराना किसिमका सैनिकहरूमध्ये आधाजतिलाई साबिकअनुसार नै कायम राखी आधाजतिलाई भने तिलङ्गा सैनिकहरूका रूपमा 'कम्पनी'हरूमा परिणत गराइदिएका थिए । यसै प्रक्रियालाई यहाँ "आधा थुमहरू मासी कम्पनी जमाएको हो" भनी भनिएको हो । मुगलानतिरबाट आएका 'कासिमअली खाँ'का सैनिकहरूले नेपालमा एक पटक आक्रमण गरिसकेकाले होला, "यहाँ (एक न एक पटक) मुगलान हुन्छ" अर्थात् यहाँ एक पटक मुगलहरूको अधिकार अवश्य पनि स्थापित हुन्छ" भनी नेपालको किताबमा लेखिएको दोष पनि अबलाई मेटिइसकियो भन्ने राजा श्री ५ पृथ्वीनारायण शाहको आशय रहको पाइन्छ । राजा श्री ५ पृथ्वीनारायण शाहले नेपालमा रहेको कुल 'किताब' हेरेका थिए, यकिन रूपमा थाहा हुन सकिरहेको छैन । 'नेपालको किताब' भनेर यहाँ नेपालमा त्यति बेला उपलब्ध रहेको कुनै नेपाली वंशावलीतर्फ सङ्केत गरिएको देखिन्छ ।

७४. उहिले वि.सं. १४०६ को मार्ग महिनामा पनि बङ्गालका तुर्क सुल्तान 'समसुद्दीन इलियस शाह'का सैनिकहरूले वर्तमान काठमाडौं उपत्यकामा जोडदार आक्रमण गरिदिएका थिए । यो आक्रमण पनि सिन्धुलीतिरबाट नै भएको थियो । यस आक्रमणमा आक्रान्ता विधर्मी मुसलमान सैनिकहरूले पहिलो दिनमा नै सम्पूर्ण भक्तपुर सहरलाई

ध्वस्त तुल्याइदिएका थिए । दोस्रो दिनका दिन कान्तिपुर सहरलाई ध्वस्त पारी यसै दिन उनीहरू स्वयम्भूनाथको स्तूपालाई तहसनहस पार्न भनी पुगेका थिए । तेस्रो दिनका दिन यिनीहरूद्वारा सम्भवतः ललितपुर राज्यका सहर तथा गाउँहरूमा लुटपाट मच्चाइएको थियो ।

विधर्मी आक्रान्ताहरूको यस आक्रमणबाट ज्यान जोगाउन आआफ्नो घरखेत तथा धनसम्पत्तिहरू सबै नै परित्याग गरी नेपालका राजा तथा प्रजाहरू सबै नै वनदुर्गहरूभित्र गएर शरण लिन बाध्य भएका थिए । यसले गर्दा आक्रान्ता सैनिकहरूले यहाँका सम्पूर्ण सहर तथा समृद्ध गाउँहरूलाई बिनाप्रतिरोध निर्धक्कका साथ लुट्न पाएका थिए । यसरी एक हप्ताभित्रमा नै उनीहरूको काठमाडौं उपत्यकाभित्रका तीन ओटै मुख्य सहर तथा यहाँका अन्य समृद्ध गाउँहरूलाई पनि ध्वस्त तुल्याइदिएका थिए ।

यस आक्रमणमा भगवान् श्री पशुपतिनाथको मूर्तिलाई तीन टुक्रा पारेर खण्डित तुल्याइको थियो र स्वयम्भूनाथको प्रसिद्ध चैत्यलाई पनि आगो लगाएर खण्डहरका रूपमा परिणत गराइएको थियो । यसपछि भेटिएसम्मका धनदौलतहरू लिई सात दिन जतिपछि आक्रान्ता विधर्मी सैनिकहरू यहाँबाट फर्किएर स्वदेशतर्फ गएका र यसपछि मात्र यहाँका राजा तथा सर्वसाधारण नागरिकहरू पनि वनदुर्गहरूबाट निस्किएर आआफ्ना घरहरूमा फर्किएर आएका थिए ।

जेहोस्, यसबाट नेपालमा भएको 'समसुद्दीन इलियस शाह'को दुर्दान्त आक्रमणको सम्झना नेपाली जनमानसमा राजा श्री ५ पृथ्वीनारायण शाहको जीवनकालसम्म पनि रही नै रहेको देखिन आएको छ ।

परिशिष्ट (ख)

जयस्थिति मल्लको परिचय

विक्रम संवत्को चौधौं शताब्दीको मध्यमा, जुन समयमा राजा आनन्द मल्ल नेपाल अधिराज्यको राजसिंहासनमा विराजमान भएर रहेका थिए, त्यस समयमा नेपाल राज्यका प्रमुख हर्ताकर्ता एवम् सर्वशक्तिमान् प्रशासक भएर 'रूद्र मल्ल' नामक एक जना युवक सक्रिय रहेका पाइन्छन् । यिनी सिंह मल्लको वंशक्रममा तुङ्ग मल्लका छोरा तथा उत्तराधिकारी भएर जन्मिएका थिए (वि.सं. १३५२) ।

नेपाल अधिराज्यका अधिनायकका रूपमा रूद्र मल्लको उदय वि.सं. १३६८ को आसपाससम्ममा भइसकेको पाइन्छ । यति बेला यिनको उमेर भर्खरै मात्र १६ वर्ष पूरा भएको थियो । यसपछि ३० वर्षको अल्पायुमा वि.सं. १३८२ मा आफ्नो देहान्त नभएसम्म यिनी नेपाल अधिराज्यको प्रशासनलाई दृढतापूर्वक सञ्चालन गर्दै रहेका पाइन्छन् । यिनैको प्रशासनकाल नेपाल अधिराज्यका निमित्त निकै नै विपत्तिपूर्ण रहेको थियो । यिनको प्रशासनकालमा वि.सं. १३६९ को अन्त्यमा 'दुल्लु' राज्यका खस राजा रिपु मल्लले नेपाल अधिराज्यमा फेरि पनि आक्रमण गरिदिएका थिए ।

रूद्र मल्ल नभन्दै एक जना अत्यन्त महत्त्वाकाङ्क्षी अधिनायकका रूपमा नेपाल अधिराज्यको राजनीतिक रङ्गमञ्चमा देखा परेका पाइन्छन् । प्रारम्भमा त यिनले 'आनन्द मल्ल'लाई नै राजाका रूपमा सम्मानपूर्वक राजसिंहासनमा राखेर सम्पूर्ण नेपाल अधिराज्यमा आफ्नो मात्र एकलौटी प्रशासनिक अधिकार स्थापित गर्ने सोचाइ राखेका थिए तर ललितपुरका साथै कान्तिपुर क्षेत्रका महापात्र वा मन्त्रीहरू भने यिनको यस किसिमको सोचाइसँग सहमत हुन सकेनन् । राजा आनन्द मल्ललाई आफ्ना राजाका रूपमा स्वीकार गर्न उनीहरूले आनाकानी गरिदिएका थिए । यसपछि यिनले आनन्द मल्ललाई राजधानी भक्तपुर सहरको राजगद्दीमा मात्र सीमित राखी उपत्यकाभित्रका तीन ओटै प्रमुख सहरहरूको लगभग मध्यभागमा रहेको देवपाटन सहरमा आएर एउटा छुट्टै राजसिंहासन खडा गराई त्यस

राजसिंहासनका निमित्त राजा आनन्द मल्लकै छोरा अरी मल्ललाई राजाका रूपमा वरण गरी त्यहीँ नै यिनको राज्याभिषेक पनि गराइदिएको पाइन्छ (वि.सं. १३७७) ।

वंशावलीअनुसार राजा 'अरी मल्ल'को जन्म वि.सं. १३३३ मा भएको र यिनको देहान्त वि.सं. १४५८ मा भएको पाइन्छ । यति बेलाका शक्तिशाली प्रशासक रूद्र मल्लले आनन्द मल्ललाई भन्दा अरी मल्ललाई नै विशेष महत्त्व दिएका थिए तापनि राजधानी भक्तपुर सहरमा राजा आनन्द मल्लको अस्तित्व कायम रहिरहेसम्म तात्कालिक नेपाली समाजमा राजा अरी मल्लको विशेष महत्त्व स्थापित भएको देखिँदैन । तर राजा आनन्द मल्लको प्रभाव तथा प्रतिष्ठा पनि दिनप्रतिदिन क्रमशः बढ्दै आएको स्पष्ट रूपमा नै देखिन आएको छ ।

राजा अरी मल्लको शासनकालमा नेपाल अधिराज्यले अनेकौं किसिमका विपत्तिहरूको सामना गर्दै रहनुपरेको उल्लेख गोपालराज वंशावलीमा पाइन्छ । सर्वप्रथम इ.सं. १३३२ को अन्त्यमा सिमरौनगढ (तिरहुत) राज्यमा दिल्लीका प्रशासक गयासुद्दीन तुगलकको आधिपत्य स्थापित हुँदा त्यहाँका तात्कालिक राजा हरसिंहदेव त्यहाँबाट पलायित भई शरणार्थीका रूपमा पूर्वी नेपालमा आएर शरण लिन बाध्य भएका थिए । सुरक्षित आश्रयस्थलको खोजी गर्दै दोलखातिर आउँदा 'तीन पाटन' नामक ठाउँमा तिनको आकस्मिक रूपमा देहान्त भएको र तिनका छोरा, अन्य परिवार तथा मन्त्रीहरू भने त्यहीँ नै स्थानीय प्रशासकहरूका कैदमा परेका देखिन्छन् ।

यसै स्थितिमा, यो घटना घटेको केही महिनापछि नेपालमा रूद्र मल्लको पनि अप्रत्याशित रूपमा देहान्त भएको पाइन्छ (वि.सं. १३८३) । यस घटनाको डेढ वर्षजति पछि दुल्लुका अर्का खस राजा आदित्य मल्लले वर्तमान काठमाडौं उपत्यकाको वैभव तथा समृद्धिलाई फेरि पनि सम्झिएका थिए (वि.सं. १३८४) । पाँच दिनसम्म नुवाकोटमा रही ललितपुर सहरमा आक्रमण गर्ने उद्देश्यअनुसार यिनी उक्त सहरदेखि बाहिर फर्पिङमा रही अत्यावश्यक सैनिक तयारीहरू गर्दै रहेका थिए । २२ दिन त यिनले आफ्ना सैनिक तयारीहरू गर्दैमा बिताएका थिए । यसपछि ललितपुर सहरमा

आक्रमण गरी यिनले केही दिनका निमित्त त्यहाँ आफ्नो राजनीतिक अधिकार पनि स्थापित गराएको र पछि भने यिनी त्यहाँबाट हटेर स्वदेशतर्फ फर्कन विवश भएका पाइन्छन् ।

जेहोस्, राजा आदित्य मल्लले सञ्चालन गरेको यस सफल सैनिक अभियानबाट ललितपुर क्षेत्रका महापात्र वा मन्त्रीहरूको बचेखुचेको राजनीतिक शक्ति पनि क्षीण हुन गएकाले यस घटनापछि भने राजा अरी मल्लको राजनीतिक शक्ति केही मात्रामा बढ्न थालेको झलक पाइन्छ । राजा हरसिंहदेवका मन्त्री चन्द्रेश्वर ठाकुर भने सिमरौनगढबाट आएर दोलखाको नजिकैमा रहेको 'राजग्राम' नामक ठाउँमा कब्जा जमाई त्यस क्षेत्रलाई नेपाल अधिराज्यबाट अलग पारेर त्यहाँ आफ्नो एउटा छुट्टै सानो स्वतन्त्र राज्य खडा गराउन समर्थ भएका पाइन्छन् (वि.सं. १३८९) । यो घटना राजा अरी मल्लका निमित्त भने ठूलै आघातका रूपमा देखा पर्न आइपुगेको थियो । अधिनायक रूद्र मल्लको देहान्त तथा राजग्रामको पतन दुवै घटना राजा अरी मल्लका निमित्त राज्यको स्थायित्व तथा प्रगतिका लागि बाधक बनेर देखापरेका थिए ।

यता अधिनायक रूद्र मल्ल आफ्नी एक मात्र सन्तान बालिका छोरी नायकदेवीलाई छाडेर ३० वर्षको अल्पायुमा नै दिवङ्गत भएकाले आफ्नी पितामही पदुमलदेवीको संरक्षकत्वमा यिनै बालिका वैधानिक रूपमा नेपाल अधिराज्यकी मुख्य प्रशासिका वा अधिनायिकाका रूपमा उपस्थित हुन आइपुगेकी थिइन् । यिनको राजनीतिक अधिकारलाई चुनौती दिन सक्ने आँट यति बेला नेपाल अधिराज्यमा कसैले पनि गर्न सक्ने अवस्था रहेको थिएन । रूद्र मल्लकी दिदी 'देवलदेवी' पनि यस समयमा यिनकी अर्की संरक्षिकाका रूपमा देखा परिरहेकी थिइन् । राज्यका वैधानिक राजाका रूपमा भने अझै पनि राजा अरी मल्ल नै सक्रिय रहेका थिए ।

बालिका नायकदेवी नेपाल अधिराज्यकी भावी अधिनायिका बन्न आइपुगेकीले यिनको भावी विवाह राजनीतिक दृष्टिकोणले यति बेला नेपालमा अत्यन्तै नै महत्त्वपूर्ण बन्न आइपुगेको थियो । भविष्यमा यिनको जुन व्यक्तिसँग विवाहसम्बन्ध स्थापित हुन्छ, त्यही व्यक्तिको सन्तानले नै नायकदेवीका उत्तराधिकारीका रूपमा नेपाल अधिराज्यका हर्ताकर्ता बन्न

पाउने वातावरण स्पष्ट रूपमा बन्न आइरहेको थियो। यस समयमा 'हरिश्चन्द्र' तथा 'गोपालचन्द्र' नामक दुई जना क्षत्रिय कुमारहरू कतैतिरबाट आएर आफ्ना अभिभावकहरूका साथ वर्तमान काठमाडौं उपत्यकामा नै बसिरहेका थिए । वि.सं. १३८६ को आसपासमा देवलदेवीले यिनै हरिश्चन्द्रसँग बालिका नायकदेवीको विधिपूर्वक विवाहसम्बन्ध स्थापित गराइदिइन् । तर षड्यन्त्रपूर्वक कसैबाट विषको प्रयोग भई केही वर्षपछि जवानी अवस्थामा प्रयोग गर्दा वा नगर्दा नै यिनी अप्रत्याशित रूपमा मारिए (वि.सं. १३९२) ।

आफ्ना अभिभावकहरूको सल्लाह तथा सहमतिअनुसार यसपछि किशोरी नायकदेवीले आफ्ना देवर गोपालचन्द्रलाई नै आफ्ना दोस्रा पतिका रूपमा वरण गरिदिइन् । तर केही वर्षको सहवासपछि गोपालचन्द्रसँग पनि यिनको खटपट सुरू भयो र यिनी पनि नायकदेवीका पतिका हैसियतबाट बलपूर्वक नै हटाइए (वि.सं. १३९७) । 'जगतसिंह' नामक अर्का एक जना प्रभावशाली युवक यिनलाई हटाउन भनी यति बेला विशेष रूपमा सक्रिय रहेका थिए । राजधानी भक्तपुर सहरबाट पलायित भई क्षत्रियकुमार गोपालचन्द्र ललितपुर सहरभित्र रहेको एक किल्लामा पुगी शरण लिएर बसिरहेका थिए । यिनले त्यहाँ पनि सुरक्षित रूपमा रहिरहन पाएनन् । हत्याराहरू पठाई यिनको हत्या गराएर मात्र जगतसिंहले आफ्नो कुत्सित अभियनबाट विश्राम लिएका र यसपछि भने यिनी नै नायकदेवीका पतिका रूपमा स्थापित हुन आइपुगेका पाइन्छन् ।

जगतसिंह सिमरौनगढका अन्तिम कर्णाट राजा हरसिंहदेवका नै एक जना राजकुमार प्रतीत हुन्छन् । हरसिंहदेवको देहान्तपछि यिनी सम्भवतः भक्तपुर सहरमा नै आएर बसिरहेका थिए । सुरूसुरूमा त यिनी गोपालचन्द्रका नै समर्थक भएर रहेका पाइएका छन् । तर पछि पदुमलदेवीको देहान्तपछि (वि.सं. १३८९) भने नेपालमा यति बेला व्याप्त रहेको अशान्त वातावरण तथा अव्यवस्थित प्रशासनबाट लाभ उठाई नायकदेवीकै सहमतिअनुसार यिनले नै क्षत्रिय कुमार गोपालचन्द्रको हत्या गराइदिएको पाइन्छ । तर यिनले जुन हबिगत गोपालचन्द्रको गराइदिएका थिएँ, त्यही हबिगत पछि यिनको पनि हुन आएको पाइन्छ । नायकदेवीका पतिका रूपमा केही समयसम्म राजसी सुखसयलहरू भोग गरेपछि नजाने

किन हो ? यिनी पनि कैदमा परेका र कैदमा नै यिनको पनि देहान्त भएको थियो ।

यिनै जगतसिंहका तर्फबाट नायकदेवीले पछि 'राजल्लदेवी' नामकी एउटी छोरीलाई जन्म दिएकी थिइन् (वि.सं. १४०३ को अन्त्य) । तर दुर्भाग्य ! छोरी राजल्लदेवीलाई जन्म दिएको १० दिनपछि नै २० वर्षको जल्दोबल्लो जवानी अवस्थामा सूतिकागृहमा नै यिनको पनि देहान्त भयो । यिनलाई जसरी यिनको पितामही पदुमलदेवीले हुर्काएर बढाएकी थिइन्, त्यसरी नै यिनकी बालिका छोरी राजल्लदेवी पनि देवलदेवीकै काखमा हुर्किइन् र बढ्दै पनि आइन् ।

उता, अधिराज्यका वैधानिक राजा अरी मल्लको देहान्तपछि (वि.सं. १४०१) यिनका आफ्ना कुनै पनि सन्तान नहुँदा उत्तराधिकारीको अभावमा यिनको राजसिंहासन खाली नै रहिरहेको थियो । देवलदेवीले भने बालिका राजल्लदेवीकी संरक्षिकाको हैसियतले नेपालमा आफ्ना प्रशासनिक अधिकारहरूलाई दृढतापूर्वक सम्हाली नै रहेकी थिइन् । पछि सबै भारदारहरूको सरसल्लाहअनुसार राजा आनन्द मल्लका ल्याइतेपट्टिका छोरा 'राज मल्ल' नेपाल राज्यका वैधानिक राजाका रूपमा भक्तपुर सहरमा राजसिंहासनमा राखिए (वि.सं. १४०४) ।

राजा राज मल्लको राज्यकालको प्रारम्भमा नै फेरि पनि अर्को एउटा घोर विपत्तिको सामना गर्न नेपाल अधिराज्य बाध्य भएको पाइन्छ । यो विपत्ति थियो, नेपाल अधिराज्यमा भएको विधर्मी मुसलमानहरूको अकल्पित दुर्दान्त आक्रमण । राजा राज मल्लको राज्यकालको आरम्भमा नै बङ्गालका सुन्तान सममुद्दीन इलियस शाहले नेपाल अधिराज्यमाथि जोडदार आक्रमण गरिदिएका थिए (वि.सं. १४०६ को मार्ग) । काठमाडौं उपत्यकामा यो आक्रमण पूर्वतिरबाट भएको पाइन्छ । अहिलेको सिन्धुलीगढीको बाटो भई यिनीहरूले काठमाडौं उपत्यकाभित्र प्रवेश गरेका थिए । विधर्मी मुसलमान आक्रान्तहरूले पहिलो दिनमा पूरा भक्तपुर सहरलाई नै तहसनहस बनाइदिएका थिए । दोस्रो दिन काठमाडौं सहरलाई ध्वस्त तुल्याई यसै दिन उनीहरू स्वयम्भूनाथको स्तूपलाई पनि तहसनहस पार्न भनी पुगेका

पाइन्छन् । सम्भवतः तेस्रो दिनका दिन यिनीहरूले ललितपुर सहरमा घोर लुटपाट मच्चाएका थिए ।

विधर्मीहरूबाट भएको यस आक्रमणबाट ज्यान जोगाउन आफ्नो दरबार तथा धनसम्पत्तिहरू सबै नै छोडी समस्त नगरबासीहरूका साथ स्वयम् राजा राज मल्ल पनि 'वनदुर्ग'हरूभित्र गएर आश्रय लिन बाध्य भएका थिए । यसले गर्दा आक्रान्ता समसुद्दीन इलियस शाहका विधर्मी सैनिकहरूले बिनाप्रतिरोध, निर्धक्कका साथ लुटपाट गरी एक हप्ताभित्रमा नै उपत्यकाभित्रका तीन ओटै सहर तथा यहाँका ठुल्ठूला गाउँहरूलाई पनि ध्वस्त तुल्याइदिएका र यहाँका मन्दिर तथा चैत्यहरू सबै नै खण्डहरका रूपमा परिणत गराइएका थिए । यसै क्रममा भगवान् श्री पशुपतिनाथको पहिलेको प्राचीन मूर्तिलाई तीन टुक्रामा विभक्त पारिएको थियो । यस्तै 'स्वयम्भू'मा रहेको प्रसिद्ध चैत्यलाई पनि आगो लगाएर ध्वस्त बनाइएको थियो । भेटिएसम्मका धनदौलतहरू लिई सात दिनजति पछि यिनीहरू यहाँबाट हटेर गएका र यसपछि मात्र राजा राज मल्ल तथा नगरबासीहरू पनि वनदुर्गहरूबाट आआफ्ना बासस्थलमा फर्किएर आएका थिए ।

देवलदेवी भने यस समयकी निकै नै सक्षम प्रशासिका भएर देखा परिरहेकी थिइन् । समसुद्दीन इलियस शाहका सैनिकहरूको आक्रमणबाट ध्वस्त भएका गाउँ तथा सहरका बस्तीहरूलाई यिनले तत्कालै जीर्णोद्धार गर्ने व्यवस्था मिलाइदिएकी थिइन् । भगवान् श्री पशुपतिनाथको नयाँ मूर्तिको स्थापना र स्वयम्भू महाचैत्यको जीर्णोद्धार गर्ने काम भने यिनको जीवनकालमा सम्पन्न हुन सकेनन् । यसको केही वर्षपछि कान्तिपुर क्षेत्रका महापात्र 'जयसिंहराम वर्द्धन'को प्रशासनकालमा मात्र उपर्युक्त दुवै काम सम्पन्न हुन सम्भव भएका थिए ।

राजल्लदेवीकी संरक्षिकाको हैसियतले देवलदेवीले राज्यका प्रशासन व्यवस्थाहरू सञ्चालन गर्दै रहँदा ठाउँठाउँका महापात्र वा मन्त्रीहरूले नेपाल अधिराज्यबाट स्वतन्त्र हुने चेष्टा पनि नगरेका होइनन् । तर आफ्ना महामन्त्री 'अनखराम'को सहयोगद्वारा यिनले यस्ता सबै विद्रोहहरूलाई दृढतापूर्वक दबाइदिएकी थिइन् । देवलदेवीकै प्रशासनकालमा वि.सं. १३८५ मा पश्चिमी नेपालबाट आदित्य मल्लका खस सैनिकहरूले र वि.सं. १३९१

मा त्यहाँका अर्का राजा पुण्य मल्लका सैनिकहरूले पनि वर्तमान काठमाडौं उपत्यकामा फेरि पनि आफ्ना जोडदार आक्रमण गरेका थिए । राजा राज मल्लको नेतृत्वमा यति बेला यस क्षेत्रकी प्रमुख प्रशासिका भएर रहेकी देवलदेवीले बडो धैर्य तथा वीरताका साथ यस्ता आक्रमणहरूको निरन्तर प्रतिरोध गर्दै रहेकी थिइन् । यसै स्थितिमा राजा राज मल्लको देहान्त भएकाले यिनका बालक छोरा अर्जुन मल्ल नेपाल अधिराज्यको राजसिंहासनमा राखिएका पाइन्छन् (वि.सं. १४१७) ।

उता नायकदेवीको आकस्मिक रूपमा देहान्त हुँदा यिनकी नाबालिका छोरी राजल्लदेवीले त्यति बेला नै नेपाल अधिराज्यकी शक्तिशाली प्रशासिका हुने वैधानिक अधिकार प्राप्त गरिसकेकी थिइन् । तर त्यति बेला यिनी पाँचसात वर्षकी अबोध बालिका भएर रहेकीले यिनको यो राजनीतिक अधिकार यिनकी संरक्षिकाको हैसियतले यिनकी पितामही देवलदेवीले नै प्रयोग गर्दै आइरहेकी थिइन् । यस अवस्थामा कुमारी राजल्लदेवी वा यिनका भावी पति नै अब नेपाल अधिराज्यका अधिनायक वा हर्ताकर्ता हुने निश्चित वातावरण बनिरहेको थियो । यसैले धेरै क्षत्रिय कुमारहरूले यति बेला कुमारी राजल्लदेवीमाथि आँखा गडाएर बसिरहेका थिए ।

देवलदेवी पनि आफ्नी नातिनी राजल्लदेवीको विवाहयोग्य उमेर हुनेबित्तिकै एक जना सुयोग्य वरका साथ यिनको विवाह गराइदिने प्रतीक्षामा बसिरहेकी थिइन् । यसै स्थितिमा एक जना क्षत्रिय कुमारलाई कतैबाट झिकाई देवलदेवीले राजल्लदेवीको विवाह यिनै क्षत्रिय कुमारसँग गराइदिइन् (वि.सं. १४११) । यो विवाह 'डोलाजी विवाहविधि'अनुसार भक्तपुर सहरमा नै सम्पन्न भएको पाइन्छ ।

विवाह हुँदा कुमारी राजल्लदेवीको उमेर आठ वर्ष हुनाले यति बेला यिनका 'दुलाहा'को उमेर १२ वर्षको आसपास भएको झलक पाइन्छ । यसपछि बालक दुलाहा तथा बालिका दुलही दुवै देवलदेवीकै रेखदेखमा हुर्किए तथा बढ्दै पनि आए । यति मात्र होइन, बालक 'दुलाहा'जीले आफ्नो साबिकको कुल तथा गोत्रलाई पनि परित्याग गरी राजल्लदेवीका बाजे रूद्र मल्लकै 'मानवगोत्र'लाई स्वीकार गरेकाले यिनै क्षत्रिय कुमार पछि 'स्थिति मल्ल' वा 'जयस्थिति मल्ल'का नामले प्रसिद्ध हुन आएका पाइन्छन् । यिनै

जयस्थिति मल्लको राज्यकालभन्दा केही वर्षपछि मात्र लेखिएको 'गोपाल राजवंशावली'मा यस विवाहको वर्णन रोचक ढङ्गमा विस्तापूर्वक प्रस्तुत गरिएको पाइन्छ ।

देवपाटन सुनधारामा रहेको स्थिति मल्ल वा जयस्थिति मल्लले स्थापना गराएको एक शिलालेखमा यिनका छोराहरूको नाम पनि आएको छ । तर यस शिलालेखमा यिनले आफ्ना पिता तथा पितामहको नाम भने उल्लेख नगराएर आफूलाई गर्वका साथ 'राजल्लदेवीका पति'का रूपमा मात्र उपस्थापित गराएको पाइन्छ । यिनका आफ्नै छोरा ज्योतिर मल्लले पनि आफ्नो एक शिलालेखमा आफ्ना पिताका रूपमा 'जयस्थिति मल्ल'को नाम मात्र उल्लेख गरी आफ्ना बाजेको नाम उल्लेख नगराएर आफ्ना पिता जयस्थिति मल्ललाई गर्वका साथ 'राजल्लदेवीका पति'का रूपमा नै उल्लेख गराएको पाइन्छ । राजल्लदेवीका पतिका हैसियतले नै आफू यस क्षेत्रका सर्वशक्तिमान् प्रशासक बन्न आइपुगेकाले 'स्थिति मल्ल' वा 'जयस्थिति मल्ल'ले आफ्नो नामको अगाडि यस्तो विशेषता जोड्नुलाई अस्वाभाविक पनि मान्न सकिँदैन ।

जेहोस्, 'स्थिति मल्ल' वा 'जयस्थिति मल्ल'को राजनीतिक उत्थान भएपछि वास्तविक राजवंशका 'अनन्त मल्ल' वा 'आनन्द मल्ल'का वंशधरहरू सबै नै निस्तेज बन्न आएका, 'स्थिति मल्ल' नै नेपाल अधिराज्यका अधिपतिका रूपमा स्थापित हुन आएका र यसपछि नेपालमा अर्कै मल्ल राजवंशको उत्थान भएकाले 'स्थिति मल्ल' वा 'जयस्थिति मल्ल'ले उत्थान गराएको नयाँ मल्ल राजवंशलाई 'पछिल्लो राजवंश' भन्ने नाम दिनु उपयुक्त देखिन आएको छ ।

नेपालमा देवलदेवी जीवित रहेसम्म 'स्थिति मल्ल' राजनीतिक रूपमा त्यति सक्रिय हुन सकिरहेका थिएनन् । तर यिनको देहान्तपछि (वि.सं. १४२३) भने 'राजल्लदेवीका पति'का हैसियतले यिनी नै भक्तपुर राज्यका उपराज तथा नेपाल अधिराज्यका हर्ताकर्ता पनि भएर निस्किएका पाइन्छन् । सुरूसुरूमा त यस क्षेत्रमा रहेका केही पुराना भारदारहरूले यिनका विरूद्धमा विद्रोहको झन्डा पनि उचालिदिएका थिए । तर आफूले मानेका राजा अर्जुन मल्लको सहयोगले आफ्ना यस्ता सबै विरोधीहरूलाई

एकएक गरी दमन गर्न यिनी सफल भएका पाइन्छन् । यिनताक कान्तिपुर क्षेत्रमा 'जयसिंहराम वर्द्धन' नामक एक जना प्रभावशाली व्यक्ति यहाँका 'महापात्र' वा 'महामन्त्री'हरूका रूपमा सक्रिय रहेका थिए । 'स्थिति मल्ल' वा 'जयस्थित मल्ल'को बढ्दो प्रभाव यिनलाई कत्ति पनि मन परिरहेको थिएन । यसैले यिनी पनि यस क्षेत्रमा 'स्थिति मल्ल'का विरोधीका रूपमा उपस्थित हुन आइपुगेका थिए ।

नवयुवक स्थिति मल्ल पनि यति बेला कम महत्त्वाकाङ्क्षी व्यक्ति रहेका थिएनन् । यिनले अन्य भारदारहरूको सहयोग लिई महापात्र 'जयसिंहराम वर्द्धन'लाई पक्रिएर बलपूर्वक नेल नै ठोकिदिएका थिए (वि.सं. १४२९) । यस राजनीतिक घटनाबाट ललितपुर क्षेत्रका महापात्रहरू पनि स्थिति मल्लदेखि क्रुद्ध बन्न आएकाले स्थिति मल्लको विरूद्धमा लडाइँ गर्न तम्सिएका थिए । यसैअनुसार दुई पक्षका बीचमा लडाइँ पनि सम्पन्न भएको थियो । तर लडाइँमा जित भने स्थिति मल्लकै पक्षको हुन आयो । यसपछि यिनी नै भक्तपुर उपराज्यका निष्कण्टक अधिनायकका रूपमा स्थापित हुन आए । यस घटनापछि पनि केही वर्षसम्म त 'राजा'का रूपमा नेपाल अधिराज्यमा 'अर्जुन मल्ल' नै सक्रिय रहेका पाइन्छन् । राजनीतिक शक्ति भने यति बेला यिनको हातमा कत्ति पनि बाँकी बचेको थिएन । राज्यमा सबै राजनीतिक शक्तिहरू स्थिति मल्लकै हातमा पुगिसकेको थियो । तर पनि नेपालमा राजाका रूपमा यिनी कार्यरत रहेसम्म आफ्नो राजनीतिक उत्कर्षमा बाधा पर्ने अनुभव गरी 'स्थिति मल्ल'ले यिनलाई बनेपातिर निर्वासनमा पठाइदिएका थिए (वि.सं. १४३७) ।

यस घटनापछि भने 'स्थिति मल्ल' वा 'जयस्थिति मल्ल' भक्तपुर क्षेत्रका उपराज मात्र नरहेर 'राजल्लदेवीका पति'का हैसियतले एक प्रकारले सम्पूर्ण नेपाल अधिराज्यका नै अधिनायकका रूपमा स्थापित हुन आए । काठमाडौं तथा ललितपुर क्षेत्रका 'महापात्र' वा मन्त्रीहरूले पनि यिनको नेतृत्वलाई अङ्गीकार गरिदिएकाले यिनी अब व्यावहारिक रूपमा पनि नेपाल अधिराज्यका राजाका रूपमा नै स्थापित हुन आइपुगेका थिए । तर आफ्नो जीवनकालभरि यिनले आफूलाई 'राजा'का रूपमा कहिल्यै पनि उपस्थापित गराएको पाइएको छैन । 'राजल्लदेवीका पति'का हैसियतले

मात्र यिनी नेपाल अधिराज्यको प्रशासनसूत्रलाई दृढतापूर्वक सम्हाल्दै रहेका पाइन्छन् । नेपाल अधिराज्यका प्रमुख प्रशासकका रूपमा लामो समयसम्म कार्यरत रही वि.सं. १४५१ को आसपासतिर यिनको देहान्त भएको पाइन्छ ।

एकथरी नेपाली वंशावलीअनुसार 'स्थिति मल्ल' वा 'जयस्थिति मल्ल'को राजसभामा 'कीर्तिनाथ उपाध्याय' नामक एक जना स्थानीय विद्वान्का साथै 'रघुनाथ झा' तथा 'रामनाथ झा' नामक दुई जना मैथिल विद्वान् र 'श्रीनाथ भट्ट' तथा 'महीनाथ मट्ट' नाम भएका अन्य दुई जना दक्षिणात्म विद्वान्हरू रहेका थिए । यिनै विद्वान्हरूको सहयोग तथा सल्लाहअनुसार नै यिनले आफ्नो शासनकालमा निम्नाङ्कित स्थिति बन्देज बाँधिदिएको मानिन्छ ।

स्थिति बन्देजहरूको वर्तमान नेपाली भाषाअनुसारको पाठ

१. प्रजाहरूले आफ्ना घरखेत (तथा) बिर्ताहरू धितो राखी ऋण ग्रहण गर्न तथा बिक्री गर्नसमेत पाउनेछन् ।

२. चार वर्ण छतीस जातको निर्णय गरी पृथक्पृथक् जातिको भेद छुट्याएर (सबैले) जातअनुसार (धार्मिक) कर्मकाण्डहरू गर्नुपर्नेछ ।

३. अघिका राजाहरूका पालामा अपराध गर्नेहरूलाई हस्तप्रहार तथा धिक्कार वचन गरी दुईथरी (मात्र) सजाय (दिने प्रचलन रहेको) थियो । कालका प्रभावले यस्ता सामान्य दण्ड(हरू)ले (मात्र) प्रजाहरूको रक्षा नहुने ठानी (अबउप्रान्त) ती दण्डहरूको निवृत्ति गरी रूपैयाँ (नै दण्ड) लिने (नयाँ किसिमको) दण्ड (नीति)को प्रवृत्ति गरेर व्यवहारमा चलाइने ।

४. राजा तथा राजसन्तति परलोक हुँदा सबै जातका आफ्ना प्रजाहरू जम्मा गरी जातिका क्रमले मानिसको दुईचार जोडीको पङ्क्ति गरी नयाँ पलङ बनाएर श्मशानमा लैजाने, त्यस पलङमा मृतशरीर(लाई) राखी स्वजातिले बोकेर दीपक राज गाउँदै बाजा बजाई श्मशानमा लैजाने, घाटमा लगी मृतकलाई अग्निसंस्कार गर्ने र मृतकका विषयमा छत्तीस जातहरूमध्ये कसैकसैलाई काहार बाजा बजाई श्मशानमा लगेर जलाउनेसम्बन्धी नियमहरू ।

५. आफ्ना जातले गरिआएको कार्यलाई छाड्ने र अर्का जातले गरिआएको कार्यलाई स्वीकार गर्नेलाई अपराधीसरह दण्ड (सजाय) गर्ने नियम ।

६. जात(हरू) चिन्नका निमित्त ससाना जात(हरू)को निर्मित पहिरन तथा घरहरू यस्तो यस्तो बनाई व्यवहार गर्नू र यस्तोयस्तो नगर्नू भनी जातैपिच्छे बेग्लाबेग्लै नियम गरी चालचलन गर्ने गर्नू ।

फुटकर व्यवस्थाहरू

(क) चलन (चल्ती)को हकमा काँटा, ढक, पाथी, कुरूवाले नापजोख गरी किन्ने तथा बेच्ने गर्नू ।

(ख) आफ्ना जातको रकम नछाड्नु र आफ्नो (भएका) जात नछिपाउनू ।

(ग) प्रजाका घरखेत(हरू)का हकम 'सुनाघर', 'सुनाखेत' र 'सुनाबारी' भन्ने नाउँ दिई घर, खेत र पाखा (बारी)हरूको व्यवस्था गरिने । यसलाई (देशका सबै प्रजाले) आफू खुसीसँग बेच्न, दान गर्न, देवताहरूलाई चढाउन र बन्धक राख्नसमेत पाउने ।

स्थिति बन्देजसम्बन्धी अन्य व्यवस्थाहरू

१. **घर(हरू)को सम्बन्धमा–** आफ्नो हातको बूढीऔंलाको (हिसाबले) चौबीस अङ्गुलका प्रमाणको १ हात गरी (व्यवहार गर्ने गर्नू । यही नापोअनुसार) गल्ली (भित्र)का घरका निमित्त घरको प्रमाण, घरको चौतर्फी नापो ९५ हातको खा. १, गल्लीभित्रका (बाहिरी) घरका निमित्त १०१ हातको खा. १ र सहरभित्रका घरका निमित्त ८५ हातको खा. १ (मानी घरहरूको नापजाँच गर्ने गर्नू) ।

२. **ब्राह्मण, क्षत्रिय, वैश्य एवम् शूद्र** यति (चार) जातका निमित्त घर बनाउँदा वास्तुप्रकारोक्त क्रम र अष्टवर्गका विचारले यथोक्त विधिपूर्वक शिलान्यास गरेर मात्र बनाउने गर्नू ।

३. **जातककार्यको सम्बन्धमा–** ब्राह्मण एवम् क्षत्रिय(हरू)ले ब्राह्मण(हरू) बाट र वैश्य एवम् शूद्रहरूले देवज्ञ(हरू)बाट जातकशास्त्रको विचार गरी दिनको यथेष्ट कालादि तथा फलनिर्णयसमेत (हुने गरी) जातकपत्री लेखाउने गर्नू ।

४. **खेतहरूको विषयमा–**

(क) अबल, दोयम, सि(य)म र चाहार (गरी) चार प्रकारको (वर्गीकरण गर्ने गरी) व्यवस्था बाँध्ने । (यसरी व्यवस्थाहरू बाँध्दा) अब्बल खेतका निमित्त चारैतर्फ ९५ हातको प्रमाणको, दोयम खेतका निमित्त चारैतर्फ १०५ हातको, सि(य)म खेतका निमित्त चारैतर्फ ११२ हातको र चाहार खेतका निमित्त चारैतर्फ १२५ हातको १ 'कर्ष' मानी व्यवहार गर्ने गर्नू ।

(ख) साढे दस हात प्रमाणको 'टाँगो' नामक खेत नाप्ने मापदण्ड भइआएकोमा (अबउप्रान्त) साढे सात हात प्रमाणको 'टाँगो'को नापो बनाई नाप्ने गर्नू ।

(ग) (जग्गाको) नापो गर्नका निमित्त 'डङ्गोल' नामक क्षेत्रकार जातको तथा घरको नापो गर्नका निमित्त तक्षकार बाँडाहरूमध्ये 'पिछु' भन्ने गृहकार जातिको व्यवस्था गरियो ।

(घ) (देशमा रहेका) नेवार (जातिलाई) ३६ जातमा विभाजन गरियो । यस्तै अन्य जातको पनि पृथक्पृथक् भेद गरियो । जस्तै : जोशीको ८, अचारको ८ र वैद्यको ४ जात आदि ।

(ङ) श्रेष्ठका ३६ जातमध्ये तागाधारी १३ (जात रहेका छन्) । (जस्तै) : चण्डेरी, सुवेदी, भण्डारी, आचार र दैवज्ञ आदि ।

(च) ब्राह्मणहरूमा- पञ्चगौड र पञ्चद्रविड गरी १० थरी मूल जात हुन् । यिनैबाट धेरै जातका ब्राह्मणहरू भए । जैसी ब्राह्मणहरू अपूज्य रहे ।

(छ) ज्यापूको ३२ जात, कुमालेको ८ जात, खसहरूको ६४ जात, कसाईले नङ काट्ने ७२ जात, बाँडाहरूको ४ जात, कुसलेको ४ जात र चर्मकार तथा कुलूसमेत सबै जात गरी जम्मा ७२५ जातहरू निर्धारण गरिए ।

माथि उल्लेख भएका जात वा जातिहरूमध्ये साना जातका (मानिसका) हातबाट अधिकार नभएका उत्तम कार्यहरू गराउनाले कुलको नाश र आयुको पनि नाश (हुने) हुन्छ । यसैले नगराउनू भन्ने नियमको व्यवस्था गरियो । यस्तै ठूला जातका स्त्रीले आफूभन्दा साना जातका पुरूषसँग

संसर्ग नगर्नू, गरेमा जातिविशेषको व्यवस्थाअनुसार जातिभ्रष्ट, भारी दण्ड तथा प्रायश्चितको भागीसमेत हुन्छ भन्ने पनि नियम बाँधियो ।

जातजातिका कामहरूको व्यवस्थाको सम्बन्धमा

सबैले आआफ्ना जातमा परापूर्वकालदेखि गरिआएका कामहरू मात्र गर्ने गर्नू । यसअनुसार ब्राह्मणहरूले आफूले गर्नू तथा गराउनुपर्ने पूजापाठ तथा जजमानीको काम गर्ने गर्नू । आफूले गर्नुपर्ने काम गर्दा बिराएमा ब्राह्मण(हरू)लाई १००० तुरून्त दण्ड गर्ने गर्नू ।

यस्तै काम आचारहरूले बिराएमा ५ सय, गुभाल(हरू)ले बिराएमा ५ सय, ज्यापूले बिराएमा २५, सुँडिनीले बिराएमा २५, पिछिनीले बिराएमा १२, नाउले बिराएमा १२, भाटले बिराएमा १२, कहारले बिराएमा १२, कुमालले बिराएमा १२, चित्रकारहरूले बिराएमा १२, कसाईले बिराएमा १२ र पोडेले बिराएमा उनीहरूलाई १२ तुरून्त दण्ड गर्ने गर्नू । यस्तै यजमानले बिराएमा १००० तुरून्त नै दण्ड गर्ने गर्नू । राजाले पनि परापूर्वदेखि सबै जातको कुलाचारअनुसारका कामहरूमा प्रवृत्त गराउने गर्नू ।

जातजातिका वृत्तिहरूको सम्बन्धमा

ब्राह्मणले यजमानी, क्षत्रीयले राजकाजको स्थिति, वैश्यले व्यापार र शूद्रले (माथि उल्लेख भएका) सबै जात(हरू)को सेवा गर्ने गर्नू । यी कामहरू अरू जातले गर्नुहुँदैन ।

यस्तै चित्रकारहरूले चित्रकारी गर्नू, साल्मीहरूले तेल पेल्नू, छिपाले कपडा रङ्गाउनू, भाटले नम्बुर गाउनू, गठ तथा माली जातले फूल बेच्नू, खुसल जातले डोरी बोक्नू, योगीको भेषधारी (व्यक्तिहरू)ले मागी खानू, लोहकर्मी जातले ढुङ्गाको काम गर्ने गर्नू, नकर्मी जातले फलामको काम गर्ने गर्नू, सिकर्मी जातले काठको काम गर्ने गर्नू, कुमाल जातले माटाका भाँडाहरू बनाउने गर्नू, टटी जातका व्यक्तिले कात्रो बुन्ने गर्नू, कसाईले राँगो मार्ने तथा मासु बेच्ने गर्नू, नाउले कपाल खौरने तथा नङ काट्ने गर्नू, भँडेलले पाककर्म गर्ने गर्नू, कसट जातले काँसाको काम गर्ने गर्नू, तमोट जातले तामाको काम गर्ने गर्नू, बाँडा जातले सुनचाँदीको काम गर्ने

गर्नू, बौद्धाचार्य तथा गुभाल जातले चित्रकार साल्सी, छिया, भाट, गठ, लोहकर्मी, कुमाल, नाउ र बाँडा यी नौथरी जातकहाँ (गई) जजमानी गर्ने गर्नू ।

पञ्च प्रजाहरूका निमित्त

सिपाहीले ढालतरबार, सामान्य प्रजाहरूले डोकोडालो र सबैले आआफ्ना (तोकिएका) कर्ममा (प्रवृत्त) रहने गर्नू । ब्राह्मणलाई सिपाही(हरू)ले पाउलागी ! गर्ने गर्नू । (यस्तै) ब्राह्मणले 'स्वस्ति कल्याण' तथा 'दीर्घायु' जस्ता आशीर्वादहरू दिने गर्नू । सिपाही तथा (सर्वसाधारण) नेवारहरूले परस्परमा 'रामराम !' गर्ने गर्नू ।

चार वर्ण छत्तीसै जातका निमित्त बाँधिएका स्थिति बन्देजहरू

(क) जातक जन्मिँदा सुँडिनीलाई दिने दस्तुर

चिउरा कुरूवा १०, चामल कुरूवा १० र जन्मेदेखि न्वारनसम्म बालकलाई दिएका वस्तुहरू सुँडिनीले पाउँछे । डाक्दा नआउने सुँडिनीलाई १२ तुरून्त दण्ड गर्ने गर्नू । साबिक सुडेनीलाई नडाकी अन्य सुँडिनीलाई डाक्ने र (यसरी डाक्दा) आउने सुँडिनीलाई पनि २४-२४ तुरून्त दण्ड गर्ने गर्नू । जन्म भएको दिन अजिमालाई र नातेदार इष्टमित्रहरूलाई पनि सिन्दूर, सुपारी दिने गर्नू । देवताहरूलाई सिन्दूरको पोका र दक्षिणा चढाउनू । गुरूपुरोहितलाई पनि दिनू । सिचुपालु पनि चढाउनू । दिन विचार गरी बढिया दिनमा पिछिनीलाई डाकी नाल कटाउनू । त्यसलाई दस्तुर चिउरा कुरूवा ५ दिनू । डाक्न जाँदा नआउने पिछिनीलाई १२ तुरून्त दण्ड गर्ने गर्नू ।

(ख) बालक जन्मेको चौथो दिनमा अजिमालाई सिचुपालु चढाउनू

सिचुपालु भनेको सुत्केरी हुँदा नुन, अदुवाको टुक्रा, जुवानु र चाकु एकै ठाउँमा मिसाइएको सुत्केरी हेर्न आउने सबै इष्टमित्रलाई बाँड्ने बालग्रह शान्त गर्ने पदार्थ हो । फेरि सिचुपालु बाँड्नू । क्वाथ र इसिमुगु (पनि) चढाउनू र खुवाउनू । सेतो भोटो, पहेंलो रूमाल, मिमिरा अङ्गुठी र एक कुरूवा चामल तथा बुकुवा तेल लाइदिनू । पुरोहितले

सोझो काम गर्नू । यजमानले (पुरोहितलाई) दक्षिणा भेटी(बापत) २४ दाम दिने गर्नू ।

यसमा साबिक पुरोहितलाई नडाकी अर्कै पुरोहितलाई डाक्ने यजमान तथा (यसरी डाक्दा) आई काम नगर्ने पुरोहितलाई (पनि) पाँचपाँच तुरून्त दण्ड गर्ने गर्नू । जो सकेको हर्षबठाइँ तथा सिचुपालुसमेत गाउने, बजाउने(हरू)लाई दिई पठाउनू । फुपूले त्यहाँ आउने नातेदार तथा पुत्रपरिवारहरू सबैलाई खुवाउनू । काम सिद्धिएपछि फुपूलाई चोलाहरू दिई पठाउनू । पुरोहितलाई सिधादक्षिणा दिई पठाउनू ।

(ग) (जातक जन्मिएको) दसौं दिनका दिन नाउलाई डाकी नङ, केश बनाउनू । नाउले आफूले पाउनुपर्ने वर्ष दिनको ठेक्का बाली अड्कलेको भए अड्कलेको बाली लिएर मात्र कम गर्ने गर्नू । यसै गरी यजमानले पनि नाउनङिनीलाई दिनुपर्ने ठेकबाली नअडाई अगाडि नै दिन गर्नू । डाक्दा आएन भने त्यस नाउलाई १२ तु. दण्ड गर्ने गर्नू । यजमानले साबिक नाउलाई छाडी अर्को नाउलाई डाकेर काममा लगाए भने काममा लगाउने तथा गर्ने दुवैलाई १२-१२ तुरून्त दण्ड गर्ने गर्नू । देवपाटनमा बसेका लुगा धुने सङ्घत भन्ने जातलाई लुगा धुन दिंदा एक पाथी चिउरा र १४ दाम दस्तुर दिने गर्नू। डाक्न जाँदा नआउने सङ्घतलाई ३ तुरून्त. दण्ड गर्नू । साबिक सङ्घतलाई छोडी अन्य सङ्घतलाई डाकी काम लगाएमा सो गर्ने तथा गराउनेलाई ३-३ तु. दण्ड गर्ने गर्नू। सूतकभित्रमा ज्योतिषलाई डाकी बडिया दिन हेरी चिनाचिटा गर्ने गर्नू । उनलाई १२ दाम दस्तुर दिने गर्नु । ब्राह्मण तथा रजपूतहरूको १२ दिनमा नामकर्म गर्ने गर्नू । अन्य जातको (भए) १० दिनमा गर्ने गर्नू । पुरोहितले कलशपूजा गरी नाम ठहराएर पञ्चासुगन्ध पदार्थले जन्मपत्रीमा नाउँ लेखी बाँचेर बालकलाई सुनाउने गर्नू । यसो गर्दा सुँडिनीले बालकलाई स्नान गराउनू । घृतप्राशन गराउनू । मिमिरा अङ्गुठी, भोटो, बुकुवा र तेल लगाइदिई रूमाल दिने गर्नू । कलशपूजामा तथा अजिमाको काम गर्दा पिनी सचुपालु चढाउने गर्नू । यी काममा लाग्ने मानिसहरूलाई पनि सिचुपालु बाड्ने गर्नू । माइतबाट ल्याएको टीकाको सरजाम सौंपने गर्नू । माइतबाट आउने

मानिसलाई पेटभरि खुवाएर दाम दिई बिदा गर्ने गर्नू । अजिमालाई दिने पदार्थहरू बाटामा लगी फाल्ने गर्नू । त्यस दिनदेखि बालकलाई महमा घोटी औषधि खुवाउने गर्नू ।

(घ) तेस्रो महिना लागेपछि बढिया दिनमा कलशपूजा गरी शुभलग्न तथा शुभमुहूर्तमा कुलका मान्ने स्त्री वा पुरूषले नरिवल, कपूर, गुलियो फल र उखुका रसहरू खुवाउनू अनि सुँडिनीले बलि फाल्नू । यजमानले ब्राह्मणलाई सिधा तथा दक्षिणा दिई बिदा गर्नू । माइतबाट आउनेलाई खुवाई दुईदुई दाम दस्तुर दिई बिदा गर्ने गर्नू । त्यस दिनदेखि बालकलाई फल तथा सातु (पनि) चल्यो ।

(ङ) छैटौं महिना लागेपछि बढिया दिन तथा मुहूर्तमा ब्राह्मणले कलशपूजा गरी चौरासी जातका परिकार भएका व्यञ्जनहरू तथा शालीधानको एककुरूवा चामलको भातसमेत खाद्य पदार्थहरू ठूलो थालमा त्रिकुटीसमेत राखेर पस्किई पहिले त्यही हिसाबले व्यञ्जन, भात, दही आदि खाने पदार्थहरू अजिमालाई पर सारी असल बेलामा कुलका मान्ने पुरूष वा स्त्रीले पञ्चग्रास खुवाई ठूलो गाँस खुवाउनू । देवदेवतालाई नौ भाग भेटी र ब्राह्मणलाई सिधादक्षिणा दिई बिदा गर्ने गर्नू । यस दिनदेखि बालकलाई अन्न चल्यो ।

चूडाकर्म- अघिल्ला दिन कुलका मान्छे पुरूषले नङकपालहरू बनाएर खली पिनाले नुहाई शुद्ध हुने गर्नू । भोलिपल्ट गणेशपूजा, नान्दीश्राद्ध, पीठपूजा, पूर्वाङ्ग तथा गुरूनाथको पूजासमेत आचार्यका हातबाट गराउने गर्नू, त्यसपछि बटुकको शिरदेखि पाउसम्म सूत्रले नापी १ सय ८ आठ आवृत्ति गरी कुमारीको हातले बेरी बनाएको अधिवाससूत्र, सुगन्धद्रव्य, स्वस्तिक चिह्नित पदार्थहरू र अग्निसंस्कृत लौहको क्षुर, शकुनकलशहरूसमेत जम्मा गरी र अभिषेक दिई नवरत्न मुद्रिकाले बटुकको केशमा बाँध्ने गर्नू । देवतालाई भेटी चढाउनू । कुमारीको पूजा गरी ब्राह्मण, ज्योतिषी तथा आचार्यहरूलाई पूजा सिधादक्षिणा दिने गर्नू । अनि त्रिकूटीसहितको ठूलो थालमा शालिधानको एक कुरूवा चामलको भात जम्मै पस्किई चौरासी व्यञ्जनहरूसमेत त्यस बटुकलाई पञ्चग्रासपूर्वक भोजन गराउने गर्नू । अनि उच्छिष्ट कलुष फाल्ने गर्नू ।

भोलिपल्ट प्रातःकालमा सामग्रीहरू तयार गरी यज्ञमण्डपमा पूर्वाङ्गकर्म सिध्याई ब्रह्मार्चन गरेर हवन गर्ने गर्नू । (यसपछि) सुलग्न एवम् शुभमुहूर्तमा मातुल, क्षुर, सुवर्णसूचीहरू(लाई) चन्द्रमण्डल (अङ्कित) थालीमा हालेर पूजा गरी सर्वोषधियुक्त जलले बालकको केशलाई भिजाउनु । केशमा पञ्चपल्लव बाँधी मावलीको सहायताले पहिले पूर्वतर्फको केश, अनि क्रमैले दक्षिण, पश्चिम तथा उत्तरका केश(हरू) छेदन गर्ने गर्नू । फुपूले चन्द्रमण्डल (अङ्कित) थपियामा थप्नु । मामाले सुवर्णसूचीले सुगन्धी चन्दनद्वारा चिह्न लगाइदिनू अनि सम्पूर्ण केश नाउबाट नै खौराउनू ।

यसपछि कान छेड्नु, ठाडो टीका लगाउनू, स्नान गराई कपालमा श्रीखण्डले सेतो तिलक लगाइदिनू । निधारमा स्वस्तिक चिह्न लेखी शकुन तथा आशीर्वादहरू पढी वस्त्र पहिर्‍याउनू । (यसपछि) ठाडो चन्दन लगाइदिनु देवताहरूलाई भेटी र ब्रह्मणहरूलाई सिधादक्षिणा दिने गर्नू । यसपछि यज्ञ विसर्जन तथा अभिषेक गरी सूर्य तथा गणेश आदि देवताहरूको दर्शन गराउनू । मामाको घरबाट ल्याएको टीका लगाइदिनु । ल्याउनेहरूलाई खुवाई दुईदुई दाम दस्तुर दिने गर्नू । फुपूलाई चोलो १ तथा चन्द्रमण्डल (अङ्कित) थाल दिने गर्नू । नाउलाई ४ दिन क्षौरकर्ममा लगाएको वस्त्र र खानेकुराको भाग तथा १२ दाम-दस्तुरसमेत दिई बिदा गर्ने गर्नू ।

यी कामहरूमा लाग्ने साबिकका मानिसहरूलाई छाडी अरूलाई डाकेर काममा लगाउने यजमान तथा गर्नेलाई पनि २४-२४ तु. दण्ड गर्ने गर्नू । डाक्दा नआउने पुरोहितलाई १२ तुरून्त, ज्योतिषलाई ६ तु., फुपूलाई ८ तु., चित्रकारीलाई २ तु., कुमाललाई १० तु. र नाउलाई ३६ तुरून्तका दरले दण्ड गर्ने गर्नू ।

माथि उल्लेख भएको ब्राह्मण तथा क्षत्रियहरूको चूडाकर्मको व्यवस्था हो । अन्य जातहरूको हकमा भने कलशपूजा मात्र गरी क्षौर गर्ने गर्नू । दण्डहरूको हकमा माथि लेखिएअनुसार नै गर्ने गर्नू ।

व्रतबन्ध– व्रतबन्धको अघिल्लो दिनमा अधिवासन, गणेशपूजा, कलश स्थापना तथा नान्दीश्राद्ध आदि चूडाकर्ममा गरिएबमोजिमका कर्महरू गरी गुरूले हवन गर्ने गर्नू । शुभमुहूर्त तथा बेलामा यथाक्रमले गुरूमण्डल तथा इन्द्रादि देवताहरूको पूजा गरी दण्डादि ग्रहण र आभूषण धारणपूर्वक मौञ्जीबन्धन गरी अन्त्यमा गोदानहरू गर्ने गर्नू ।

(क) व्रतबन्धको आरम्भकाल– ब्राह्मण(हरू) माघादि, आषाढादि वा भाद्र शुक्ल पक्षमा व्रतबन्धको आरम्भ गर्नु बढिया हुने हुन्छ। यस्तै क्षत्रिय(हरू)का निमित्त असल साइतमा आरम्भ गर्नु बढिया हुने हुन्छ। मौञ्जीबन्धनको अष्टम दिनमा समापवर्तन कर्म गर्नु उचित हुन्छ। त्यसपछि कुलदेवताहरूको भोजन गरी अभिषेक तथा भोजनहरू गर्ने गर्नू। यो ब्राह्मण तथा क्षत्रियहरूका निमित्त व्यवस्था हो। अरू जातका निमित्त कलशपूजा मात्र गरी व्रतबन्ध गर्ने गर्नू, अरू कर्महरू गरिरहनुपर्दैन। यति कर्म भइसकेपछि स्वजातिका धर्म तथा मर्यादा(हरू)मा रहने गर्नू।

(ख) जातिच्युत भएमा संस्कार– खुसलदेखि माथिल्ला जातले त्यसभन्दा मुनि कुलुसम्मका जातका (मानिसका) हातको पानी नखानू। कदाचित् भूलमा परी खाएको भएमा चन्द्रायण व्रत गरी पञ्चगव्य खाएर ब्राह्मणहरूलाई गोदान गरी रात्रिमा ताराको दर्शन गरेर मात्र भोजन गर्नू, (त्यसपछि मात्र) शुद्ध होइन्छ।

अकाल पर्दा जानीजानी (तल्ला जातका मानिसका हातको पानी) खाएको भएमा प्राजापत्य चान्द्रायण व्रत तथा गोदान गरी ब्राह्मणहरूलाई सिधादक्षिणा दिएर सरकारमा १ सय २० तुरून्त दण्ड तिरी पञ्चगव्य (एवम्) गङ्गाजल खाएर आफ्ना जातका (व्यक्ति)लाई १२-१२ तु. दिई उनीहरूलाई भोजन गराएर रात्रिमा ताराहरूको दर्शन गरी स्वजातिसँग भात मिलाउनू, (त्यसपछि मात्र) शुद्ध हुने हुन्छ।

बाबु ब्राह्मण र आमा विधवा (ब्राह्मणी वा) रजपुतनीबाट जन्मेका जैसीहरूलाई जनै दिई शिखा तथा गायत्री पनि दिए हुन्छ। यस्ता जैसीहरू सङ्कल्प (वाक्यसम्म) पढ्न सक्छन्। यिनीहरूले विवाह कर्म भने श्रेष्ठ जातसँग गर्ने गर्नू। यिनीहरूले ज्योतिषशास्त्र पढ्ने गर्नू। पात्रो बनाउनु, ग्रहण योग तथा स्नानादि योगहरू बनाउने गर्नू। चिना लेख्नू। यिनीहरूले यति कार्यहरू गर्न हुन्छ। यी कार्यहरूबाहेक ब्राह्मणहरूले गर्ने अन्य कार्यहरू गर्न हुँदैन। मर्यादा नाघी जैसी जातका व्यक्तिहरू अन्य ब्रह्मकर्महरूमा प्रवृत्त भएमा त्यस्ता जैसीहरूलाई १२ तु. दण्ड गर्ने गर्नू।

बाबु ब्राह्मण तथा सवर्ण क्षत्रिनीबाट जन्म हुने कर्माचार्य भन्ने जातले शिखा, गायत्री लिई तुलजादेवीको टहल गर्ने गर्नू। कदाचित् कुनै

कारणले देवीको काम अड्क्यो भने पूजा नअड्काउनू । अरूले छुन नहुने देवदेवताहरूलाई बोकी राज हुने ठाउँमा ल्याउनू । कर्माचार्यलाई आगामा लाल गरी पोलेका फलामका तारको जनै लगाइदिनू । अरू कुरामा माथिकै सदर ठान्नू ।

जैसी जातले आफूले गर्न हुने कर्महरूबाहेक बलमिचाइँ गरी उपल्ला जातले गर्ने कर्महरू गरे त्यस्ता जैसीको जनै छिनाई श्रेष्ठ जातमा मिलाएर २४ तु. दण्ड गर्ने गर्नू ।

ब्राह्मणले खुसल्नीलाई स्वास्नी तुल्याए १ सय २० तुरून्त दण्ड गर्ने गर्नू । प्राजापात्य चान्द्रायण गरी आफ्ना जातवर्गीलाई २४-२४ दस्तुर दिएर भोजन गराउने गर्नू । पञ्चगव्य, गङ्गाजल, शालिग्रामको जल तथा तुलसी जल खाई रात्रिमा ताराको दर्शन गरेर भोजन गर्नू, (त्यसपछि मात्र) शुद्ध हुने हुन्छ ।

तपिनी, मुसल्नी, साल्मिनी, चित्रकार्नी, भटिनी र पुलपुलिनी जातका स्त्रीलाई ब्राह्मणले स्वास्नी तुल्याएमा खुसल्नीसँग बिग्रिँदा गरिने कार्यहरू गरी शुद्ध हुन्छ । नाउनी तथा सङ्गतनीसँग ब्राह्मण बिग्रिए १ सय ४० तुरून्त दण्ड गर्ने गर्नू । अन्य कुरा माथि लेखिएबमोजिम गरी शुद्ध हुन्छ ।

लोहकर्मी, कौनी, माहुतिनी, छिपिनी, मालिनी, बलिनी, कसाइनी, गठिनी, सङ्खुनी, छत्रकार्नी, सबल्नी, सुढेनी, कुस्लिनी, बलामिनी र माझिनी जातका स्त्रीलाई ब्रह्मणले स्वास्नी तुल्याए ४ सय ८० तुरून्त दण्ड गर्नू । चान्द्रायण हकमा लेखिएको दोब्बर गरी अरू कर्म लेखिएबमोजिम गर्ने गर्नू ।

पोडिनी, च्यामिनी र कुलुनी जातका स्त्रीलाई यीभन्दा उपल्ला जातका पुरूषले स्वास्नी तुल्याएमा उही जात हुन्छ, प्रायश्चित्त छैन । नजानी भूल गरी बिग्रिए २ सय ४० तुरून्त दण्ड गर्ने गर्नू । तीन प्राजापत्य चान्द्रायण गरी अरू कर्म माथि लेखिएबमोजिम गर्ने गर्नू, (त्यसपछि मात्र) शुद्ध हुन्छ । माथि उल्लेख भएका सबै जातमा लोग्ने भएका स्वास्नीसँग बिग्रिएमा ६० सुनशृङ्गी रूपैयाँ दण्ड गर्ने गर्नू ।

ल्हासा जानेका स्वास्नीहरूसँग बिग्रिएमा लेखिएको दण्डको दोब्बर दण्ड गर्ने गर्नू । माथि उल्लेख भएका प्रायश्चित भने आधा गर्ने गर्नू ।

लेखिएका कसुरहरू क्षत्रिय जातले गरेको भएमा त्यसको आधा दण्ड गर्ने गर्नू । अरू कुरामा ब्राह्मणलाई हुने दण्डबमोजिम गर्ने गर्नू । वैश्य जाति बिग्रिए भने दण्डको हकमा क्षत्रियलाई हुने दण्डबमोजिम गर्ने गर्नू । प्रायश्चित्त आधा गर्ने गर्नू । अरू लेखिएकै सदर । शूद्र जाति बिग्रिए भने दण्डका हकमा क्षत्रियलाई हुने दण्डको आधा दण्ड गर्ने गर्नू । चान्द्रायण व्रत माथिकै सदर हुन्छ । प्रायश्चित्त गर्नुनपर्ने लोग्ने हुने स्वजातका स्वास्नीसँग बिग्रिएमा ६० सुनशृङ्गी रूपैयाँ दण्ड गर्ने गर्नू ।

असल जातका स्वास्नीमानिससँग ऊभन्दा कम जातका पुरूष बिग्रिएमा जातको पङ्क्ति बढाई स्वास्निमानिसको गर्भ रहेको छैन भने भूल परी बिग्रिएको भए चौथाई दण्ड गर्ने गर्नू । चान्द्रायण तथा प्राजापत्यको हकमा माथिकै सदर गर्ने गर्नू । जानीजानी बिग्रिएको भएमा दण्ड तथा चान्द्रायणको हकमा दोब्बर बढाई गर्ने गर्नू अरू माथि लेखिएकै सदर गर्नू ।

लोग्ने हुने ब्राह्मणीसँग ब्राह्मण बिग्रिए ३० सुनशृङ्गी रूपैयाँ दण्ड गर्ने गर्नू । ती ब्राह्मणी आफ्नो जातबाट भ्रष्ट हुन्छिन् । लोग्ने भएका ब्राह्मणीसँग क्षत्रिय बिग्रिएमा लिङ्ग काटिदिई ३० सुनशृङ्गी रूपैयाँ दण्ड गरेर खोलापारि पुऱ्याई त्यस क्षत्रियलाई एकै चोटमा मर्ने गरी चाण्डालको हातबाट हानी मार्ने गर्नू । विधवा ब्राह्मणीसँग क्षत्रिय बिग्रिएमा लिङ्ग मात्र काटी ३० सुनशृङ्गी रूपैयाँ दण्ड गर्नू । त्यस क्षत्रियले आफ्नो जातभातमा जानुपरेमा प्राजापत्य चान्द्रायण गर्ने गर्नू, गरेको अपराध शुद्ध हुन्छ । लोग्ने भएका ब्राह्मणीसँग वैश्य जात बिग्रिएमा लिङ्गलाई काटिदिई १ सय २० सुनशृङ्गी रूपैयाँ दण्ड गर्ने गर्नू । दुवै लोग्नेस्वास्नीलाई चान्द्रायण व्रत छैन, दुवै अपराधी ठहर्छन् । विधवा ब्राह्मणीसँग वैश्य बिग्रिएमा लिङ्ग काटिदिई ६० सुनशृङ्गी रूपैयाँ दण्ड गर्ने गर्नू । ब्राह्मणीलाई चान्द्रायण व्रत छैन, अपराधी हुन्छे । त्यस्ता वैश्यले आफ्ना जातभातमा चल्नुपरेमा १० पटक(सम्म) प्राजापच्य तथा चान्द्रायण व्रत गर्ने गर्नू, (त्यसपछि मात्र) शुद्ध हुन्छ । लोग्ने हुने ब्राह्मणीसँग शूद्र बिग्रिएमा लिङ्ग काटिदिई त्यसैलाई खुवाई चाण्डालको हातबाट त्यसलाई कटाउनू । यस्ता ब्राह्मणीलाई चान्द्रायण व्रत छैन, लोग्नेको जातमा मिल्छे ।

जातविशेषका कार्यव्यवस्थाहरू

कुलू जातले गर्ने कामको व्यवस्था– आफ्ना जातका हातबाट कपाल खौरनू, नङ काट्नू। वृद्धिसूतक तथा मृतसुतकको कर्म पनि आआफूले नै गर्ने गर्नू। अशौच १० दिन बार्ने गर्नू। ४५ दिने पिण्डकर्म तथा सपिण्डीकर्म पनि आफ्ना जातका नाइकेका वचनले आफ्ना जातका जान्ने मानिसका मुखबाट वाक्य पढी गराउने गर्नू। छालाका कुवा, गाग्रो, थैली, थैलो आदि मालहरू बनाउनू। बाजा पेटाराका गोलामा छाला लगाउनू। आफ्नो जातले गर्ने छालाको काम छाडी अरू जातले गर्ने इलम गरे त्यस कुलूलाई १ सय २० तुरून्त दण्ड गर्ने गर्नू। यस जातले आफ्ना जातमा विवाह गर्न पाएन भने आफ्नो जात नदबाई राजी गराई श्रेष्ठदेखि कुसलेसम्मका जातका स्वास्नी ल्याउनू, बात लाग्दैन।

पोडे जातले गर्ने कामको व्यवस्था– आफ्ना जातका हातबाट कपाल खौरनू, नङ काट्नू। आआफूले वचन पढी सूतकपिण्डहरू गर्नू। जोडी मिलाई जोर पोसाक लगाउने गर्नू। सुनको गहना नलगाउनू। सूर्यनारायण अस्त भएपछि बिनाकामले सहरभित्र नपस्नू। पीठदेवताका समीपमा बसी देवताका गहनाको सम्भार गरेर नैवेद्य मागी खाने गर्नू। माछा मारी तथा भँगेरा समाती बेचेर खाने गर्नू। आफूभन्दा ठूला जातलाई नछुनू। गाई नखानू, सुँगुर खानू। मुर्दाका लुगाहरू बटुलेर लिनू। श्मशानको दस्तुर १ दाम दिने गर्नू। पोडिनीले सती जाने स्वास्नीमानिससँग प्रेमपूर्वक मागी जोर पोसाक लिने गर्नू। सती जाने स्वास्नीमानिसले लोग्नेसँग नमरी चिताबाट झरेर जान्न भनी भने त्यस स्त्रीले पोडिनीसँग मिली त्यही जात भई बस्ने गर्नू।

ड्डुम जातको व्यवस्था– कुसले जात सँगसँगै मिली ढोलक बजाउने गर्नू। स्वास्नी नचाएर कमाइ गरी खानू। मृतसूतक कर्म र त्रैपक्षिक कर्महरू आफैंले गर्ने गर्नू।

कुसले जातको व्यवस्था– सबै प्रजाका मङ्गल कार्यहरूमा बाजा बजाउने गर्नू। सामान्य कार्य गर्दा दस्तुर १२ दाम दिने गर्नू। विवाहकार्यमा भए रू ॥ दस्तुर लिने गर्नू। पास्नी, चूडाकर्म तथा व्रतबन्धमा जनही दस्तुर ६-६ दामका दरले लिने गर्नू। मङ्गल कार्य गर्नेले यिनीहरूलाई पेटभरि

खुवाउने गर्नू । यस जातले डाक्दा नआई काम अड्काए १२ तुरून्त दण्ड गर्ने गर्नू । टोलटोलमा दुनियाँहरूको चोक बडारी खाने गर्नू । कापालिक भेष भई डमरू बजाएर मागी खाने गर्नू । सूतक दिन ६ र मृतक दिन ७ बार्ने गर्नू । मृतक गाड्नु । पुरोहित आफ्नै जातको हुनू । मरेमा त्रैपाक्षिक कार्य गर्ने गर्नू । खेतबारी कमाउनू ।

कसाई जातको व्यवस्था– आफ्ना जातका हातबाट नङ, केश बनाउनू । दुनियाँको शवलाई श्मशानघाटमा लैजाँदा सतीको बाजा बजाएकोमा एकएक टका र अरूमा तीनतीन दाम दस्तुर लिने गर्नू । दुनियाँका काममा राँगो काट्दा एक दाम वा एक पैसा दस्तुर लिई काट्ने गर्नू । भित्र टीकावाल राँगो नकाटी बाहिर राँगा नकाट्नू । भला मानिसहरूलाई त्यो मासु नबेच्नू । चौरमा प्रजाहरूका राँगो काट्नुपरे राजदस्तुरबापत एक पैसा लिएर मात्र काट्ने गर्नू । मासुको व्यापार गर्नेले दोब्बर राजदस्तुर दिने गर्नू । दुनियाँका बँदेल काट्नुपऱ्यो भने सरकारमा टाउको चढाई आफ्नो दस्तुर आठ पैसा लिई मासु छुट्याइदिने गर्नू । आफूभन्दा ठूला जातलाई दही, दूध नबेच्नू । घिउ पनि नलिनू । सूतक दिन ६ र जुठो दिन ७ बार्ने गर्नू । त्रैपक्षिक कर्महरू माथि लेखिएअनुसारकै सदर । खेती गर्नू । पुरोहित गुभास (गुभाजु) गर्ने गर्नू ।

नारी जातको व्यवस्था– भित्तामा चित्रकार लेख्ने गर्नू । फर्मायसी चित्र पनि लेख्ने गर्नू । कसाईबाट नङकेश कटाउनू । सूतक दिन ६ र मृतक दिन १० बार्ने गर्नू । त्रैपक्षिक कर्म पनि गर्ने गर्नू ।

माली जातको व्यवस्था– फूल बेची तथा साटी खाने गर्नू । सूतक, जुठो, त्रैपक्षिक र पुरोहितहरू नारी जातको बमोजिम गर्ने गर्नू ।

छिपा जातको व्यवस्था– नीर आदि रङहरूले धागो कपडाहरू, रङ्गाउने गर्नू । कसाईबाट कपाल (तथा) नङ कटाउने गर्नू । सूतक, जुठो, त्रैपक्षिक र पुरोहितहरू पनि नारी जातको अनुसार (नै) गर्ने गर्नू ।

पुलुपुलू जातको व्यवस्था– दुनियाँका मृतकहरूलाई श्मशानघाटमा लैजाँदा अघिअघि लगेर मुजुरा आरती बजाई आफ्नो दस्तुर ४ दाम र एक कुरूवा चामल लिने गर्नू । कसाईबाट कपाल, नङ बनाउनू । सूतक, जुठो, त्रैपक्षिक र पुरोहितहरू माथि लेखिएबमोजिम गर्ने गर्नू ।

नकर्मी जातको व्यवस्था– (नकर्मीले) फलामको काम गर्ने गर्नू । सूतक ६ दिन बार्नू । जुठो, त्रैपक्षिक तथा पुरोहितहरूमाथि लेखिएबमोजिम गर्ने गर्नू ।

पिछिनी जातको व्यवस्था– (पिछिनी जातले) दुनियाँका बालबच्चाहरू जन्मिँदा बढिया दिनमा नाल काटेर दोबाटोमा लगी गाड्ने गर्नू । (यसले) सुडेनीले पाउने दस्तुरको आधा दस्तुर लिने गर्नू । अशौच १० दिन बार्नू । पुरोहित गुभाल गर्ने गर्नू । त्रैपक्षिक गर्नू, नाऊ, कसाई गर्ने गर्नू । खेत कमाउनू ।

सङ्घत जातको व्यवस्था– दुनियाँहरूको लुगा धोई वर्ष दिनको कबुलबमोजिम बाली वा महिनावारी लिने गर्नू । जुठो तथा सूतक परेमा त्यस्तो परेका विष्टबाट ६-६ कुरूवा चिउरा र १६-१६ दाम दस्तुर लिने गर्नू । खेत कमाउनू । सूतक, जुठो तथा पुरोहितहरू माथिकै सरह गर्ने गर्नू ।

नाऊ जातको व्यवस्था– ब्राह्मणदेखि ज्यापूपर्यन्तका जातको कपाल खौरने गर्नू, नङ काट्नू । सूतक जुठो परेमा ६-६ कुरूवा चिउरा दस्तुर लिने गर्नू । अरू कार्यमा भने आफ्ना विष्टले जो दिएको भाग लिने गर्नू । माहुर लाउनू । ऐना देखाउनू । चूडाकर्म तथा व्रतबन्धहरूमा भोज खाई १२-१२ दाम दस्तुर लिने गर्नू । अरू कार्यमा विष्टले जो दिएको भाग लिने गर्नू । खेत कमाउनू । सूतक तथा जुठो १० दिन बार्ने गर्नू । त्रैपक्षिक लत्याकर्म पनि गर्ने गर्नू । पुरोहित माथिकै सदर गर्ने गर्नू ।

कोनाल जातको व्यवस्था– (कोनाल जातले) नेपाली धूप बनाई काठ कुँदेर बेची खाने गर्नू । अरू कार्य माथिकै सदर गर्ने गर्नू ।

महाब्राह्मण तथा भाट जातको व्यवस्था– (महाब्राह्मण तथा भाट जातले) पाखी तथा पटुकाहरू रङ्गाउनू । मृतक परेमा ११ दिनमा दिएको भोजन खाने गर्नू । खेत कमाउनू । पसल नराख्नू । मृतकको जुठो माथिको सदर गर्ने गर्नू ।

चित्रकार जातको व्यवस्था– (चित्रकार जातले) देवताको चित्र लेख्ने गर्नू । गुभालसँग दीक्षा ग्रहण गर्नू । खेत कमाउनू । रक्सीजाँड बेच्नू । नाऊ, कसाई गर्ने गर्नू । जुठो तथा सूतक माथि लेखिएबमोजिमको सदर ।

साल्मी जातको व्यवस्था– (साल्मी जातले) तेल पेली बेच्ने गर्नू । बाबियाले खट बाँध्नू । अरू कर्महरू माथिकै सदर गर्ने गर्नू ।

मुसल जातको व्यवस्था– (मुसल जातले) कसाईले मासु बेच्ने ठाउँमा पोको पारिदिई उसले दिएको आफ्नो दस्तुर लिएर खाने गर्नू । सूतक तथा जुठो माथिको नै सदर गर्ने गर्नू ।

टेपे जातको व्यवस्था– (टेपे जातले) पालुङ्गाको साग रोपी व्यवस्थासित बेच्ने गर्नू । बेच्दा सरकारमा दस्तुर दिने गर्नू । काहार बाजा बजाउने गर्नू । खेती गर्नू । सूतक, जुठो आदि माथिकै सदर गर्ने गर्नू ।

खुसल जातको व्यवस्था– (खुसल जातले) काहार बाजा बजाउने गर्नू । खट बाँध्दा साल्मी जातले नपुगे गुहार दिने गर्नू । खेती गर्नू । सूतक, जुठो आदि माथिकै सदर गर्ने गर्नू ।

सिकर्मी जातको व्यवस्था– (सिकर्मी जातले) काठको काम गर्ने गर्नू । सूतक ६ दिन तथा जुठो १० दिन बार्ने गर्नू । त्रैपक्षिक गर्नू । पुरोहित पनि माथिकै सदर गर्ने गर्नू ।

ग्वाल तथा हेल जातको व्यवस्था– (ग्वाल तथा हेल जातले) गाई पाल्ने गर्नू । दूध, दही तथा घिउहरू बेच्नू । सरकार र प्रजाहरूलाई कार्य गर्दा चाहिएका गाईहरू तयार गरी मोल लिएर दिने गर्नू । सूतक १० दिन तथा जुठो १२ दिन बार्ने गर्नू । त्रैपक्षिक तथा पुरोहितहरू माथिकै सदर गर्ने गर्नू ।

कुमाल जातको व्यवस्था– (कुमाल जातले) माटाका भाँडा बनाई सरकारलाई दस्तुर दिएर बेच्ने गर्नू । सूतक १० दिन बार्नू । जुठो तथा त्रैपक्षिकहरू माथिकै सदर गर्ने गर्नू । पुरोहित गुभाल वा आचार गर्ने गर्नू ।

उदास जातको व्यवस्था– (उदास जातले) ल्हासामा कोठी थापी व्यापार गर्ने गर्नू । सूतक ६ दिन तथा जुठो १० दिन बार्ने गर्नू । त्रैपक्षिक गर्नू । पुरोहित गुभाल गर्ने गर्नू ।

तटी जातको व्यवस्था– (तटी जातले) कात्रो बुन्नू । जनै बनाई बेच्ने गर्नू । सूतक तथा जुठो १० दिन बार्ने गर्नू । त्रैपक्षिक गर्नू । पुरोहित ब्राह्मण गर्ने गर्नू ।

तमोट जातको व्यवस्था– (तमोट जातले) तामा, काँस आदि धातुका भाँडाहरू बनाउने गर्नू । सुनचाँदीका भाँडामा जलप गर्ने गर्नू । सूतक ६ दिन तथा जुठो १२ दिन बार्ने गर्नू । त्रैपक्षिक कर्म माथिकै सदर गर्ने गर्नू । पुरोहित ब्राह्मण, आचार वा जोशीहरू गर्ने गर्नू । यजमान बुद्धमार्गी भए पुरोहित गुभाल गर्ने गर्नू ।

सुलमी श्रेष्ठ जातको व्यवस्था– (सुलमी श्रेष्ठ जातले) रानीका माइती नभए माइतीले गर्ने काम गर्नू । व्यापार गर्नू । सूतक, जुठो तथा त्रैपक्षिकहरू माथिकै सदर गर्ने गर्नू ।

किसानी जातको व्यवस्था– (किसानी जातले) देवदेवताका पूजासामग्री बोक्ने गर्नू । बलि फाल्नू । पुरोहित गुभाल गर्ने गर्नू, खेत कमाउनू । सूतक, जुठो तथा त्रैपक्षिकहरू माथिकै सदर गर्ने गर्नू ।

वैद्य जातको व्यवस्था– (वैद्य जातले) दुनियाँको नाडी हेरी व्यथा ठहऱ्याएर औषधि गरी रोग निवारण गर्ने गर्नू । असाध्य भई जाने ठहरेका बिरामीलाई वैतरणी आदि दान गराई तीर्थमा पुऱ्याउने गर्नू । औषधि खुवाउँदा अनुपाम तथा पथ्य मुनासिब विचार गरी प्रयोग गर्ने गर्नू । दस्तुर १ टका लिने गर्नू ।

लोहकर्मी जातको व्यवस्था– (लौहकर्मी जातले) शास्त्रोक्त प्रमाणपूर्वक देवदेवताहरूको मूर्ति बनाउने गर्नू । सुमेरू खोली ढुङ्गा फोर्ने गर्नू । सूतक १० दिन तथा जुठो १२ दिन बार्ने गर्नू । त्रैपक्षिक कर्म गर्नू । पुरोहित गुभाल गर्ने गर्नू ।

बरही जातको व्यवस्था– (बरही जातले) काठको फर्मायसी काम गर्ने गर्नू । चर्खा, इँटा आदि काठका मालहरू बनाई बेचेर खानू । सूतक, जुठोहरू माथिकै सदर गर्ने गर्नू । पुरोहित ब्राह्मण गर्नू । बुद्धमार्गी भए गुभाल गर्नू ।

हलवाई जातको व्यवस्था– (हलवाई जातले) रोटी बनाउनू । गुभालसँग मन्त्र सुन्नू । सूतक १० दिन तथा जुठो १२ दिन बार्ने गर्नू । त्रैपक्षिक कर्म पनि गर्ने गर्नू ।

भिखु (भिक्षु) बाँडा जातको व्यवस्था– (भिखु बाँडा जातले) मूला तथा अदुवाको खेती गर्ने गर्नू । पञ्च पताका दिनू, शिखा मुण्डन गर्ने गर्नू ।

गुभालसँग मन्त्र सुन्नू । सूतक १० दिन तथा जुठो १२ दिन बार्ने गर्नू । त्रैपक्षिक कर्म पनि गर्नु । पुरोहित गुभाल गर्ने गर्नू ।

बाँडा जातको व्यवस्था– (बाँडा जातले) सुनाचाँदीको गहना बनाउने गर्नू । ढलौट धातुको भाँडा बनाउने गर्नू । धातुमा बुट्टा काट्नू । सुनचाँदीको जलप गर्ने गर्नू । काँसका कचौराहरू बनाउनू । पुरोहित गुभाल गर्ने गर्नु । सूतकादि कार्यहरू माथिकै सदर गर्ने गर्नू ।

बज्राचार्य जातको व्यवस्था– यो गुभाल जात हो । यसले श्रेष्ठ, ज्यापू, हलवाई, बरही, सिकर्मी, लोहकर्मी तथा चित्रकारसम्मका अघिदेखि आफूले मन्त्र दिइआएका बुद्धमार्गी(हरू)लाई मन्त्र दिने गर्नू । सूतक ६ दिन तथा जुठो १० दिन बार्ने गर्नू । पुरोहित गुभाल नै गर्ने गर्नू । ४५ दिने कार्य पनि गर्ने गर्नू ।

पीठाचार्य जातको व्यवस्था– (पीठाचार्य जातले) पीठपीठमा देवदेवताको पूजा गर्ने गर्नू । आफूले अघिदेखि गरिआएका तथा अधिकार पाएका महाबलि आदि विधिविधानहरू गर्ने गर्नू । ब्राह्मणबाट मन्त्र सुन्नू । जनै धारण गर्ने गर्नू । विधिका हकमा आफ्ना जातका शिष्ट पुरूषहरूले गर्ने गर्नू । सूतक तथा जुठो १२ दिन बार्ने गर्नू । ४५ दिने कार्य पनि गर्ने गर्नू । पुरोहित ब्राह्मण गर्नू । विवाहकार्यमा श्रेष्ठ जात तथा दुनियाँको घर पवित्र गर्ने गर्नू ।

शिवाचार्य जातको व्यवस्था– (शिवाचार्य जातले) शिवलिङ्गको पूजा गर्ने गर्नू । आफ्नो अधिकार भएका जातसम्ममा यजमानी कार्य गरी यज्ञादि कर्म गर्ने गर्नू । गृहशुद्धिकर्म पनि गर्ने गर्नू । ब्राह्मणबाट मन्त्र सुन्नू । जनै धारण गर्ने गर्नू । आफ्ना जातका कर्महरू आफ्ना जातका शिष्टहरूका हातबाट गर्ने गर्नू । सूतकादि माथिकै सदर गर्ने गर्नू । पुरोहित ब्राह्मण गर्नू । श्रेष्ठसँग विवाह आदि व्यवहार चलाउने गर्नू ।

कर्माचार्य जातको व्यवस्था– (कर्मचार्य जातले) श्री तलेज्यूको टहल ..... चौकी बस्ने गर्नू । ब्राह्मणबाट मन्त्र सुन्नू । जनै धारण गर्ने गर्नू । कर्मकाण्डको विधि आफैंले गर्ने गर्नू । आफ्ना अधिकार भएका जातसम्ममा यजमानी गर्ने गर्नू । पुरोहित ब्राह्मणलाई गर्ने गर्नू । सूतक आदि माथिकै सदर गर्ने गर्नू ।

गुर्वाचार्य जातको व्यवस्था– (गुर्वाचार्य जातले) श्रेष्ठलाई दीक्षामन्त्र सुनाउने गर्नू । ब्राह्मणबाट मन्त्र सुन्नू । आफ्नो अधिकार भएका जातमा यजमानी गर्ने गर्नू । शुभकार्यमा होम गर्नू । सूतक तथा जुठो माथिकै सदर गर्ने गर्नू ।

देवाचार्य जातको व्यवस्था– (देवाचार्य जातले) आफ्नो जातका शिष्टजनबाट मन्त्र सुन्ने गर्नू । आफ्ना शुभकार्यमा होम गर्ने गर्नू । यजमानी गर्नू । पुरोहित तथा सूतक आदि माथिकै सदर गर्ने गर्नू ।

पात्रवंश तथा ठकुलवट जातको व्यवस्था– (पात्रवंश तथा ठकुलवट जातले) ब्राह्मणबाट मन्त्र सुन्ने गर्नू । ढाल, तरबार भिर्नू । राजसेवामा निरन्तर रहने गर्नू । पुरोहितहरू माथिकै सदर गर्ने गर्नू ।

राजलवट जातको व्यवस्था– (राजलवट जातले) ब्राह्मणहरूबाट मन्त्र सुन्ने गर्नू । ढाल, तरबार भिर्नू । राजसेवामा रहनू । पुरोहितहरू माथिकै सदर गर्ने गर्नू ।

कायस्थ जातको व्यवस्था– (कायस्थ जातले) सरकारको दस्तखत तथा मोहरहरू लेख्ने गर्नू । राजा तथा दुनियाँ सबैमा दानपत्र तथा सुत्री बिक्रीपत्र आदि व्यावहारिक लिखतहरू लेख्नू । त्यसरी लेखेकोमा दस्तुर लिने गर्नू । ब्राह्मणसँग मन्त्र सुन्नू । पुरोहित तथा सूतकहरू माथिकै सदर गर्ने गर्नू ।

भारो श्रेष्ठ जातको व्यवस्था– (भारो श्रेष्ठ जातमध्ये) शिवमार्गीले ब्राह्मणसँग, बुद्धमार्गीले गुभालसँग मन्त्र सुन्ने गर्नू । व्यापार गर्नू । पुरोहितका हकमा (पनि) शिवमार्गीले ब्राह्मण र बुद्धमार्गीले गुभाललाई गर्नू । सूतक आदिहरू माथिकै सदर गर्नू ।

अमात्य तथा महाजू जातको व्यवस्था– (अमात्य वा महाजू जातले) ब्राह्मणसँग मन्त्र सुन्ने गर्नू । उत्तम श्रेष्ठसँग विवह गर्ने गर्नू । राजकार्य गर्ने गर्नू । पुरोहित तथा सूतकहरू भारो श्रेष्ठकै अनुसार गर्ने गर्नू ।

जोशी जातको व्यवस्था– (जोशी जातले) ब्राह्मणसँग मन्त्र सुन्ने गर्नू । जनै, शिखा तथा गायत्री (पनि) धारण गर्ने गर्नू । सङ्कल्प वाक्य पढी नित्यकर्म गर्ने गर्नू । उत्तम श्रेष्ठसँग विवाह गर्ने गर्नू । ज्योतिषशास्त्र पढ्नु । पात्रो बनाउनू । ग्रहण, ग्रहयोग, स्नान, दान, प्राशस्त्ययोग, ग्रहहरूको

मेलक, शुभाशुभ योग आदिको ठीकठीक निर्णय गरी प्रजाहरूलाई बताउनू। जन्मपत्री तथा चिनाहरू लेख्नू। यसदेखि उपल्ला श्रेणीका कर्महरू नगर्नू। आफ्ना अधिकारसम्मको यजमानी कार्य गर्नू । पुरोहित तथा सूतकहरू साबिकै सदर गर्ने गर्नू ।

देवब्राह्मण जातको व्यवस्था– (देवब्राह्मण जातले) स्वजनबाट मन्त्र सुन्ने गर्नू। राजालाई मन्त्र दिनू। श्रेष्ठसम्मका जातहरूमा जजमानी गर्ने गर्नू। वेदमन्त्र, स्मृति तथा पुराण आदिबाट कृत्यमा गल्ती भएको ठहरिएका कार्यहरूमा (सुधार) गर्नू तथा गराउनू । आफ्ना निमित्त निषेध गरिएका कार्यहरू नगर्नू तथा नगराउनू। राजगुरूघरले पुराण बाँच्ने गर्नू। राजगुरूले अरूलाई मन्त्र नसुनाउनू। पुरोहित स्वजातीय ब्राह्मण गर्ने गर्नू। सूतक १० दिन तथा जुठो १२ दिन बार्ने गर्नू। ४५ दिनका गर्ने मासिक श्राद्ध तथा सपिण्डक श्राद्धहरू पनि गर्ने गर्नू ।

ब्राह्मण जातको छोरा नभई ब्राह्मण परलोक भएमा तिनकी ब्राह्मणीले स्वर्गमा रहुञ्जेल जो भएको चलअचल धनहरू खान तथा बेहोर्न पनि पाउँछिन्। ती ब्राह्मणी छउन्जेल अपुताली भनी अन्य दाजुभाइहरूले लिन पाउँदैनन्। कार्यहरू पनि अरूले गर्न पाउँदैनन्। तिनै ब्राह्मणीले गर्ने गर्नू।

यस्ता हिसाबले राजा जयस्थिति मल्लले स्थिति बन्दोबस्तहरू बाँधी (आफ्ना) सबै प्रजाहरूलाई (यसैमा) प्रवृत्त गराएर आफू पनि यसै स्थिति बन्देजमा रहेका थिए । यो स्थिति बन्देजलाई पछि हुने राजा तथा प्रजाहरू जसले नाश गर्ला त्यसलाई पाप लाग्ला, जसले थामी उत्तरोत्तर उन्नति गराउला, उसलाई पुण्य होला भनी (राजा जयस्थिति मल्लले) यो श्लोकसमेत लेखी प्रचार गराएका थिए :

"आदित्यचन्द्रावनिलोनलश्च, द्यौर्भुमिरापो हृदयं यमश्च ।
अहश्च रात्रिश्च उभे च सन्धे धर्मस्थ जानाति नरस्य वृत्तम् ।"
"सत्यं हन्ति सुतं हन्ति हन्ति पुण्यं पुरा कृतम् ।
स्वर्गस्थं पितरं हन्ति, ये प्रकुर्वन्ति चान्यथा ॥
स्वदत्तां परदत्तां वा, यो हरेच्च वसुन्धराम् ।
षष्ठिवर्षसहस्राणि विष्टायां जायते कृमिः ॥"

परिशिष्ट (ग)

राजा महेन्द्र मल्लको परिचय

नेपालका मल्ल राजाहरूमा 'महेन्द्र मल्ल' वा 'महीन्द्र मल्ल' नाम भएका तीन जना राजाहरू भएका पाइन्छन् । (१) काठमाडौं राज्यका राजा भूपालेन्द्र मल्लका छोरा राजा 'महीन्द्र मल्ल', (२) ललितपुर राज्यका राजा 'महीन्द्र मल्ल' र (३) काठमाडौं राज्यका प्रसिद्ध राजा नरेन्द्र मल्लका छोरा राजा 'महेन्द्र मल्ल' । यी तीन मल्ल राजाहरूमध्ये सबैभन्दा पछिल्ला महेन्द्र मल्ल नै राजा श्री ५ पृथ्वीनारायण शाहको 'दिव्योपदेश'मा उल्लेख भएका स्थिति बन्देजहरू बाँध्ने राजा महेन्द्र मल्ल देखिएका छन् ।

तीर्थाटन गर्न भनी भारततर्फ लागेका कान्तिपुर राज्यका राजा भूपालेन्द्र मल्ल वि.सं. १७५७ को कात्तिकमा भारतभूमिमा नै दिवङ्गत भएका थिए । यिनको देहान्त भएको खबर आइपुगेपछि दिङ्गत भएको दुई महिनाजति पछि मात्र यिनको जन्मपत्रिकालाई पलङमा राखी दाहसंस्कार सम्पन्न गरिएको थियो ।

यिनै भूपालेन्द्र मल्लको उत्तराधिकारीका रूपमा यिनका छोरा भाष्कर मल्ल १४ वर्षको उमेरमा कान्तिपुर राज्यको राजसिंहासनमा विराजमान हुन आएका थिए । यिनै भाष्कर मल्लले नै पछि 'महीन्द्र मल्ल' भन्ने नाम पनि ग्रहण गरेका थिए । भनिन्छ, तराईका चारकोसे झाडीबाट यिनले बहादुरीका साथ १२ ओटा हात्ती पक्रिएर ल्याएका थिए । यिनको यसै बहादुरीको प्रशंसा गर्दै राज्यका सम्भ्रान्त नागरिकहरूले यिनलाई 'गजपति महीन्द्र' भन्ने पदवी दिएका थिए । यही पदवी प्राप्त गरेपछि यिनी 'गजपति महीन्द्र मल्ल' वा 'महेन्द्र मल्ल'को नामले पनि प्रसिद्ध रहन थालेका थिए । वि.सं. १७७४ आषाढ शुदि १५ तदनुसार आषाढ २९ गतेमा राजा ऋद्धिनरसिंह मल्लको देहान्तपछि यिनी नै कान्तिपुरका साथसाथै ललितपुर राज्यका पनि राजा हुन पुगेका पाइन्छन् ।

जुन समयमा यिनी आफ्नो उमेरको २९औं वर्षमा हिँडिरहेका थिए, यसै अवस्थामा वि.सं. १७७२ को चैत महिनादेखि काठमाडौं उपत्यकामा 'प्लेग'

रोगको महामारी जोडदार रूपमा फैलिएको उपत्यकाभर जतातत्तै हाहाकार चल्न थालेको थियो। दिनदिनै सयौँको सङ्ख्यामा मानिसहरू मर्न थालिरहेका थिए। यस विपत्तिबाट बच्न राजा भाष्कर मल्ल वा 'महीन्द्र मल्ल' राजधानीमा रहेको आफ्नो राजभवनबाट निस्किई ग्रामीण क्षेत्रको 'किमडोल'मा रहेको अर्को राजभवनमा आश्रम लिन गएका थिए। यिनी निकै महिनासम्म त्यहीँ नै रहे। महामारी केही शान्त भएको खबर पाएपछि यिनी त्यहाँबाट आफ्नो मूल राजभवनमा बलपूर्वक फर्केर आएका मात्र के थिए, यिनलाई पनि महामारीले समातिहाल्यो र यसै बिमारीले यिनी ३० वर्षको कलिलो उमेरमा नै यस संसारबाट सदाका निमित्त बिदा भएर गएका थिए। यसैले नेपालमा स्थिति बन्देजहरू बाँध्ने 'महेन्द्र मल्ल' यिनी होइनन्।

ललितपुर राज्यमा पनि यिनैताक 'महीन्द्र मल्ल' नाम भएका अर्का एक जना राजा भएका पाइन्छन्। षड्यन्त्रमा परी वि.सं. १७६२ कात्तिक १६ गतेमा राजा योगनरेन्द्र मल्लको देहान्त भएपछि यिनकी छोरी मैयाँ योगमतीले आफ्ना छोरा 'लोकप्रकाश मल्ल' भन्ने नाम दिई ललितपुर राज्यको राजसिंहासनमा विराजमान गराइदिएकी थिइन् (वि.सं. १७६२ मार्ग)। तर चाँडै नै यिनको देहान्त भएकाले योगमतीले नै आफ्ना फुपूका छोरा 'इन्द्र मल्ल'लाई त्यहाँका राजा बनाएकी थिइन् (वि.सं. १७६३ कात्तिक)। यिनी पनि राजाका रूपमा धेरै दिनसम्म जीवित रहिरहन सकेनन्। यिनको देहान्त भएपछि मठ्याहा नै भए पनि राजा योगनरेन्द्र मल्लका आफ्नै छोरीका छोरा 'महीन्द्र मल्ल' राजाका रूपमा राजसिंहासनमा विराजमान गराइएका पाइन्छन् (वि.सं. १६६५ चैत १८ गते)। दुर्भाग्यवश यिनी पनि लामो समयसमय जीवित रहिरहन सेकनन्। बिफरको व्यथाले गर्दा राज्यारोहण गरेको पुगनपुग ६ वर्षपछि यिनको पनि देहान्त भयो र यसपछि 'ऋद्धिनरसिंह मल्ल' नामक अर्का एक जना व्यक्ति ललितपुर राज्यको राजसिंहासनमा राखिएका पाइन्छन्। यसैले यस 'दिव्योपदेश'मा नाम उल्लेख भएका स्थिति बन्देजहरू बाँध्ने राजा महेन्द्र मल्ल यिनी पनि होइनन् भन्ने स्पष्ट हुन्छ।

पछिल्लो मल्ल राजवंशका संस्थापक राजा स्थिति मल्ल वा जयस्थिति मल्ल रहेका थिए भन्ने चर्चा यसभन्दा अगाडि पनि भइसकेको छ। स्थिति

मल्ल वा जयस्थिति मल्लकै राजवंशमा कान्तिपुर नामक स्वतन्त्र राज्यका संस्थापक राजा रत्न मल्ल मानिएका छन् । रत्न मल्लका छोरा सूर्य मल्ल र यिनका पनि छोरा नरेन्द्र मल्ल क्रमैसँग कान्तिपुर राज्यमा राजा भएका पाइन्छन् । राजा नरेन्द्र मल्लकै उत्तराधिकारीका रूपमा वि.सं. १६०७ मा 'महेन्द्र मल्ल' नामक अर्का एक जना व्यक्ति पनि कान्तिपुर राज्यमा राजा भएका देखिएका छन् ।

यिनी धार्मिक प्रवृत्तिका राजा रहेका थिए । कान्तिपुर राज्यमा राजभवनकै प्राङ्गणमा तुलजा भवानीको मन्दिर तथा पखनटोलमा रहेका 'महेन्द्र मल्लेश्वर' नामक सुप्रसिद्ध पशुपतिनाथको मन्दिर पनि यिनकै राज्यकालमा स्थापना भएको मानिन्छ । नयाँ ढाँचाका चाँदीका मोहरहरू पनि काठमाडौं राज्यमा सर्वप्रथम यिनले नै प्रचलनमा ल्याएका थिए । यिनै राजाको नामबाट कान्तिपुर राज्यका मोहरहरू पछिसम्म पनि 'महेन्द्रमल्ली'को नामले प्रसिद्ध रहेका थिए । तुलजा भवानीको दर्शन गरिसकेपछि पनि आफ्नो राज्यको राजधानीमा रहेका सबै नागरिकहरूले भोजन ग्रहण गरिनसकेसम्म यिनी भोजन गर्दैनथे भन्ने अनुश्रुति कान्तिपुर राज्यमा परम्परादेखि नै प्रचलित रहँदै आएको छ । यसैले यस 'दिव्योपदेश'मा नाम उल्लेख भएका स्थिति बन्देजहरू बाँध्ने 'राजा महेन्द्र मल्ल' यिनी नै हुन् भन्ने देखिन आएको छ ।

यिनको जीवनकालपछि यिनका छोरा शिवसिंह मल्ल (वि.सं. १६४७-१६७३) कान्तिपुर राज्यमा राजा हुन आएका थिए । 'शिवसिंह' शब्दबाट अपभ्रंश भएर नै 'सिवसिम' भएको र यिनको नामबाट नै काठमाडौं उपत्यका तथा यसका आसपासका क्षेत्रहरूमा 'सिमसिमे राजाको पालामा' भन्ने लोकोक्ति प्रचलित हुन थालेको पाइन्छ ।

स्थिति बन्देजहरूको मूल पाठ

"प्रजा हो ! हाम्रा छिमेकी पुकाटोल छा-बहालका रैति थकाली मान्या १४ टोल गोचा गुभाजू मान्या झा कीर्तिकान्त सुर्जेखू डङ्गोल कौंचा देउभाजु उपाचा ब्रह्मनसिंह उपाध्याय सबै २६ टोल बस्न्या, क्या गरी नेपालमा अनिकाल असिना नपर्न्या हो भन्या सभा बस्या. अथ काली ब्रह्मचर्य

तान्त्रिक बस्या. पुरश्चरण गर्दा यो स्थिति महाराज महेन्द्र मल्ललाई आधा रात्रि शुक्लपक्षमा तलेजु माबाट सपना भएको हो ...

१. प्रजामा जुवा नखेल्नू, सबै प्रजाको हित गर्नू, सच्चा बोल्नू, टोल गाउँको कचहरी गाउँटोलैमा मिलाइदिन्या गर्नू, कचहरीमा गाउँटोलको यौटा पक्का तवरको थकाली मान्या बसी अन्यायको न्याय पार्ने गर्नू.

२. ढिकी, जाँतो, लुगा बुन्ने तान तथा टुकि कैह्ले पनि खाली नराखने गर्नू । पटासि घरबुना खाँडी कोरा यौटै किसिमबाट नबुने अनर्थ हुनेछ, पाला सन्दानी चिराखको लागी वनमा गै देवदारूबाट बाल्नू र कपडा बन्दै लग्यापछि कागतजस्ता मिहीं तथा सफेत कपडा पनि हुन्याछ. तेसो भयापछि अरू गावलका तथा मधिसे राजाहरूलाई बिक्री गरी धनी हुन्या छौं.

३. अरू राजाहरू भयाछेउ मुलुकमा नौला भनाउँदा काम सिकी भाडावर्तनको कामहरू सिकी काम चोरी ल्याएमा आफ्नो मुलुकको धाक तथा प्रजाको रवाफ (पनि) बढ्नेछ, काम गर्दाहुँदी राज्यराज्यमा गुप्तचरहरू गै नौला किसिमका कामहरू सिकी आउनू. काम सिक्दा जाँदा थाहा (कसैले) कैद गर्‍यो भन्या (पनि) आफ्नू मुलुकको गुह्य कसैलाई नभन्नु मारिदिए (बरू) मर्नू. आफ्ना रूडिबूडि बूढापाका कुलले गर्‍याको राखेको धर्म नगुमाई चोखा कामहरू सिकी ल्याउने गर्नू.

४. अर्को स्थिति झ्याली पिटाई दिन्याछु. राज्यभरमा आधा दिनदेखि कसैले भोको नबस्नू. मैले तिमीहरूको भात खायाको खबर ली (त्यसपछि मात्र) आफू खान बस्दा पेटमा बतास भरिई मुखबाट अमिलो पानी आउन्या अजीर्णको व्यथा भयो. त्यसो भएकाले राज्यभर वेहान ९-१० घडी दिनभित्रै सबै भात खान्या गर्नू, बेलुका ८ घडीदेखि १० घडीभित्रै खाइसक्नू. १० घडीबाट १ निमेष नाग्यो कि घण्टा बजाइदिन्या गर्नू. कोहीले नमान्या सजाय गर्नू. प्रजा भोकै भएछ भन्या त्यस दिनको पापको दण्ड टोलको थकाली मान्याहरूले भोगन्या छन्." (इत्यादि अपूर्ण । बानेश्वरनिवासी काजी अमरसिंह थापाका वंशधर श्यामकृष्ण थापाबाट प्राप्त । यथोपलब्ध प्रकाशित ।)

- यसै 'दिव्यपदेश'को दोस्रो संस्करणबाट उर्द्धृत ।

परिशिष्ट (घ)

राजा राम शाहको सङ्क्षिप्त परिचय

नेपालमा गोरखा राजवंशका आदिपुरूष जैत खान मानिएका छन् भन्ने चर्चा माथि राजा श्री ५ पृथ्वीनारायण शाहको सङ्क्षिप्त परिचयको सन्दर्भमा पनि भइसकेको छ । यिनकै राजवंशमा लमजुङ राज्यका राजा यशोब्रह्म शाही पैदा भएका थिए । यशोब्रह्म शाहीका छोरा राजकुमार द्रव्य शाहीले 'गोरखा' राज्यको स्थापना गराएको चर्चा पनि यसभन्दा पहिले नै भइसकेको छ ।

राजा द्रव्य शाहको देहान्तपछि यिनका छोरा 'पुरन्दर शाह' वा 'पूर्ण शाह' र यिनको पनि देहान्तपछि यिनका छोरा 'क्षेत्र शाह' वा 'छत्र शाह' गोरखा राज्यमा राजाका रूपमा अभिषिक्त हुन आएका पाइन्छन् । तर सात महिनाजतिको राज्यकालपछि नै राजा क्षेत्र शाहको असामयिक रूपमा देहान्त हुँदा यिनका सैतेनी भाइ राजकुमार राम शाह यस गौरवशाली राज्यको राजसिंहासनमा विराजमान हुन आइपुगेका पाइन्छन् ।

राजा राम शाह यस राज्यमा एक जना अत्यन्त नै योग्य, साहसी तथा व्यक्तित्व सम्पन्न राजाका रूपमा उपस्थिति हुन आइपुगेका थिए । आफ्नो सुव्यवस्थित राज्यकालमा (वि.सं. १६६३-१६९३) यिनले निकै नै राम्राराम्रा स्थिति बन्देजहरू बाँधिदिएका थिए र शासन व्यवस्थामा पनि यिनले निकै नै सुधारहरू गराइदिएका थिए । परम्परागत न्याय व्यवस्थामा पनि यिनले निकै नै सुधारहरू गराइदिएको पाइन्छ । "विद्या हराए काशी जानू र न्याय हराए गोरखा जानू" भन्ने लोकोक्ति छिमेकी राज्यहरूमा यिनैको राज्यकालदेखि प्रचलनमा आएको मानिन्छ । आफ्ना सुझबुझ, पराक्रम तथा बुद्धिकौशलहरूले गर्दा यिनले आफ्नो सानो तर स्वतन्त्र गोरखा राज्यलाई यस क्षेत्रकै एउटा सुव्यवस्थित तथा शक्तिशाली राज्यका रूपमा परिणत गराइदिएका थिए ।

उता लमजुङ राज्यमा भने राजा यशोब्रह्म शाहीपछि युवराज नरहरि शाही त्यस राज्यको राजसिंहासनमा बस्न आइपुगेका पाइन्छन् । यिनी, यिनका छोरा पूर्ण शाही र नाति चूडा शाहीले पनि नवगठित गोरखा राज्यलाई आफ्नो राज्यमा मिलाउनका निमित्त आआफ्ना जीवनभर अथक

प्रयासहरू गर्दै रहेका थिए । यसैले गोरखाली राजा द्रव्य शाही तथा यिनका छोरा पुरन्दर शाही वा पूर्ण शाहीको राज्यकाल पनि लमजुङ राज्यका राजाहरूसँग लडाइँझगडा गर्दागर्दै नै बितेको थियो । तर राजा राम शाही वा राम शाहले भने लमजुङे राजा चूडा शाहीलाई लडाइँको मैदानमा नराम्रैसँग हराइदिएका थिए । यसपछि मात्र गोरखा राज्यले सुस्थिर तथा सुव्यवस्थित भएर रहन पाउने अवसर प्राप्त गरेको थियो ।

राजा द्रव्य शाहले आफ्नो राज्यमा ६ थरी पदाधिकारीहरूको मात्र व्यवस्था गरेकोमा राजा राम शाहका पालामा आएर अन्य पदाधिकारीहरूको पनि व्यवस्था गरिएको पाइन्छ । यिनले आफ्ना सहयोगी वा सहकारीका रूपमा 'चौतारा'को पदवी दिएर आफ्ना भाइलाई नियुक्त गरेका थिए । एक जना 'काजी' वा मन्त्री र एक जना 'सरदार' वा सेनापतिलाई सर्वसाधारण जनताबाट छानेर नियुक्त गर्ने परम्परा यिनले नै बसालिदिएका थिए । 'खजाञ्ची', 'कपर्दार' तथा 'खरदार' जस्ता उच्च तहका पदहरू अलगअलग परिवारका व्यक्तिहरूलाई योग्यता हेरी आलोपालो गरी बाँडिदिने परम्परा पनि यिनले नै बसालिदिएका थिए ।

राजा राम शाहको राज्यकालसम्ममा गोरखा राज्य पूर्वमा त्रिशूली नदीसम्म विस्तारित भइसकेको थियो । यस राज्यको सुरक्षाका निमित्त सिरानचोक, सल्यान तथा धादिङमा रहेका सुप्रसिद्ध किल्ला वा गढीहरू यिनकै राज्यकालमा व्यवस्थित भएका मानिन्छन् । तीर्थाटन गर्न भनी गोरखामा आइपुगेका वाराणसीका एक जना आचारनिष्ठ ब्राह्मण नन्दा मिश्रलाई यिनले नै आफ्ना गुरूका रूपमा स्थापित गराइदिएका थिए । यिनको राज्यकालमा गोरखा राज्यमा धनधान्य तथा विद्यावैभवको पनि भरपूर विकास भई त्यहाँका जनता सुख तथा शान्तिका साथ रहेका पाइन्छन् ।

गोरखा राज्यमा आबाद रहेका मगरहरू राजा राम शाहको राज्यकालदेखि नै प्रगतिपथमा अग्रसर भएका पाइन्छन् । 'लखन थापा' यिनको राज्यकालमा त्यस क्षेत्रको सुप्रसिद्ध सिद्ध मानिएका छन् । यिनी मगर जातिका रहेका थिए । पछिपछि गुरूङहरू पनि यस राज्यमा सैनिकसेवामा लिन थालिसकेका थिए । खस, मगर तथा गुरूङहरूको

आपसी मेलबाट नै गोरखा राज्यको सैन्यशक्ति निकै नै बढेचढेको हुन आएको र गोरखा राज्य यस क्षेत्रमा एउटा अजेय शक्तिका रूपमा उपस्थित हुन आइपुगेको थियो ।

स्थिति बन्देजहरू

पहिलो थिति– *श्री नन्दा मिश्रज्यूलाई गुरू तुल्याएबक्सनुभई हाम्रा सन्तानले तपाईंका सन्तानलाई गुरू गुल्याउनू, अरूलाई नतुल्याउनू भन्या धर्म गरिबक्सनुभयो ।*

दोस्रो स्थिति– *(पहिलेपहिले प्रजाहरूले व्यवहार गर्दा) बाँसका ढुङ्ग्रा, डाला, अन्हि (वा) यस्तै वस्तुको भर्न्या वस्तु भरीकन लिनुदिनुगर्थ्या । एस्ता तरहको लिनुदिनु गर्नाले विथिति हुनाले (अब उप्रान्त) १० मुठीको १ मानु, ८ मानाको १ पाथी (र) २० पाथीको १ मुरी गरी चलन गर्नू भनी मानापाथीमा छाप लाइबक्सनुभयो ।*

तेस्रो थिति– *(यस्तै तौलने) तुलो (तथा) ढक(हरू) को पनि विथिति हुनाले १० लालको १ मासा, १० मासाको १ तोला, १८ लालको एक पल, २७ तोले १ बोडी, १०८ तोलाको बिसौली, (र) २ बिसौलीको (एक) धार्नी तुल्याई चलन गर्नू भनी तुलामा अङ्क काटी ढकमा छाप लगाइबक्सनुभयो ।*

चौथो थिति– *पहिलेपहिले आसामीले साहुछेउ लियाको अन्नको कर्जा तिर्न नसकी जतिसुकै वर्ष रह्या पनि वर्षैप्रतिको ब्याज हिसाब गरी लिँदा धेरै वर्षमा ऋण तिर्न नसकन्या भया पनि वर्षप्रतिको ब्याज जम्मा हुनाले कहिले पनि ऋण तिर्न नसक्दा मुलुकमा कोही तथा कहिले पनि साहुदेखि छुट्टी नहुन्या भई सबै ऋणग्राही भया । त्यसकारण १ वर्षको पचउँदका हिसाबले दस वर्षमा ३ गुना हुन्छ । (यसैले) साहुले तेब्बर (सम्म मात्र ब्याज) लिने गर्नू । आसामीले साउँब्याज केही पनि तिर्न नसकी १० वर्षदेखि उँभो जतिसुकै वर्ष रह्या पनि फेरि सकन्या भै तिर्दाको बेलामा वर्षैप्रतिको ब्याज साहुले नलिनू । (साँवाको) तेबर(सम्म) मात्र लिनू (त्यसभन्दा बढी नलिनू) भन्या थिति बाँधिबक्सनुभयो ।*

पाँचौं थिति– (नगद) दामको पनि पहिले आसामीले साहुछेउ लियाको कर्जा तिर्न नसकी जतिसुकै वर्ष रह्या पनि वर्षैप्रतिको ब्याज जम्मा हुनाले कहिले पनि ऋण तिर्न नसक्दा मुलुकमा कोही ता कहिले पनि साहुदेखि छुट्टी नहुन्या भई सबै ऋणग्राही भया । त्यसकारण १ वर्षमा दसौंका हिसाबले १० वर्षमा दोब्बर हुन्छ, साहुले (साउँको) दोबर(सम्म)लिनू । आसामीले साउँ पनि ब्याज पनि तिर्न नसकी १० वर्षदेखि उँभो जतिसुकै वर्ष रह्यो भन्या पनि फेरि सक्न्या भई तिर्दाका बेलामा वर्षप्रतिको ब्याज साहुले नलिनू । दोबर मात्रै लिनू भन्या थिति बाँधिबक्सनुभयो ।

छैटौं थिति– पँध्याराको थोरोथोरो झगडा नसुन्नू भन्या हुकुम भयो । क्या अर्थले भन्या पँध्यारामा बहुत स्त्री जाति जान्या । ताहाँदेखि अरू कोही चाकरबाकर जान्या, पानी नभै भन्या कसैको पनि काम नचलन्या । तसर्थ, जो अघि पँध्यारामा (पानी) लिन पुग्यो तेसैले अघिबाट ल्याउनू । अर्काले म (पहिले) लैजान्छु नभन्नू । त्यसपछिकाले तेसैपछि लैजानू । यस्तै क्रमले पानी ल्याउनू । तेस्मा पनि कसैले अलिकति कुरामा झगडा गऱ्यो भन्या (पनि) कचहरी जोरी झगडा नगर्नू भन्या थिति बाँधिबक्सनुभयो ।

सातौं थिति– कोलको पनि थोरोथोरो झगडा नसन्नू भन्या हुकुम भयो । किन भन्या ढेरै घरको कोल एकै हुन्छ । आआफ्ना पालाले (तेल) पेल्नू । अर्काले म अघिबाट पेल्छु नभन्नू । तेस्मा पनि धेरै (जसो) स्त्री जाति (र) अरू कोही चाकरबाकरै हुन्छन् । कदाचित् थोरो झगडा भयो भन्या (पनि) कचहरीमा ल्याई झगरा नसुन्नू भन्या थिति बाँधिबक्सनुभयो ।

आठौं थिति– (खेतमा पानी लगाउने) कुलाको पनि झगडा नसुन्नू भन्या हुकुम यो । क्या निमित्त भन्या कुलामा पनि वहुधा बाँधा, कमारा चाकरै (मात्र) जान्छन् । तसर्थ आफ्ना खेतको हिसाबमा आयाको पानीको भाग पालैपालोसित लगाउनू । आफ्ना पालाबाहेक र आफ्ना हिसाबबाहेक अर्काले पानी नलगाउनू । तेस्मा पनि थोरै झगडा भयो भन्या (पनि) कचहरीमा जोरी झगडा नसुन्नू भन्या यस्तै थिति बाँधिबक्सनुभयो ।

नवौं थिति– अघि ब्राह्मणलाई बिर्ता दिंदामा पनि फलानु डाँडो, फलानो खोलो, फलानु पहरो, फलानु कान्लोभित्रको जग्गा बिर्ता दिन्छुँ भन्याको मात्रै यति मुरी यति रोपनी यति खेत भन्या ठेगाना केही नहुनाले

ब्राह्मणको बिर्ता र रैकर जग्गाका साँध किलाको बन्देज नभयाको नजर हुँदा कस्तो हुकुम भयो भन्या अबउप्रान्त ब्राह्मणलाई बिर्ता सङ्कल्प गरिबक्सँदा श्री ५ महाराजको भूमि, चौताराको झारी, काजीको बिन्ती, ब्राह्मणको हात (र) पञ्च भलामानिसको साँध यस्तो व्यवस्था गरिबक्सियो। (अबउप्रान्त) दान गर्न्याले यति खेत यति रोपनी यती मुरी भनी सङ्कल्प (गर्ने) गर्नू। सङ्कल्प गराउन्याले पनि सङ्कल्प वाक्य यही यति खेत, यति रोपनी यति मुरी भन्या वाक्य पारी सङ्कल्प गराउने गर्नू (र आफूले) बिर्ता लिनू। अरूलाई दिलाउनु। श्री ५ महाराजाका हुकुमले थरघर पाँचहरू गई साँध लगाए ४ किल्ला गाडी यति खेत, यति रोपनी भनी साँध लगाई श्री ५ महाराजाका बाहुलीबाट सङ्कल्प भयामा घटीबढी कति नपारी जति सङ्कल्प भयाको छ, तति साँध लगाई आउनू भन्या थिति बाँधिबक्सनुभयो।

दसौं थिति– श्री देवताको गुठ, धर्मशालाको गुठ (र) ब्राह्मणलाई बिर्ता सङ्कल्प गरिबक्सिँदा चौतरियाको झारि भन्याको क्या निमित्त हो भन्या चौतरिया भन्याका आफ्ना भाइ (र) भाइ भन्याका (आफ्ना) मुख्य अङ्ग हुन्। अङ्ग पुर्ण गरी दान गऱ्या आफूलाई यथोक्त फल (प्राप्त) हुन्छ भनी चौतरियाको झारि भन्याको कारण यति हो। काजीको बिन्ती भन्याको क्या अर्थ (हो) भन्या पञ्चपक्ष नगरी योग्यायोग्य विचार गरी काजीले बिन्ती गर्नू। काजीको बिन्ती भन्याको यति (कारणले) हो। पाँचको साँध भन्याको क्या अर्थ हो भन्या छ थर प्रवृत्ति अरू पञ्च साँध भाइ भला मानिस बसी यति खेत, यति रोपनी, यति मुरी, यति खेतको घड्यारी (वा) यति पाखो भनी निकास पैसार सोधिसर्पको विचार राखी चार किल्ला गाडी साँध लाइदिनू, पाँचको साँध भन्याको यही हो भन्या थिति बाँधिबक्सनुभयो।

एघारौं थिति– अघि बुबाज्यू श्री महाराज द्रव्य शाहलाई गोरखा (राज्य)को तषतमा राज गराउनेका छोरानातिहरूको पनि बन्देज गरिदिन्छु भनी (अबउप्रान्त) पाँडे, पन्थ, अर्ज्याल, खनाल, राना, बोहोरा तिमीहरू गद्दीनसीनका अङ्ग भएका 'छ थर' भयौ। तिमीहरूलाई छ थर भन्याको क्या अर्थले हो भन्या चौतरिया, काजी सर्दार यी प्रवृत्ति अरू जोकोही अन्याय अनरितमा लागी गादिको बिगार्नमा र निसाफ बिगार्न मा पस्नन्

तिनको कत्ति मोहवद मोलाहिजा नराखी जो भयाको विस्तार (हाम्रा हजुरमा बिन्ती गर्न आउनू भनी मर्जी भई 'छ थर' भन्या व्यवस्था बाँधिबक्सनुभयो। आदिको सोझो गरूञ्ज्यालसम्म तिमीहरूका सन्तान दरसन्तानलाई हाम्रा सन्तान दरसन्तानले थामिबक्सौंला भनी हुकुम भई थिति बाँधिबसक्नुभयो।

बाह्रौं थिति– सङ्कल्प गरी गौचर राख्नू भन्या हुकुम भयो। (गौ तथा ब्राह्मणहरूको रक्षाको दायित्व राजामा नै रहेको हुन्छ, (गौचर नभएमा) गौ (तथा) ब्राह्मणहरूलाई खानाको दुःख हुन्छ र (यसबाट) राजालाई प्रत्यवाय लाग्छ, (यसैले) गाउँगाउँमा निकास पैसारको चल्दोमिल्दो पारी (आवश्यक मात्रामा) गौचर राख्नू भन्या थिति बाँधिबक्सनुभयो।

तेह्रौं थिति– बाटामा (रहेका) रूखहरू राख्नू भन्या हुकुम भयो। क्या अर्थले भन्या दुःखी, गरिबहरू कामकाज परी थाकी आउन्या, बोझा बोकी हिंडन्या (र) अरू जोकोही बाटामा हिंड्न्या मानिस पनि गर्मी हुन्छ भनी (रूखको) छहारीमा बस्न खोजेछन् भन्ना निमित्त बाटाका रूख पाल्नू, बाटाका रूख जो काट्छ (त्यसबाट) रू ५ दण्ड गरी लिनू भन्या मर्जी भई थिति बाँधिबिक्नुभयो।

चौधौं थिति– पँध्यारामा वन पाल्नू, (त्यहाँ) रूख नभयादेषी जैले खोज्यो मैले पानी रहँदैन, सुकिजान्छ, वन धेरै फाँडिया उघारो भई पैह्रो पनि जान्छ, ढेरै पैह्रो गया उपधाहा चल्छ, उपधाहाले खेत पनि लैजान्छ, वन नभया गहस्थीको कौनै काम पनि चल्दैन। (तसर्थ वन पाल्नू), पँध्याराको वन जो काटला तेसलाई पनि ५ रूपैयाँ दण्ड गरी लिनू भन्या थिति बाँधिबक्सनुभयो।

पन्ध्रौं थिति– चौतरिया, भाइ, गोतिया यिनहरूले जियसम्बन्धी ठूलो बिराउ गऱ्या (को भए पनि) मुडी विदेश गराउनू, सन्न्यासी वैरागी (तथा) भाट यिनले पनि ठूलो बिराउ गऱ्या भन्या मुडी विदेश निकाला गराउनू। भाइ चौतारिया गोतियालाई विदेश गराउनु भन्याको क्या अर्थ (ले हो) भन्या (कसैले) जिउ मारिन्या बिराउ गऱ्यो भन्या जिउ लिन्याको जिउ (नै) लिनू भन्या शास्त्रमा पनि कह्याको छ, (तर) जिउ माऱ्यो भन्या गोत्रहत्या (को दोष) लागन्या, नमाऱ्यादेखी राजालाई प्रत्यवाय लागन्या (हुन्छ), तसर्थ देश निकाला गर्नु पनि माऱ्यै तुल्य छ भनी विदेश गराउनू भन्याको हो।

ब्राह्मणलाई पनि मार्‍या ब्रह्मणहत्या (को दोष) लागन्या, नमार्‍या राजालाई प्रत्यवाय लागन्या, तस्कारण मुड्नु पनि मार्‍यैतुल्य छ भनी मुडी विदेश गराउनु भन्याको हो । वैरागी सन्न्यासी भेष लियाका हुनाले अबध्य छन् । भाट पनि अबध्य छन् भनी (यिनीहरूलाई पनि) देश निकाला गर्नू भन्याको हो । तसर्थ यसै गर्नू भन्या थिति बाँधिबक्सनुभयो ।

सोह्रौं थिति– षस, मगर नेवार प्रभृति जात(हरू) मध्येमा जियसम्बन्धी बिराउ गर्‍या भन्या जसले बिरायाको छ, यसैको मात्र जिय मार्नू, (उसले गरेको अपराधमा उसका परवारलाई शासना नगर्नू, 'जसको पाप उसको गर्धन गर्नू' भन्या थिति बाँधिबक्सनुभयो ।

सत्रौं थिति– सुवर्णका गहना श्री पटबन्दा महारानीले मात्र पाउमा पैह्रनू । क्या अर्थले भन्या सुवर्ण भन्याको नारायणको अंश (र) राजा भन्याका पनि नारायणका (नै) अंश हुन् । पटबन्दी महारानी भन्याका लक्ष्मीका अंश हुनाले पटबन्दा महारानीले सुवर्णका गहना पाउमा पैह्रनू, भैयाद चौतरियाका चौचार्नीहरूले ता श्री ५ महाराज (वा) श्री महारानीबाट (हुकुम) बक्स्या मात्रै पाउमा लाउनू, नबक्सी त पाउबाहेक (अन्य अङ्गहरूमा) मात्र लाउनू, भाइ चौतरियाका रौताला रौतिलीलाई बालसपनमा मात्र पाउमा लगाउन दिनू । ब्राह्मण, षस, मगर प्रभृति अरू जातिले त श्री महाराजाबाट बक्स्या मात्र हातमा लाउनू । (अन्यथा नलगाउनू) भनी थिति बाँधिबक्सनुभयो ।

अठारौं थिति– बोक्सीको हकमा बादी नदिनू, जिते पगरी (तथा) पाँच रूपैंञा दिनू, हारेमा एक रूपैंञा दण्ड गरी देश निकाला गरिदिनू ।

उन्नाइसौं थिति– (आफ्नो दरबारका निमित्त) चार (जना) पुरोहितहरू तुल्याइबक्सनुभयो, (यिनमा) बगाले अर्ज्याललाई मूल पुरोहित, बिहारे अर्ज्याललाई आचार्य, खनाललाई ब्रह्मा र भट्टराईलाई गणेश गरी चार (जना) पुरोहितहरूको व्यवस्था बाँधिबक्सनुभयो ।

बीसौं थिति– (महाराज द्रव्य शाहको) गोर्षा राज्यको तखतमा प्रवेश हुँदा पैले तल्ला कोटमा गादि पर्‍याको हुनाले पाँडे (थरका) ब्राह्मणलाई (त्यहाँको) पुरोहित्याइँ बक्सनुभयो, (यसैले) अचेल पर्यन्त पनि पाँडे (थरका) ब्राह्मणहरू (नै) तल्ला कोटमा पुरोहित छँदै छन् ।

एक्काइसौं थिति– *तल्ला कोटमा श्री ...... देवताको स्थापना गरी बलिदान गरेपछि मात्र माथि दरबारमा (देवताको) स्थापना र बलिदानादि विधि गर्नू भन्या थिति बाँधिबक्सनुभयो ।*

बाइसौं थिति– *ग्रान्जा थापालाई ददा भन्ने मान भयो, तुरूक्षाको आले ग्याङ्जा थापा (तथा) ग्यामी राना, यी तीन थरलाई आलोपालो गरी राख्नू भनी कपर्दारी भाग बक्सनुभयो । पाँडे पन्थ अर्ज्याल यी तीन थरलाई आलोपालो गरी राख्नू भनी खजानाको काम बक्सनुभयो । धर्माधिकार, भन्स्या, (तथा) खरदार यति मान पनि अर्ज्यालहरूलाई नै दिनू भन्या थिति बाँधिबक्सनुभयो ।*

तेइसौं थिति– *बह्रौटा (जमिन)को त्रिसाला कमाई बाली आफैंले खानू, चौथा सालदेखि बनी बोटी तल्सिङलाई दिनू, बनि बोटी कमाउन्याले (आफैंले) खानू भन्या थिति बाँधिबक्सनुभयो ।*

चौबीसौं थिति– *बाह्र थर (तथा) अठार थर भन्या तिथि बाँधिबक्सनुभयो ।*

पच्चीसौं थिति– *पाटनका राजा सिद्धिनरसिंह मल्लसँगको हाम्रा सन्तान नभया तम्रा सन्तानले (र) तम्रा सन्तान नभया हाम्रा सन्तानले राज्य (गर्ने) गर्नू भन्या हुकुम भई यस्तो बन्दोबस्त गरिबक्सी पाटनबाट चौबीस कोठी (महाजनहरू) झिकाई यिनलाई सात खत माफ गरिबक्सनुभयो ।*

छब्बीसौं थिति– *श्री ५ महाराजा रामशाहबाट मैले बाध्याका थितिमा छोटाबडा प्रजाप्राणी चार वर्ण छत्तीस जातले जोसुकैले उलङ्घन गर्ला तसलाई म (तथा) मेरा सन्तानमा जो राजा होला, उसले ढुङ्गा छुवाई खतअनुसारको डण्ड गर्नू भन्या थिति बाँधिबक्सनुभयो ।*

यो ढुङ्गा छुवाउनु भन्याको कस्तो हो भन्या श्री लक्ष्मीनारायण देवताका पाउको प्रतिनिधि ढुङ्गो हो, सो जानी पान, फूल द्रव्य त्यसै शिलामा चढाई अन्याय गर्‍याको पाप टुटल्या उपाय यही हो भनी यस्तो थिति बाँधिबक्सनुभयो ।

राजा कचहरीमा रहँदाको मर्यादा व्यवस्थाको सम्बन्धमा

(१) महाराजबाट नाम पुकारी बोलाइबक्सँदा अबउप्रान्त (सबैले)- 'महाराजाधिराज !' भनी बिन्ती गर्ने गर्नू ।

(२) (महाराजाबाट) चौतरियालाई नाम पुकारी बोलाइबक्सँदा अब उप्रान्त- 'गरी परवर !' भनी बिन्ती गर्नू ।

(३) काजी, सरदार तथा (अन्य) भारदार भएका ब्राह्मण, खस मगर प्रवृत्तिलाई (सर्वसाधारणले) बोलाउँदा 'देवान', 'काजी', 'मुसिया', 'जिउ' (अथवा) 'जी' भनी पुकारेर- 'जो आज्ञा' भनी बोल्ने गर्नू ।

(४) (आफू) महाराजका हजुरमा छँदामा (कोही) चौतरिया तथा साहेबज्यू (त्यहाँ) आएमा महाराजलाई बक्साई आशीर्वाद गर्नेले आशीर्वाद र सलाम गर्नेले सलाम गर्ने गर्नू ।

(५) महाराजका हजुरमा (छँदामा आफ्ना) बाबु तथा काकाहरू आएमा पनि ढोगभेट गर्ने नगर्नू ।

(६) गुरूज्यूलाई महाराजको दर्शन गर्ने बखत परेको छ भने (मात्र) सबैले दर्शन गर्ने गर्नू ।

(७) महाराजको नजिकको साइनाका मानिस चौतरिया छन् भने महाराज गादीमा राज भएको बखत (उनलाई) एक सलाम गर्नू । अन्यत्र (भएमा) दुई सलाम गर्ने गर्नू ।

(८) *(राजाका) टाढाका भाइहरूले महाराजलाई कुर्नेस बजाउने गर्नू ।*

(९) *(राजाका) नजिकका काका, दाजु (तथा) बाबा पर्नेका रानीहरूलाई महारानीले ढोगभेट गर्ने गर्नू ।*

(१०) *महाराजबाट केही हुकुम भई जानुपर्दा पीठ नपारी पछिपछि हट्दै नदेखिने भएपछि (मात्र) पीठ फर्काई जाने गर्नू, महाराजको नजर परून्ज्याल पीठ नफिराउनू ।*

(११) *महाराज (राज भए) को कचहरीमा मोछको ताउ नलगाउनू र उपरखुट्टी लगाई नबस्नू ।*

(१२) *(राजाले) भाइ चौतरियालाई दाहिनेतर्फ बिछ्याउनामा राख्नू, गुरूलाई अगाडि चारपाटेमा राख्नू, आफ्ना भाइ काजी भएमा तिलाई बायाँतिर राख्नू ।*

(१३) *ब्राह्मण खस वा मगर काजी भएमा हुकुमले 'बस्नू' नभनेसम्म खडा रहनू ।*

(१४) *महाराज बैठकमा राज भइबक्सेको भए कोही छैनन् भने (मात्र) द्वारे साधी बिन्ती गर्दा हुकुम भए जानू, उसै नजानू । द्वारे मान खाने जातले मात्र खानू, अरू जातले नखानू, इत्यादि ।*

पादटिप्पणी

१. शुद्ध रूप - 'श्रीकालिका सहा' । हेर्नुहोस् - परिशिष्टमा (१) पनि ।
२. - 'श्री ३ शिवगोरक्षनाथ सहाय' । हेर्नुहोस् - परिशिष्टमा (२) पनि ।
३. - 'श्री ५ पृथ्वीनारायण सहाय' ।
४. शुद्ध रूप - 'बूढा महाराज' । हेर्नुहोस् - परिशिष्टमा (३) पनि ।
५. शुद्ध रूप - 'तीन सहर नेपाल' । हेर्नुहोस् - परिशिष्टमा (४) पनि ।
६. शुद्ध रूप - 'हिन्दुपति' । - हिन्दुहरूका अधिपति । हेर्नुहोस् - परिशिष्टमा (५) पनि ।
७. शुद्ध रूप - 'पछिल्लो पटक' । हेर्नुहोस् - परिशिष्टमा (६) पनि ।
८. शुद्ध रूप - 'नुवाकोट' । हेर्नुहोस् – परिशिष्टमा (६) पनि ।
९. शुद्ध रूप - 'पाउलाग्नु भएमा' । पादस्पर्श गर्नुभएमा अर्थात् पाइला हाल्नु भएमा ।
१०. 'थर-घर' = को निमित्त हेर्नुहोस् । परिशिष्टमा (८) ।
११. 'ददा' = बालक अवस्थामा स्याहार तथा सम्भार गर्न भनी राखिएका व्यक्ति ।
१२. 'सुरथसिंह राना' = श्री ५ पृथ्वीनारायण शाहका 'ददा' कपर्दार 'सुरथसिंह राना' ।
१३. आरम्भदेखि यहाँसम्मको अंश पछि कुनै लिपिकारले आफ्नोतर्फबाट यस उपदेशमा शीर्षकका रूपमा प्रयोग गरिदिएको पाइन्छ ।
१४. शुद्ध रूप - 'बूढा मरे भाषा सरे' । हेर्नुहोस्- परिशिष्टमा (९) पनि ।
१५. शुद्ध रूप - 'तिम्रा' = तिमीहरूका ।
१६. शुद्ध रूप - 'हाम्रा' । हामीहरूका ।
१७. शुद्ध रूप - 'सुनाउनन्' = सुनाउलान् ।
१८. शुद्ध रूप - 'राज्य' = देश
१९. शुद्ध रूप - 'खालान' = उपदेश गर्लान् ।
२०. 'तीन मुमाहरू' को निमित्त हेर्नुहोस् - परिशिष्टमा (१०) पनि ।
२१. शुद्ध रूप - 'खोपी' = अन्तःपुर = महारानीहरू बस्ने राजभवनको विशिष्ठ कक्ष ।
२२. शुद्ध रूप - 'पाँच-पाण्डव' । हेर्नुहोस् - परिशिष्टमा (११) पनि ।
२३. शुद्ध रूप - 'मकवानपुर' । हेर्नुहोस् - परिशिष्टमा (१२) पनि
२४. 'डोला' = डोली चढेर आउने दुलही । हेर्नुहोस् - परिशिष्टमा (१३) पनि ॥
२५. शुद्ध रूप - 'ल्याउँ' = लिएर जाउँ ।

२६. शुद्ध रूप - 'देखेर आउ' । हेरेर आउँ ।

२७. शुद्ध रूप - 'गयौं' ।

२८. शुद्ध रूप - 'दिग्बन्धन सेन' = राजा हेमकर्ण सेनका छोरा तथा कमवानपुर राज्यका युवराज । हेर्नुहोस् परिशिष्टमा (१४) पनि ।

२९. 'करेउली' = 'करकाप' वा 'अड्डी' ।

३०. शुद्ध रूप - 'एकदन्ता हात्ती' । हेर्नुहोस् - परिशिष्टमा (१५) पनि ।

३१. शुद्ध रूप - 'नौ लाखी हीराको हार' । परिशिष्टमा (१६) पनि ।

३२. शुद्ध रूप - 'काढी तरबारसित' = तरबार चलाएर अर्थात् बलैसँग

३३. शुद्ध रूप - 'हाँक' = सङ्घर्षको निमित्त आह्वान ॥

३४. 'नेपाल राजा' = वर्तमान काठमाडौं उपत्यकाभित्र रहेका मल्ला राजाहरू ।

३५. शुद्ध रूप - 'स्याखू' = ऊनले बनेको राडी जस्तो एक प्रकारको घूम ।

३६. शुद्ध रूप - 'ओडी' = ओडेर ।

३७. शुद्ध रूप - 'रापती' = हेटौंडाबाट पश्चिमतर्फ बग्ने त्यहाँको प्रसिद्ध नदी ।

३८. शुद्ध रूप - 'भानु ज्योतिषी' । हेर्नुहोस् - परिशिष्टमा (१७) पनि ।

३९. शुद्ध रूप - 'कुलानन्द ज्योतिषी' । यिनको पूरा नाम - 'कुलानन्द ढकाल' रहेको पाइन्छ ।

४०. शुद्ध रूप - 'थर-घर'का निमित्त हेर्नुहोस् तल परिशिष्ट (८) मा पनि ।

४१. शुद्ध रूप - 'चन्द्रगिरि' = उपन्यकाको दक्षिणपश्चिमी भागमा रहेको प्रसिद्ध पर्वतशिखर ।

४२. शुद्ध रूप - ' सोधें' ।

४३. शुद्ध रूप - 'मनोकाङ्क्षा'

४४. शुद्ध रूप - 'अभिलाषा'

४५. शुद्ध रूप - 'आश्चार्य' ।

४६. शुद्ध रूप - 'पेटका कुरा' = मनका कुरा ।

४७. शुद्ध रूप - 'जान्यौं' = थाहा पायौ ।

४८. शुद्ध रूप - 'त्यसो' ।

४९. शुद्ध रूप - 'भन्यौं' ।

५०. शुद्ध रूप - 'मूछ' = जुँघा ।

५१. शुद्ध रूप - 'दिंदा' ।

५२. शुद्ध रूप - 'ब्राह्मण' = बाहुन ।

५३. शुद्ध रूप - 'अतिथि' = पाहुना ।

५४. शुद्ध रूप - 'फकिर' = घरव्यवहारहरू सबै त्याग गरेका सन्यासी

५५. शुद्ध रूप - 'मान्यता' = सम्मान ॥

५६. शुद्ध रूप - 'सरस्वती' = विद्याकी अधिष्ठात्री देवी ।

५७. शुद्ध रूप - 'बरदान' = देवी वा देवताले प्रसन्न भएर आफ्ना भक्तजनलाई दिएको चिताएको वस्तु ।

५८. शुद्ध रूप - 'अवश्य' । निश्चित रूपले ।

५९. शुद्ध रूप - 'थानकोट' । काठमाडौं सहरबाट दक्षिणपश्चिमतर्फ डाँडामा रहेको एउटा

किल्ला ।

६०. शुद्ध रूप - 'भञ्ज्याङ' = दुई वटा देवताले प्रसन्न भएर आफ्ना भक्तजनलाई दिएको चिताएको वस्तु ।

६१. शुद्ध रूप - 'कल्लेरी-घाट' = काठमाडौंबाट पश्चिमतर्फ पर्ने त्रिशूली नदीमा रहेको एउटा प्रसिद्ध घाट ।

६२. शुद्ध रूप - 'धादिङ' = काठमाडौं पश्चिमतर्फ रहेको प्रसिद्ध बस्ती ।

६३. शुद्ध रूप - 'उक्लियौं' = उकालो लागेर पुग्यौं ।

६४. शुद्ध रूप - 'चेपे' = गोरखाबाट पश्चिमतर्फ रहेको एउटा प्रसिद्ध बस्ती ।

६५. शुद्ध रूप - 'खावा' । हेर्नुहोस् - रिशिष्टमा (१८) मा पनि ।

६६. शुद्ध रूप - 'लिग्लिग्' । हेर्नुहोस् - परिशिष्टमा (१९) मा पनि ।

६७. शुद्ध रूप - 'आड'का निमित्त हेर्नुहोस् - परिशिष्टमा (२०) मा पनि ।

६८. शुद्ध रूप - 'बोलावट' = आमन्त्रण ।

६९. शुद्ध रूप - 'रूक्का' = राजा वा युवराजको तर्फबाट लेखिने पत्र ।

७०. शुद्ध रूप - 'सोधें' = प्रश्न गरे ।

७१. शुद्ध रूप - 'रोकाया' = क्षत्रिय जातिमध्येको एउटा थर ।

७२. शुद्ध रूप - 'मैधी' = गोरखाबाट पूर्वतर्फ रहेको एउटा बस्ती ।

७३. शुद्ध रूप - 'एकान्त' = अरू कोही पनि नभएको ठाउँ वा त्यस्तो ठाउँमा रहेर गरिने गोप्य कुरा ।

७४. शुद्ध रूप - 'दिग्बन्धन सेन' । यिनको परिचयका निमित्त निमित्त हेर्नुहोस् - तल परिशिष्टमा (१४) मा पनि ।

७५. शुद्ध रूप - 'हान्नु' = प्रहार गर्नु अथवा आक्रमण गर्नु ।

७६. शुद्ध रूप - 'मनसुवा' = इरादा ।

७७. शुद्ध रूप - 'छत्र' = छाता । 'छत्रभङ्ग'का निमित्त हेर्नुहोस् - परिशिष्टमा (२१) मा पनि ।

७८. शुद्ध रूप - 'हात्तीहौवा' । हेर्नुहोस् - परिशिष्टमा (२२) मा पनि ।

७९. शुद्ध रूप - 'बाइसे' । हेर्नुहोस् - परिशिष्टमा (२३) मा पनि ।

८०. शुद्ध रूप - 'चौबीसे' । हेर्नुहोस् - परिशिष्टमा (२४) मा पनि ।

८१. शुद्ध रूप - 'चेपे' = गोरखा र लमजुङ राज्यको बीचमा रहेको प्रसिद्ध नदी ।

८२. शुद्ध रूप - 'गयौं' ।

८३. शुद्ध रूप - 'नीलकण्ठ' = गोसाइँकुण्डमा रहेका जलशायी नीलकण्ठ महादेव ।

८४. मामाज्यू = पाल्पाली राजा गन्धर्व सेनका छोरा युवराज उद्योत सेन ।

८५. शुद्ध रूप - 'पशुपति' = काठमाडौंमा रहेका आराध्यदेव भगवान् श्री पशुपतिनाथ ।

८६. शुद्ध रूप - 'देवघाट' = त्रिशूली तथा काली नदीको सङ्गममा रहेको प्रसिद्ध घाट ।

८७. शुद्ध रूप - 'गोरक्षनाथ' = गोरखा राज्यका इष्टदेव । यिनको नामबाट नै त्यस क्षेत्रको नाम 'गोरखा' रहन गएको पाइन्छ ।

८८. शुद्ध रूप - 'कार्य' = आँटेको काम ।

८९. शुद्ध रूप - 'फत्ते' = सफल

९०. शुद्ध रूप - 'पञ्चरात्र' = 'पञ्चरात' अर्थात् आइपुगेपछिका पाँच रातहरू ।
९१. शुद्ध रूप - 'दृष्टान्त' = उदाहरण ।
९२. शुद्ध रूप - 'पञ्चपाण्डव' = 'महाभारत'मा वर्णित कुन्तिका पाँच जना छोराहरू ।
९३. शुद्ध रूप - 'कुरूक्षेत्र' । हेर्नुहोस् - परिशिष्टमा (२५) पनि ।
९४. शुद्ध रूप - 'फुट्नु' = खण्डित हुनु ।
९५. शुद्ध रूप - 'लमजुङ्' = गोरखा राज्यदेखि उत्तरपश्चिमतर्फ छिमेकमा रहेको स्वतन्त्र राजा ।
९६. शुद्ध रूप - 'सर्प' = साँप ।
९७. शुद्ध रूप - 'अघि' = पहिले ।
९८. शुद्ध रूप - 'आँखा' = दृष्टि ।
९९. शुद्ध रूप - 'पाउँछ' । हेर्नुहोस् - परिशिष्टमा- (२६) मा पनि ।
१००. शुद्ध रूप - 'यिनमा' = यी मध्येमा ।
१०१. शुद्ध रूप - 'सवारी' = वाहन ।
१०२. शुद्ध रूप - 'कार्य' = अर्थात् काम ।
१०३. शुद्ध रूप - 'बाहुन' = ब्राह्मण ।
१०४. शुद्ध रूप - 'खश' वा 'खस' = क्षत्रियहरूको जाति विशेष ।
१०५. शुद्ध रूप - 'मगर' = खस गरी मध्यपश्चिमी नेपालमा पाइने जातिविशेष ।
१०६. शुद्ध रूप - 'ठकुरी' = क्षत्रियहरू मध्येको एउटा उच्च वर्ग ।
१०७. शुद्ध रूप - 'बयल' = गोरू ।
१०८. शुद्ध रूप - 'पातक' = पाप ।
१०९. शुद्ध रूप - 'सिंह' = जङ्गलमा राजासरह भएर रहने बलियो हिंस्रक जन्तु ।
११०. शुद्ध रूप - 'मगर' = खास गरी मध्यपश्चिमी नेपालमा पाइने जाति विशेष ।
१११. शुद्ध रूप - 'ताजी'- (घोडा) = खास गरी ताजिकिस्तानमा पाइने घोडा एक जात ।
११२. शुद्ध रूप - 'तुर्की'- (घोडा) = खास गरी तुर्किस्तानमा पाइने घोडाको एक जात ।
११३. शुद्ध रूप - 'धेरै' = अनेक ।
११४. शुद्ध रूप - 'चेपेघाट' = गोरखा तथा लमजुङ राज्यको सिमानाका रूपमा रहेको 'चेपे' नदीमा बनेको घाट ।
११५. शुद्ध रूप - 'घा' = मैत्री सम्बन्ध ।
११६. शुद्ध रूप - 'घरायस्' = घरसम्बन्धी । यहाा 'घर' भनेर 'देश'को अर्थमा प्रयोग भएको छ ।
११७. शुद्ध रूप - 'वार्ता' = कुरा ।
११८. शुद्ध रूप - 'जुन' = जुन चाहिँ ।
११९. शुद्ध रूप - 'जड' = मुख्य
१२०. शुद्ध रूप - 'पेट' = अन्तस्करण अर्थात् मन ।
१२१. शुद्ध रूप - 'कालु पाँडे' । हेर्नुहोस् - परिशिष्टमा (२७) पनि ।
१२२. शुद्ध रूप - 'आश्चर्य' ।
१२३. शुद्ध रूप - 'दुनियाँ' = सर्वसाधारण जनता ।
१२४. शुद्ध रूप - 'शास्त्र' = जनसाधारणको हित तथा उनीहरूलाई अनुशासित तुल्याउनका निमित्त नियम वा विधानहरूको व्यवस्था गरिएको धार्मिक ग्रन्थ । हेर्नुहोस् - परिशिष्टमा

(२८) पनि ।

१२५. शुद्ध रूप - चाहना ।

१२६. शुद्ध रूप - 'बाइसे' वा 'बाइसी'का निमित्त हेर्नुहोस् - परिशिष्टमा (२३) पनि ।

१२७. शुद्ध रूप - 'चौबीसे' वा 'चौबीसी'का निमित्त हेर्नुहोस् - परिशिष्टमा (२४) पनि ।

१२८. शुद्ध रूप - 'घाघराइस्' = छिमेकमा रहेका अरू राज्यहरूसँग भएका सन्धिसम्झौताअनुसार सम्पन्न हुने आफ्नो देशको राज्य व्यवस्थासम्बन्धी काम ।

१२९. शुद्ध रूप - 'बिराज बखेती' । 'बखेती' थर भएको 'विराज' । हेर्नुहोस् - परिशिष्टमा (२९) पनि ।

१३०. शुद्ध रूप - 'ज्यादा' ।

१३१. शुद्ध रूप - 'बुद्धि' = गोरखा राज्यका तात्कालिक सेनापति ।

१३२. शुद्ध रूप - 'युगल' = जोडी ।

१३३. शुद्ध रूप - 'शिवरामसिंह बस्नेत' = शिवरामसिंह बस्नेतका माहिला छोरा ।

१३४. शुद्ध रूप - 'ढाल' । हेर्नुहोस् - परिशिष्टमा (३०) पनि ।

१३५. तरबार - एकातिर मात्र धार भएको लामो तथा पातलो फलामले बनेको घातक हतियार ।

१३६. हेर्नुहोस् - परिशिष्टमा (३१) ।

१३७. शुद्ध रूप - 'मानसिंह रोकाया' = 'रोकाया' थर भएका 'मानसिंह'

१३८. शुद्ध रूप - 'गौटानको' = गोरखाको पश्चिमोत्तरमा रहेको भूभागको ॥

१३९. शुद्ध रूप - 'बिरौटो' = भर्खरै मात्र नयाँ आबाद गरिएको जमिन । हेर्नुहोस् - परिशिष्टमा (३२) पनि ।

१४०. हेर्नुहोस् - परिशिष्टमा (२०) ।

१४१. शुद्ध रूप - 'सल्ल्यानकोट' = 'सल्यान' भन्ने ठाउँमा आबाद गरिएको जमिन । हेर्नुहोस्- परिशिष्टमा (३२) पनि ।

१४२. शुद्ध रूप - 'साक्षात्' = प्रत्यक्ष ।

१४३. शुद्ध रूप - 'साइत' = शुभमुहूर्त ।

१४४. शुद्ध रूप - 'गएँ' = पुगें ।

१४५. शुद्ध रूप - 'बारी' = पाखाबाली मात्र लाग्ने जग्गा ।

१४६. शुद्ध रूप - 'थर्पु' = अस्थायी छाप्रो = बाटाघाटाहरूमा राति बास बस्नका निमित्त काठ, बाँस वा घाँसपरालद्वारा बनाइने अस्थायी छाप्रो ।

१४७. शुद्ध रूप - 'घरघर'का निमित्त हेर्नुहोस् - परिशिष्टमा (८) पनि ।

१४८. शुद्ध रूप - 'बराह उमराव' । हेर्नुहोस्

१४९. शुद्ध रूप - 'सोधें' = प्रश्न गरें ।

१५०. शुद्ध रूप - 'माई' = माताजी = माता भगवती ।

१५१. शुद्ध रूप - 'दर्शन' = देवता, देवमूर्ति वा मान्यजनहरूका साथ हुने साक्षात्कार ।

१५२. शुद्ध रूप - 'पुजारी' वा 'पुजाहारी' = देवदेवताहरूको नित्य पूजा गर्ने व्यक्ति ।

१५३. शुद्ध रूप - 'टहलुवा' = टहल अर्थात् सेवासुश्रुषा गर्ने व्यक्ति ।

१५४. शुद्ध रूप -'साँझ-बिहान' = बिहान-बेलुका ।

१५५. शुद्ध रूप - 'पाठ-पूजा' = पूजापाठ । हेर्नुहोस् - परिशिष्टमा (३४) पनि ।

१५६. शुद्ध रूप - 'गई' = गएर ।
१५७. शुद्ध रूप - 'सपना' = स्वप्न अर्थात् निद्रावस्थामा देखिने दृश्य वा विचार ।
१५८. शुद्ध रूप - 'खड्ग' = दुवैतिर धार भई टुप्पोतिर सुलुत्त परेको चेप्टो आकारको हातमा लिएर प्रहार गरिने तरबार जस्तो हतियार ।
१५९. शुद्ध रूप - 'कुसुमे' = हल्का रातो रङको ।
१६०. शुद्ध रूप - 'पछ्यौरा' = ओढ्ने कपडा ।
१६१. शुद्ध रूप - 'घुँगटि' = 'घुम्टी', खास गरी विवाहमा दुलहीको शिरलाई छोप्ने सुन्दर पछ्यौरी ।
१६२. शुद्ध रूप - 'सोधें' ।
१६३. हेर्नुहोस् - परिशिष्टमा (३५) ।
१६४. शुद्ध रूप - 'आरसी' । हेर्नुहोस् - परिशिष्टमा (३५) ।
१६५. शुद्ध रूप - 'तिम्रो' ।
१६६. शुद्ध रूप - 'बिउँझिएँ' = जागा भएँ ।
१६७. शुद्ध रूप - 'सोधेँ' = प्रश्न गरें ।
१६८. शुद्ध रूप - 'ध्वजा' । हेर्नुहोस् - परिशिष्टमा (३७) पनि ।
१६९. शुद्ध रूप - 'नैवेद्य' = देवदेवीहरूलाई चढाइने खाद्यपदार्थ ।
१७०. शुद्ध रूप - 'राँगा' = 'राँगो'को बहुवचन रूप ।
१७१. शुद्ध रूप - 'बोर्लाङ्-घाट' = बूढीगण्डकी नदीको किनारमा रहेको प्रसिद्ध घाट ।
१७२. शुद्ध रूप - 'टार' = आकाशबाट परेको पानीबाट मात्र सिँचाइ हुने जमिन ।
१७३. शुद्ध रूप - 'सङ्कल्प' = कुनै वस्तु दान गर्दा जल, तिल तथा कुश हातमा लिई पढिने प्रतिज्ञा वाक्य ।
१७४. शुद्ध रूप - 'घडी' ।
१७५. शुद्ध रूप - 'दाउ' = ध्याउन्न ।
१७६. शुद्ध रूप - 'नुवाकोट' = 'त्रिशूली' नदीकै बायाँ किनारामा उचाइलो ठाउँमा रहेको बस्ती ।
१७७. शुद्ध रूप - 'खिन्चेत्' = 'त्रिशूली' नदीकै पल्लो किनारामा रहेको प्रसिद्ध बस्ती ।
१७८. शुद्ध रूप - 'बिराउनु' = खनजोत गरी नयाँ आबाद गर्नु ।
१७९. शुद्ध रूप - 'इन्द्रायणी' = देवी विशेष ।
१८०. शुद्ध रूप - 'ध्यान' = चिन्तन ।
१८१. शुद्ध रूप - 'महामण्डल' = नेवाकोटभन्दा उत्तरतर्फ रहेको अग्लो डाँडो ।
१८२. शुद्ध रूप - 'सौता' = प्रतिस्पर्धी ।
१८३. शुद्ध रूप - 'ग्यामी राना' = 'ग्यामी' थर भएका भूतपूर्व काजी यन्त राना । हेर्नुहोस् - परिशिष्टमा (३८) पनि ।
१८४. यहाँ 'घर' शब्द 'देश' को अर्थमा प्रयोग भएको छ ।
१८५. शुद्ध रूप - 'जयप्रकाश मल्ल' = काठमाडौं राज्यका समकालिक राजा ।
१८६. शुद्ध रूप - 'नून' = 'नमक' वा 'निमक' = नुन परेको दानापानी ।
१८७. शुद्ध रूप - 'हाँक' = चुनौती ।
१८८. शुद्ध रूप - 'कचहरी' = सभा ।
१८९. शुद्ध रूप - 'तन्द्रा' = निद्राको प्रारम्भिक अवस्था ।

१९०. शुद्ध रूप - 'साइत' = शुभमुहूर्त ।
१९१. शुद्ध रूप - 'सिद्ध' = सफल ।
१९२. शुद्ध रूप - 'बिहाउँदो' = निक्लँदो ।
१९३. शुद्ध रूप - 'तरबार पर्नु' = तरबार जुध्नु = लडाइँ हुनु ।
१९४. शुद्ध रूप - 'हाम्रो नुनको शेषले झुकाइदिने पन्त' । हेर्नुहोस् - परिशिष्टमा (३९) पनि ।
१९५. शुद्ध रूप - 'जेठी तरबार'का निमित्त हेर्नुहोस् - परिशिष्टमा (४०) पनि ।
१९६. शुद्ध रूप - 'राना' भनेर यहाँ गोरखा राज्यका भूतपूर्व काजी जयन्त रानाका छोरा शङ्खमणि रानालाई लक्षित गरिएको पाइन्छ ।
१९७. शुद्ध रूप - 'ककनी' = काठमाडौं सहरबाट उत्तरपश्चिमतर्फ रहेको डाँडा ।
१९८. शुद्ध रूप - 'शिवपुरी' = काठमाडौं सहरबाट उत्तरतर्फ रहेको डाँडो ।
१९९. शुद्ध रूप - 'ठाना' = चौकी वा किल्ला ।
२००. शुद्ध रूप - 'मोर्चा' = गढी वा किल्लाको सुरक्षाका निमित्त गरिएको उपाय ।
२०१. शुद्ध रूप - 'लगाई' ।
२०२. शुद्ध रूप - 'राखेका थियौं' ।
२०३. शुद्ध रूप - 'परशुराम थापा' = सिन्धुपाल्चोकमा मूल घर भएका काठमाडौं राज्यका विद्रोही 'उमराव' काशीराम थापाका भाइ । हेर्नुहोस् - परिशिष्टमा (४१) ।
२०४. शुद्ध रूप - 'हात दिनु' = स्वागतका निमित्त हात अगाडि सारेर आमन्त्रण गर्नु ।
२०५. शुद्ध रूप - 'लाखबिसी' । हेर्नुहोस् - परिशिष्टमा (४२) ।
२०६. शुद्ध रूप - 'हटिया' = निर्धारित समयमा निर्धारित ठाउँमा नियमित रूपमा लाग्ने सानो अस्थायी बजार ।
२०७. शुद्ध रूप - 'बैठाइ आउनु' = हिर्काएर अर्थात् मारेर आउनु ।
२०८. शुद्ध रूप - 'भनें' ।
२०९. शुद्ध रूप - 'कोताखान' = कम्मरमा बाँध्न हुने एक किसिमको सानो तरबार ।
२१०. शुद्ध रूप - 'बल्छी' = धागोमा कुनै किसिमको आहारा झुन्ड्याएर माछालाई बल्झाइने फलामले बनेको सानो अङ्कुशे ।
२११. शुद्ध रूप - 'सहर' = माछाको एकथरी जात ।
२१२. शुद्ध रूप - 'लस्कर' = मानिसहरूको लर्कन ।
२१३. शुद्ध रूप - 'दुनियाँ' = सर्वसाधारण जनता ।
२१४. शुद्ध रूप - 'दुई ढुङ्गाको तरूल'का निमित्त हेर्नुहोस् - परिशिष्टमा (४३) पनि ।
२१५. शुद्ध रूप - 'घा' = मित्रता । हेर्नुहोस् - माथि पृष्ठ... को टिप्पणी ।
२१६. शुद्ध रूप - 'समुद्रका बादशाह' = अङ्ग्रेज बादशाह । हेर्नुहोस् - तल परिशिष्टमा (४४) पनि ।
२१७. शुद्ध रूप - 'हिन्दुस्तान' = हिन्दुहरूको भूमि अर्थात् भारत ।
२१८. शुद्ध रूप - 'सरजमिन' = समतल जमिन । हेर्नुहोस्- परिशिष्टमा (४५) पनि ।
२१९. शुद्ध रूप - 'सन्धिसर्पन' = आफूलाई नभइनहुने जग्गा वा बाटो आदि ।
२२०. शुद्ध रूप - 'गढी तुल्याइराख्नू' = 'गाढीहरू बनाइराख्नू' ।
२२१. शुद्ध रूप - 'भाँजा' = भाँजो = हिँड्नुपर्ने बाटोलाई छेकेर राखिएको रोकावट) को बहुवचन

रूप ।

२२२. शुद्ध रूप - 'बल' = शक्ति ।

२२३. शुद्ध रूप - 'गई' = गएर अर्थात् तराईतिर ओर्लिएर ।

२२४. शुद्ध रूप - 'कटक' । लडाइँ ।

२२५. शुद्ध रूप - 'झिकी' = झिकाएर अर्थात् पहाडतिर बोलाएर ।

२२६. शुद्ध रूप - 'चेरे घाँटी' = चुरे पहाडको भन्ज्याङ ।

२२७. शुद्ध रूप - 'खजाना' = सैनिक साजसामानहरू ।

२२८. शुद्ध रूप - 'पुगेन' = सकिएन ।

२२९. शुद्ध रूप - 'लोलोपोता' = बाहिरी व्यवहारले मात्र मित्रता देखाउने काम ।

२३०. शुद्ध रूप - 'कलछल' = छलकपट

२३१. शुद्ध रूप - 'तखत' = राज्य वा हरेक दृष्टिकोणले उपयुक्त ठाउँ ।

२३२. शुद्ध रूप - 'चारै बादशाह' हेर्नुहोस् - परिशिष्टमा (४७) पनि ।

२३३. शुद्ध रूप - 'सोध्नुपर्ने' = सोधन गर्नुपर्ने अर्थात् मर्मतसम्भार गर्नुपर्ने ।

२३४. शुद्ध रूप - 'शिवपुरी' = काठमाडौं सहरबाट उत्तरतर्फ रहेको अग्लो डाँडो ।

२३५. शुद्ध रूप - 'फूलचोकी' = काठमाडौं सहरबाट दक्षिणतर्फ रहेको अग्लो डाँडो ।

२३६. शुद्ध रूप - 'चन्दागिरि' = काठमाडौं सहर दक्षिणपूर्वतर्फ रहेको अग्लो डाँडो ।

२३७. शुद्ध रूप - 'महादेव पोखरी' = काठमाडौं सहर पूर्वतर्फ रहेको अग्लो डाँडो ।

२३८. शुद्ध रूप - 'पालुङ' = चन्द्रागिरिको डाँडाबाट दक्षिणपश्चिममा रहेको अग्लो डाँडो ।

२३९. शुद्ध रूप - 'दाप्चा' = फूलचोकीको डाँडाबाट पूर्वतर्फ रहेको अग्लो डाँडो ।

२४०. शुद्ध रूप - 'काहुले' = शिवपुरीबाट पश्चिमोत्तरतर्फ रहेको अग्लो डाँडो ।

२४१. शुद्ध रूप - 'लमछट्' = सन्नद्ध अर्थात् तम्तयार ।

२४२. शुद्ध रूप - 'भन्ज्याङ' । दुईवटा डाँडाको बीचको गल्छेडो ।

२४३. शुद्ध रूप - 'सात भन्ज्याङ'का निमित्त हेर्नुहोस् - परिशिष्टमा (४७ पनि)

२४४. शुद्ध रूप - 'फलामे ढोका'हरूका निमित्त हेर्नुहोस् - परिशिष्टमा (४८) पनि ।

२४५. शुद्ध रूप - 'चेवा गर्ने' = चियो गर्ने ।

२४६. शुद्ध रूप - 'नास्ने' = नोक्सानी गर्ने अर्थात् बिगार्ने ।

२४७. शुद्ध रूप - 'ढुकुवा' = बाटो ढुकेर बटुवाहरूलाई लुट्ने लुटाहा ।

२४८. शुद्ध रूप - 'फसादी' = दङ्गाफसाद गराउने उपद्रवी ।

२४९. शुद्ध रूप - 'खूनी' = खुन गर्ने हत्यारा ।

२५०. शुद्ध रूप - 'राम शाह' = श्री ५ पृथ्वीनारायण शाहदेखि आठ पुस्तापहिलेका गोरखा राज्यका प्रसिद्ध राजा ।

२५१. शुद्ध रूप - 'जयस्थिति मल्ल' = नेपालमा पछिल्लो मल्ल राजवंशका संस्थापक राजा ।

२५२. शुद्ध रूप - 'महेन्द्र मल्ल' = राजा जयस्थिति मल्लको राजवंशमा पैदा भएका काठमाडौं राज्यका प्रसिद्ध राजा ।

२५३. शुद्ध रूप - 'ईश्वर' = परमात्मा ।

२५४. शुद्ध रूप - 'बन्देज' = व्यवस्था ।

२५५. शुद्ध रूप - 'बाह्र हजार' = गोरखा राज्यका जनता । हेर्नुहोस् - परिशिष्टमा (४९) पनि ।

२५६. शुद्ध रूप - 'अभिलाषा' ।
२५७. शुद्ध रूप - 'पूर्वपश्चिमको' । हेर्नुहोस्- परिशिष्टमा (५०) ।
२५८. शुद्ध रूप - 'रास्ता' = बाटो ।
२५९. काठमाडौं उपत्यकाभित्र रहेका तीन सहर ।
२६०. शुद्ध रूप - 'चिसो ढुङ्गो' । हेर्नुहोस् - परिशिष्टमा (५१) ।
२६१. शुद्ध रूप - 'खेलखाल' = दाउपेच ।
२६२. शुद्ध रूप - 'कूप' = कुवा अर्थात् इनार ।
२६३. शुद्ध रूप - 'बुद्धि' = सोचविचार गर्न सक्ने मानसिक शक्ति । शुद्ध रूप - 'शूरो' = आँटिलो ।
२६४. शुद्ध रूप - 'थरघर' । हेर्नुहोस् - परिशिष्टमा (८) पनि ।
२६५. शुद्ध रूप - 'मिरउमराव' = मुख्य उमराव । हेर्नुहोस् - परिशिष्टमा (३३) ।
२६६. शुद्ध रूप - 'सुखसयल' = कुनै वस्तुलाई उपभोग गर्ने प्रबल इच्छा ।
२६७. शुद्ध रूप - 'अभिलाषा' = चाहना ।
२६८. शुद्ध रूप - 'देश' = विदेश अर्थात् देशभन्दा बाहिर ।
२६९. शुद्ध रूप - 'महाजन' = व्यापारी ।
२७०. शुद्ध रूप - 'गढ पर्सा' = पर्सा गढी । हेर्नुहोस् - परिशिष्टमा (५२) पनि ।
२७१. शुद्ध रूप - 'उँभा' । ऊर्ध्व अर्थात् माथितिर ।
२७२. शुद्ध रूप - 'च्याँगापाँगा' । हेर्नुहोस् - परिशिष्टमा (५३) पनि ।
२७३. शुद्ध रूप - 'लगाई' = पहिरिई ।
२७४. शुद्ध रूप - 'तीन सहर नेपाल' । हेर्नुहोस् - परिशिष्ट (५४) पनि ।
२७५. शुद्ध रूप - 'नौ लाख किराँत' । हेर्नुहोस् - परिशिष्ट (५५) पनि ।
२७६. शुद्ध रूप - 'हिन्दुपतिको राज' । हेर्नुहोस् - परिशिष्ट (५) पनि ।
२७७. शुद्ध रूप - 'आर्जेका थियौं' = आर्जन गरेका थियौं ।
२७८. शुद्ध रूप - 'मनाही' = निषेध ।
२७९. शुद्ध रूप - 'सधाउनु' = सिकाउनु अर्थात् तालिम वा शिक्षा दिनु ।
२८०. शुद्ध रूप - 'जिनिस' = नगदबाहेकका अन्य उपभोग्य वस्तुहरू ।
२८१. शुद्ध रूप - 'जरिबूटी' = औषधिका निमित्त काम दिने वनस्पति ।
२८२. शुद्ध रूप - 'खैंचनू' = आफूतिर तान्नू ।
२८३. शुद्ध रूप - 'माटो' = बलियो अर्थात् आर्थिक रूपमा सम्पन्न ।
२८४. शुद्ध रूप - 'दरबार' = राजदरबार अर्थात् सरकार ।
२८५. शुद्ध रूप - 'रैतान' = रैती अर्थात् जनताको समूह ।
२८६. शुद्ध रूप - 'इजहारा' = ठेक्का ।
२८७. शुद्ध रूप - 'अमानत' = ठेक्कामा नदिई ज्यालादारीमा गराइने काम ।
२८८. शुद्ध रूप - 'तहसिल' = उठ्ती वा आम्दानी असुलउपर गर्ने कार्यलय ।
२८९. शुद्ध रूप - 'सालवसाल' = खुलस्त हुने गरी देखाइएको आम्दानी तथा खर्चको फाँटबारी ।
२९०. शुद्ध रूप - 'कच्चावारी' = खुलस्त हुने गरी देखाइएको आम्दानी तथा खर्चको फाँटबारी
२९१. शुद्ध रूप - 'दौलत' = धनसम्पत्ति

२९२. शुद्ध रूप - 'हुर्मत' = अत्यावश्यक खानपान तथा इज्जत ।
२९३. शुद्ध रूप - 'हरिप' = धनसम्पत्ति ।
२९४. शुद्ध रूप - 'चमक' = बढिबढाउ वा बोलवाला ।
२९५. शुद्ध रूप - 'सोख' = कुनै वर्षलाई उपभोग गर्ने प्रबल इच्छा ।
२९६. शुद्ध रूप - 'खुट' = दिशा ।
२९७. शुद्ध रूप - 'पस्यो भने' = प्रवेश गऱ्यो भने ।
२९८. शुद्ध रूप - 'आर्जेको' = आर्जन गरेको अर्थात् कमाएको ।
२९९. जात = रूप, गुण, कर्म, धर्म, तथा आकारप्रकार आदिका आधारमा छुट्याइने मानव समाजको विभाजन ।
३००. 'फूलबारी' = फूलहरू लगाइने बगैंचा । हेर्नुहोस् - परिशिष्टमा (५६) पनि ।
३०१. 'फूलबारी' - 'चार वर्ण छत्तीस जात' । हेर्नुहोस् - परिशिष्टमा (५७) पनि ।
३०२. शुद्ध रूप - 'हिन्दुस्थान' = हिन्दूहरूको वास्तविक वासस्थान
३०३. शुद्ध रूप - 'कुल-धर्म' = पितापुर्खादेखि मानिँदै आएको आफ्नो कुलधर्म तथा मान्यता ।
३०४. शुद्ध रूप - 'ख्यामित्' = मालिक ।
३०५. शुद्ध रूप - 'नुन' = 'निमक' अर्थात् आफ्ना मालिकबाट प्राप्त भएको नुन परेको दानापानी ।
३०६. शुद्ध रूप - 'कपरदार' = राजदरबारका खरखजानाहरूको हेरविचार गर्ने आधिकारिक व्यक्ति ।
३०७. शुद्ध रूप - 'दक्षिण' = दक्षिणतर्फको देश अर्थात् भारत ।
३०८. शुद्ध रूप - 'भोट' = तिब्बत ।
३०९. शुद्ध रूप - 'घा' = मित्रता वा मित्रता कायम राख्ने काम ।
३१०. शुद्ध रूप - 'भैयाद' = भाइबन्धुहरू ।
३११. शुद्ध रूप - 'मगर' । हेर्नुहोस्- माथि पृ..... को टिप्पणी ।
३१२. शुद्ध रूप - 'माराताप्' । हेर्नुहोस् - परिशिष्टमा (५८) ।
३१३. शुद्ध रूप - 'गुन' = गरिदिएको कामलाई राम्रो सम्झनु ।
३१४. शुद्ध रूप - 'सोझा' = सरल प्रकृतिका ।
३१५. हेर्नुहोस् - परिशिष्टमा (..........) ।
३१६. शुद्ध रूप - 'जीउ' = ज्यान अर्थात् जीवित शरीर ।
३१७. शुद्ध रूप - 'बिराम' = कसुर वा अपराध ।
३१८. शुद्ध रूप - 'झोसिदिनू' = बलेको आगोमा हालिदिनू ।
३१९. शुद्ध रूप - 'घर' = आवास अर्थात् मानिसहरू बस्ने ठाउँ ।
३२०. शुद्ध रूप - 'न्याय' = इन्साफ ।
३२१. शुद्ध रूप - 'घुस' = आफ्नो कामलाई सफल पार्नको निमित्त अवैध किसिमले दिइने रकम वा वस्तु ।
३२२. शुद्ध रूप - 'धन र ज्यान' = जिउधन ।
३२३. शुद्ध रूप - 'महाशत्रु' = ठूला वैरी ।
३२४. शुद्ध रूप - 'जड कुरा' = मूल कुरा अर्थात् मुख्य कुरा ।
३२५. शुद्ध रूप - 'दुवै बोटी' = जग्गावालाले पाउने तथा जग्गा कमाउने मोहीले पाउने भाग

गरी दुवै थारी भाग ।

३२६. शुद्ध रूप - 'कविला' = जहानपरिवार ।

३२७. शुद्ध रूप - 'निष्फिक्री' = निश्चिन्त ।

३२८. शुद्ध रूप - 'ढोका' = राजाको ढोका अर्थात् राजदरबार ।

३२९. शुद्ध रूप - 'गौडा' = गौडाहरूको सुरक्षा गर्न राखिएका गढीहरू ।

३३०. शुद्ध रूप - 'छाती बलियो रहनु' = मुटु बलियो हुनु अर्थात् निश्चिन्त हुनु ।

३३१. शुद्ध रूप - 'पजनी' । थमौती वा सरूवाबढुवा ।

३३२. शुद्ध रूप - 'नाल' = बन्दुकको नाल वा बन्दुक बोक्ने सिपाही ।

३३३. शुद्ध रूप - 'कम्पनी' = निश्चित सङ्ख्यामा गरिने सैनिकहरूको एक किसिमको सङ्गठन ।

३३४. शुद्ध रूप - 'सुबेदार' = 'कम्पनी'को नेतृत्व गर्ने सैनिक अफिसर । पहिलेपहिले जिल्लाका प्रशासकहरूलाई पनि सुबेदार भन्ने प्रचलन रहेको थियो ।

३३५. शुद्ध रूप - 'हुद्दा' = सैनिक 'कम्पनी'को एउटा एकाइको प्रमुख ।

३३६. शुद्ध रूप - 'पट्टि' = सैनिक सङ्गठनभित्रको एउटा एकाइ ।

३३७. शुद्ध रूप - 'खिचाला' = छ्यासमिस ।

३३८. शुद्ध रूप - 'साह्रो' = कठोर अर्थात् बलियो ।

३३९. शुद्ध रूप - 'लोहा' = 'लौह' अर्थात् फलाम । यहाँ फलामले बनेका हातहतियारको अर्थमा 'लोहा' शब्दको प्रयोग भएको छ ।

३४०. शुद्ध रूप - 'च्याप्ने' = अँठ्याउने अर्थात् समात्ने ।

३४१. शुद्ध रूप - 'चार जात' = खश, मगर, गुरूङ तथा ठकुरी ।

३४२. शुद्ध रूप - 'वैरी' = शत्रु ।

३४३. शुद्ध रूप - 'इन्द्र' = देवराज अर्थात् देवताहरूका राजा ।

३४४. शुद्ध रूप - 'डगाइन्छ' = हल्लाइन्छ ।

३४५. शुद्ध रूप - 'धनु' = धनुष अर्थात् बाणहरू प्रहार गर्ने काठ वा बाँसको एक प्रकारको साधन ।

३४६. शुद्ध रूप - 'पत्थरकला' = चकमक तथा पत्थरबाट तत्कालै आगो निकाली बारूदमा झोसेर पड्काइने पुरानो खालको एक किसिमको बन्दुक ।

३४७. शुद्ध रूप - 'खुँडा' = अर्धचन्द्रमा जस्तो आकार भएको टुप्पामा अगाडितर्फ केही झुकेको एक किसिमको खड्ग ।

३४८. शुद्ध रूप - 'तोप' = गोला हान्ने ठूलो नाल भएको एक प्रकारको बन्दुक ।

३४९. शुद्ध रूप - 'हान्ने' । प्रहार गर्ने ।

३५०. शुद्ध रूप - 'सख दिने' = साथ दिने ।

३५१. शुद्ध रूप - 'वितलप्' = कुनै किसिमको तिरो बुझाउनुनपर्ने एक किसिमको बिर्ता जग्गा ।

३५२. शुद्ध रूप - 'मरवट' = देशको भलाइका निमित्त जीवन उत्सर्ग गर्ने व्यक्तिका सन्तानहरूलाई सरकारको तर्फबाट जीविकाका निमित्त दिइने एक किसिमको बिर्ता जग्गा ।

३५३. शुद्ध रूप - 'उकालिदिनू' = माथिल्लो तहमा पुऱ्याइदिनु । यहाँ भने 'भर्ना गरिदिनू' भन्ने

अर्थमा प्रयोग भएको छ ।

३५४. शुद्ध रूप - 'देशदेशका' = विभिन्न देशका ।

३५५. तरवारिया = तरबार चलाउनमा सिपालु ।

३५६. शुद्ध रूप - 'हात लाग्नु' = प्राप्त हुनु ।

३५७. शुद्ध रूप - 'सार' = मूलतत्त्व ।

३५८. शुद्ध रूप - 'रैती' = प्रजा अर्थात् सर्वसाधारण जनता ।

३५९. शुद्ध रूप - 'चतुर' = बाठो वा होसियार ।

३६०. शुद्ध रूप - 'हुलकुल' = हुलहुज्जत वा विद्रोह ।

३६१. शुद्ध रूप - 'तिखारी राख्नू' = प्रयोग गर्नका निमित्त तयार अर्थात् सन्नद्ध पारेर राख्नू ।

३६२. शुद्ध रूप - 'मुलाहिजा' = खरखुसामद ।

३६३. शुद्ध रूप - 'कार्य' = काम ।

३६४. शुद्ध रूप - 'फत्य' = सफल ।

३६५. शुद्ध रूप - 'खनज्यादा' = राजपरिवारका व्यक्ति ।

३६६. भैयाद = भाइबन्धुहरू ।

३६७. शुद्ध रूप - 'मिरउमराव' = प्रमुख उमराव ।

३६८. 'थरघर'का निमित्त हेर्नुहोस् - तल पशिष्ट (८) ।

३६९. 'घुँडा' = आफ्नै घुँडाको नजिक अर्थात् राजधानीमा ।

३७०. शुद्ध रूप - 'गौडा' = अन्त कतैबाट जाने ठाउँ नभई त्यहीँबाट मात्र आवतजावत गर्नुपर्ने ठाउँ ।

३७१. शुद्ध रूप - 'खसबाहुन' = खस तथा ब्राह्मणहरू । हेर्नुहोस् - परिशिष्टमा (५५) पनि ।

३७२. शुद्ध रूप - 'पैठ' = प्रवेश ।

३७३. शुद्ध रूप - 'बाहिरिया' = आफ्नो देशभन्दा बाहिरका ।

३७४. शुद्ध रूप - 'बेथिति' = दुर्व्यवस्था ।

३७५. शुद्ध रूप - 'जफत' = बलपूर्वक कब्जा ।

३७६. शुद्ध रूप - 'थुम' = पहाडी क्षेत्रको सानो इलाका वा बस्ती ।

३७७. शुद्ध रूप - 'वराह-उमराव' । हेर्नुहोस् - परिशिष्टमा (३३) ।

३७८. शुद्ध रूप - 'इन्द्रबज्र' = इन्द्रको बज्र जस्तै बलियो ।

३७९. शुद्ध रूप - 'नगरा' = ढोलक वा दमाहा जस्तो एक किसिमको बजाउने बाजा ।

३८०. शुद्ध रूप - 'निशान' = फौजी झन्डा ।

३८१. शुद्ध रूप - 'बाह्रबीसको गाँठो' = बाह्र ओटा बीस रूपैयाँको गाँठो अर्थात् वार्षिक २४० रूपैयाँ तलब ।

३८२. शुद्ध रूप - 'सल्यान'= गोरखा राज्यको राजधानीबाट पैदल यात्रामा १८ किलोमिटरजति पूर्वमा रहेको बस्ती ।

३८३. शुद्ध रूप - 'लिगलिग' = गोरखा राज्यको पश्चिमी सिमाना चेपे नदीको किनारामा रहेको एउटा बस्ती ।

३८४. शुद्ध रूप - 'धादिङ' = गोरखा राज्यको दक्षिणपूर्वी भागमा रहेको एउटा प्रसिद्ध बस्ती ।

३८५. शुद्ध रूप - 'मोहोडा' = मुखको अगाडिको भाग ।

३८६. शुद्ध रूप - 'ऐश्वर्य' = अकल्पित श्रीसम्पत्ति ।
३८७. शुद्ध रूप - 'घर' = देश वा राज्य ।
३८८. शुद्ध रूप - 'हजूरगा' = समीपमा ।
३८९. शुद्ध रूप - 'हरदम' = हरहमेसा ।
३९०. शुद्ध रूप - 'दरोबस्त' = बन्दोबस्त वा व्यवस्था ।
३९१. शुद्ध रूप - 'हात गरि राख्नू' = हातमा लिई राख्नू ।
३९२. शुद्ध रूप - 'मुलाहिजा' = खुसामद ।
३९३. शुद्ध रूप - 'गुन' = अरूले गरेको उपकार ।
३९४. शुद्ध रूप - 'नून' = नुन परेको दानापानी ।
३९५. शुद्ध रूप - 'टकसार' = टक ढाल्ने ठाउँ ।
३९६. हेर्नुहोस् - परिशिष्टमा (६३)
३९७. शुद्ध रूप - 'अदालत' = मुद्दामामिलाहरू हेर्ने तथा न्याय इन्साफहरू गर्ने सरकारी कार्यालय ।
३९८. शुद्ध रूप - 'ठकुरी' = क्षत्रियहरूमध्ये उच्च वर्गको मानिने एकथरी जाति ।
३९९. शुद्ध रूप - 'डिठ्ठा' = मुद्दामामिलाहरू हेर्ने अधिकारी ।
४००. शुद्ध रूप - 'विचारी' = अदालतमा मुद्दामामिलाको छानबिन गर्ने कर्मचारी ।
४०१. हेर्नू - परिशिष्ट (१५) ।
४०२. शुद्ध रूप - 'कचहरी' = न्यायइन्साफ गर्ने नीतिशास्त्र ।
४०३. शुद्ध रूप - 'न्यायशास्त्र' = न्यायइन्साफ गर्ने नीतिशास्त्र ।
४०४. नहाल्नू = नहुल्नु अर्थात् नछिराउनू ।
४०५. शुद्ध रूप - 'फकिर' = घरगृहस्थी त्यागेको निर्धन व्यक्ति ।
४०६. शुद्ध रूप - 'फकिडा' = भीखमङ्गा गरिब व्यक्ति ।
४०७. शुद्ध रूप - 'अतिथि' = अभ्यागत अर्थात् पाहुना ।
४०८. शुद्ध रूप - 'जोगी' = योगी अर्थात् योग साधनामा लागेका व्यक्ति ।
४०९. शुद्ध रूप - 'सन्न्यासी' = सांसारिक प्रपञ्चहरूदेखि विरक्त भएर घरगृहस्थी त्यागेका व्यक्ति ।
४१०. शुद्ध रूप - 'दक्षिणा' = ब्राह्मण वा साधुसन्तहरूलाई दिइने भेटी ।
४११. शुद्ध रूप - 'भोजन' = खाने कुरा ।
४१२. 'चलाइदिनू' = खर्च गरिदिनु ।
४१३. शुद्ध रूप - 'उब्रिएका' = खर्च गरेर बाँकी रहेका ।
४१४. 'असत्य' = झुट्टा ।
४१५. दोष = दाग वा खोट ।
४१६. शुद्ध रूप - 'खानी' = भूगर्भमा रहेका प्राकृतिक पदार्थहरूको भण्डार ।
४१७. शुद्ध रूप - 'गाउँ' = मानिसहरूको सानो बस्ती ।
४१८. शुद्ध रूप - 'गरो' = धान रोप्ने खेतको पाटो ।
४१९. शुद्ध रूप - 'कुलो काटी' = कुलो खनी अर्थात् कुलो बनाई ।
४२०. शुद्ध रूप - 'खेत' = संस्कृत भाषाको 'क्षेत्र' शब्द अपभ्रंश भएर 'खेत' बनेको पाइन्छ ।

४२१. शुद्ध रूप - 'हात दिनमा' = स्वागत गर्नका निमित्त हात अगाडि बढाउनमा ।

४२२. शुद्ध रूप - 'झिकाए' = बोलाए ।

४२३. शुद्ध रूप - 'महादुःख' = अत्यन्त परिश्रम ।

४२४. शुद्ध रूप - 'शुद्ध' = निरापद ।

४२५. शुद्ध रूप - 'मोर्चा' = सैनिक सङ्घर्षका निमित्त बनाइने ठूलो आड ।

४२६. शुद्ध रूप - 'मतलब' = स्वार्थ ।

४२७. शुद्ध रूप - 'दक्षिण' = दक्षिणतर्फ रहेको देश अर्थात् भारत ।

४२८. 'नागा' = खरानी घसेर सधैं नै निर्वस्त्र रहने हतियारधारी एक थरी सन्न्यासी जाति ।

४२९. शुद्ध रूप - 'सात गाउँ' = खड्पु, पनौती, चौकोट आदि बनेपाका आसपासमा रहेका सात गाउँहरू ।

४३०. शुद्ध रूप - 'भिजाएँ' = पानी, रगत आदि तरल पदार्थहरूले सित्त पारें अर्थात् मारें ।

४३१. शुद्ध रूप - 'कासिमअली खाँ' = बङ्गालका नवाफ मीर कासिम । हेर्नुहोस् - तल परिशिष्टमा (६७) मा पनि ।

४३२. शुद्ध रूप - 'छबीस' = 'छबीसा' अर्थात् १२० वटा ।

४३३. शुद्ध रूप - 'खुँडा' । हेर्नुहोस् - माथि पृ. ४० को टिप्पणी ।

४३४. शुद्ध रूप - 'काटी' = टुक्राटुक्रा पारी अर्थात् छिन्नभिन्न पारी ।

४३५. 'घर्काई' धपाई ।

४३६. शुद्ध रूप - 'सिन्धुलीगढी' = जनकपुरबाट पश्चिमोत्तरमा रहेको एउटा प्रसिद्ध गढी ।

४३७. शुद्ध रूप - 'हार्डिङ साहेब' = मेजर किनलकको साथमा नेपालमा आक्रमण गर्न भनी आएका एक जना निजामती अफिसर । हेर्नुहोस् - परिशिष्टमा (६७) पनि ।

४३८. चकमक तथा पत्थरबाट आगो पारी लुँडोमा सल्काएर त्यसै लुँडोको सहयोगले चलाइने एक किसिमको बन्दुक ।

४३९. शुद्ध रूप - 'च्याती' = खोसी ।

४४०. शुद्ध रूप - 'लखनउ' = उत्तरी भारतको एउटा प्रसिद्ध सहर ।

४४१. शुद्ध रूप - 'मुसलमान' = इस्लाम धर्मका अनुयायी ।

४४२. शुद्ध रूप - 'तुलकलायत' = सञ्चालन कौशल । तल परिशिष्टमा (६९) पनि हेर्नुहोस् ।

४४३. शुद्ध रूप - 'अजिटन' = सेनामा सहायकस्तरको अफिसर ।

४४४. शुद्ध रूप - 'तिलङ्गा' = बन्दुकधारी सैनिक । हेर्नुहोस् - परिशिष्टमा (७१) पनि ।

४४५. शुद्ध रूप - 'नेपालको किताब' = नेपालको वंशावलीहरू ।

४४६. शुद्ध रूप - 'तुर्काना' = तुर्कहरूको अधिकारक्षेत्रमा भएको भूभाग । तल परिशिष्टमा (६६) पनि हेर्नुहोस् ।

४४७. शुद्ध रूप - 'मगराँत' = मगरहरू आबाद रहेको क्षेत्र । हेर्नुहोस् - तल परिशिष्टमा (६७) पनि ।

४४८. शुद्ध रूप - 'मगलाना' = मुगलहरूको प्रशासन रहेको क्षेत्र ।

४४९. शुद्ध रूप - 'तुरकाना अघि भइगएछ' । हेर्नुहोस् - परिशिष्टमा (७४) पनि ।

४५०. शुद्ध रूप - 'दोष' = दाग वा खोट ।

४५१. शुद्ध रूप - 'मेट्नु' = मास्नु वा खर्च गर्नु ।

४५२. जमाउनु = गठन गर्नु अर्थात् बनाउनु ।
४५३. शुद्ध रूप - 'खुँडा' = एक प्रकारको तरबार ।
४५४. शुद्ध रूप - 'पत्थरकला' । हेर्नुहोस् - पृ. ५८ को टिप्पणी ।
४५५. शुद्ध रूप - 'शय' वा 'सय'
४५६. शुद्ध रूप - 'नाल' = बन्दुकको नाल वा बन्दुक बोक्ने सिपाही ।
४५७. शुद्ध रूप - 'कम्पनी' । हेर्नुहोस् - माथि पृ.... को टिप्पणी ।
४५८. शुद्ध रूप - 'भ्याउँछ' = पर्याप्त हुन्छ ।
४५९. शुद्ध रूप - 'गर्खा' = गाउँहरूको समूह । 'गर्खा बाँडिदिनु'का निमित्त हेर्नुहोस् - परिशिष्टमा (७३)
४६०. शुद्ध रूप - 'जगेडा बाँधी' = जगेडा देखाएर सैनिकहरूको हरहिसाब राखी ।
४६१. शुद्ध रूप - 'भरी राख्नू' = समुचित अन्नपात वा खर्चहरू दिँदै रहनू ।
४६२. शुद्ध रूप - 'एउटा' ।
४६३. शुद्ध रूप - 'सन्देह' = हो कि होइन भन्ने द्विविधा ।
४६४. शुद्ध रूप - 'मुगलाना' = मुगलहरूको देश अर्थात् भारत ।
४६५. शुद्ध रूप - 'छोकडा' = व्यभिचार कर्ममा सङ्लग्न केटा ।
४६६. शुद्ध रूप - 'पत्रिया' = पात्तर अर्थात् निर्लज्ज भएर पात्तिने व्यक्ति ।
४६७. शुद्ध रूप - 'चित्रकार भरिएको' = चित्रकारीहरू गरिएको ।
४६८. शुद्ध रूप - 'ढोलक' = 'ढोल' अर्थात् दुवैतिरबाट छालाले मोरिएको हातले बजाउने मादल जस्तै एक किसिमको बाजा ।
४६९. शुद्ध रूप - 'सितार' = सात ओटा तारहरूको झङ्कारबाट स्वरहरूको साधना गरिने सारङ्गी जस्तै एक किसिमको प्रसिद्ध बाजा ।
४७०. शुद्ध रूप - 'राग' = गतिको मनमोहक धून ।
४७१. शुद्ध रूप - 'तान' = स्वर साधना गर्ने प्रसिद्ध तरिका ।
४७२. शुद्ध रूप - 'मोह' । आसक्ति ।
४७३. शुद्ध रूप - 'दौलत' । सम्पत्ति अर्थात् चलअचल धन ।
४७४. शुद्ध रूप - 'भेद' । रहस्य अर्थात् भित्री कुरा ।
४७५. शुद्ध रूप - 'हरिप' = शत्रु वा विरोधी ।
४७६. शुद्ध रूप - 'धोका' अर्थात् विश्वासघात ।
४७७. शुद्ध रूप - 'तीन जातलाई' = 'छोकडा', 'पत्रिया' तथा 'गायक' गरी तीन थरीलाई ।
४७८. शुद्ध रूप - 'आमफदरफ' = आवतजावत ।
४७९. शुद्ध रूप - 'नखोल्नू' । खुला नगर्नू ।
४८०. शुद्ध रूप - 'झिकी' = झिकाई अर्थात् बोलाई ।
४८१. शुद्ध रूप - 'शास्त्रबमोजिमका' = नाट्यशास्त्रबमोजिमका ।
४८२. शुद्ध रूप - 'तीन सहर नेपाल' = नेपालभित्र रहेका तीन सहर अर्थात् काठमाडौं, भक्तपुर तथा ललितपुर गरी तीन सहरहरू ।
४८३. शुद्ध रूप - 'नेवार' = काठमाडौं उपत्यकाभित्रका स्थानीय निवासीहरू ।
४८४. शुद्ध रूप - 'अगम' = अगम्य अर्थात् भेद पाउन नसकिने ।

FP

www.ingramcontent.com/pod-product-compliance
Lightning Source LLC
LaVergne TN
LVHW100255051026
849517LV00006B/2092
* 9 7 8 9 9 3 7 7 9 0 0 1 7 *